DAS INNSBRUCKER
SAGENBUCH

Berit Mrugalska
Wolfgang Morscher

DAS INNSBRUCKER
SAGENBUCH

Tyrolia-Verlag · Innsbruck-Wien

EINLEITUNG

Als Innsbrucker lag es uns am Herzen, eine Innsbrucker Sagensammlung präsentieren zu können – es ist dies die erste ihrer Art!

Dabei war es uns ein Anreiz, einen möglichst vollständigen Einblick in das breite Spektrum der Innsbrucker Erzählkultur zu geben. Wenngleich sich die Sage, im Unterschied zum Märchen, an den Erwachsenen richtet, denken wir, dass die hier angeführten Texte auch für Kinder geeignet sind. Nicht zuletzt deshalb wurden die Sagen behutsam an die Regeln der neuen deutschen Rechtschreibung angepasst. Die Sammlung erstreckt sich auf die Stadt Innsbruck, Anleihen haben wir nur in einzelnen Ausnahmen gemacht, da sie in der Innsbrucker Erzählkultur präsent sind, wie zum Beispiel „Maximilian in der Martinswand" oder „In der Europabrücke eingemauert".

Die hier gesammelten traditionellen Volkssagen der Stadt Innsbruck bieten einen historischen Streifzug – von den ersten Ansiedlern, die in Furcht vor dem Silldrachen lebten, über das römische Lager „Veldidena" und die Klostergründung Wilten oder den Aufstieg der Stadt Innsbruck zur Metropole Kaiser Maximilians I. im Mittelalter bis hin zur Gegenwart. Innsbruck, eine gewachsene Stadt aus vorher selbstständigen Dörfern, liegt als Landeshauptstadt in einer weltweit einzigartigen Lage inmitten von Bergen und Natur. Durch ihre geografische Gegebenheit wurde sie bald zur Drehscheibe der Handelsverbindungen zwischen Nord und Süd, und die durchziehenden Menschen hinterließen ihre Spuren.

Die Sagen erzählen von den unterschiedlichen Bewohnern der Stadt ebenso wie von ihrer Geschichte, von Orten tiefer Volksfrömmigkeit genauso wie von geheimnisvollen Gegenden, wo das Unheimliche zu Hause ist; nahezu jeder Platz der Stadt hat seine eigene Geschichte.

Mit der Wiedergabe der exakten historischen Wirklichkeit nehmen es die Volkssagen – aufgrund ihrer oft jahrhundertelang gepflegten mündlichen Weitergabe – nicht immer so genau; dennoch geben sie wertvolle Einblicke in das Leben und die Entwicklung der Stadt Innsbruck. Die Sage wird zu einem Mittler von der Geschichte bis zur jüngsten Gegenwart.

Manch ein Leser mag sich über die modernen Sagen, auch Urban Legends genannt, wundern. Es sind die Sagen der heutigen Generation, in denen Themen der Gegenwart verarbeitet werden – der Charakter der Sage bleibt erhalten, zumal sie sich wie die traditionelle Sage auch durch Nennung von exakten Plätzen und Personen auszeichnet. Der Erzähler hat die besondere Begebenheit von einer gut bekannten Person gehört und zweifelt auch nicht im Geringsten an deren Glaubwürdigkeit.

Da eine Sammlung niemals komplett sein kann, freuen sich die Autoren jederzeit um weitere Hinweise, die in einer späteren Auflage des Buches aufgenommen werden könnten.

Berit Mrugalska und
Wolfgang Morscher

INHALTSVERZEICHNIS

Von Riesen und Drachen

1. Frau Hütt	12
2. Frau Hitt	12
3. „Frau-Hitten-Bett"	14
4. Wie der Riese Haymo den Drachen tötete	15
5. Wie Haymo den Riesen Thyrsus erschlug	16
6. Wie Haymo das Kloster Wilten gründete	17
7. Der Hochgeneuner besiegt einen Riesen	21
8. Christli Kuhhaut in Innsbruck	22
9. Der starke Traubenwirt	23
10. Der Silldrache	24
11. Der Viller Drachen	25
12. Der Mühlauer Tatzelwurm	25
13. Murbl	26
14. Der „Worglar"	27
15. Der Alber	28
16. „'s Schrattl"	29

Von Kasermanndln und Wichtln

17. Das Höttinger Alm-Manndl	31
18. Die Almabfahrt der Kasermanndln	31
19. Der hölzerne Almputz	32
20. Der Almputz und die Kinder	33
21. Der Schlüsseldreher und das Kasermanndl	35
22. Die zwei Wildschützen	36
23. Der Wiesenputz	38
24. Kellerrang und Solakraunzl	38
25. Das Pechmandl	38

Wilde Jagd und Wilde Leute

26. Der Waldmensch oder Umesberger Riese	41
27. Eine Sage vom Wilden Mann	41
28. Die „Wilde" als Magd	42
29. Wilde Leute	43
30. Der Kampf der Waldmenschen	43
31. Die Saligen auf dem Pfiens	44
32. Die Wilde Fahrt	45
33. D's Wildgefahr	45

Vom Teufel und Teufelsbund

34. Doktor Seraphikus	47
35. Doktor Paracelsus und der Teufel	47
36. Der goldene Küch'lspieß	49
37. Wie Doktor Theophrast kurierte	50
38. Hahnenkikerle	50
39. Doktor Theophrasts Tod	51
40. Faust in Innsbruck	53
41. Der Teufel in Wilten	55
42. Der Teufel als Tanzpartner	55
43. Der Hexenmeister in Arzl	56
44. Der verschwundene Soldat	57

	45. Die Mühlauer Schweinsbrücke	58
	46. Der Teufel stiftete Ehefrieden	58
	47. Die Affen	58
	48. Die Igler Teufelsmasken	59
	49. Der Schleifsteindieb	60
	50. Die „g'frörten" Jäger	60
	51. Roblerkünste	61
	52. Eine Besessene kann sich verwandeln	62
	53. Der Vater kam besessen heim	62
	54. Das Pradler Mandl	63
Von Hexen und Spielmännern	55. Hexengeschichten	65
	56. Die Höttinger Hexen	66
	57. Die Hexen zu Hötting	66
	58. Die Buttererhof-Hexe	68
	59. Die Hexe verhindert das Fensterln	69
	60. Die Hexen in der Höttinger Gasse	69
	61. Die Hexen auf der Höttinger Alm	70
	62. Die Höttinger Hexe in Katzengestalt	70
	63. Hexentänze	71
	64. Der Melker und die Höttinger Hexengesellschaft	71
	65. Der Hexenspielmann	72
	66. Der Musikant	73
	67. Hexenmusik in der Ried	74
	68. Hexentanz am Achselkopf	74
	69. Der Hexenkreis	74
	70. Die Runsa	75
	71. Die Innsbrucker Trudensteine	76
Von Schätzen und Bergwerken	72. Das Bergwerk bei Hohenburg	78
	73. Der Achselkopf auf goldenem Fuße	81
	74. Die Silbertäufer	83
	75. Der Achselkopf bei Innsbruck	85
	76. Das verfluchte Goldbergwerk beim Höttinger Bild	86
	77. Von den Bergknappen und der Höttinger Nudel	87
	78. Der Schatzhüter im Schluttertal	87
	79. Das Männlein am Rauschbrunnen	88
	80. Der Schatz am Höttinger Berg	88
	81. Die glücklichen Mädchen	89
	82. Das Fräulein auf der Hochburg	89
	83. Schatz zu Büchsenhausen	91
	84. Die Schlange	91
	85. Weihburg	92
	86. Der Schatz im Weihburgteich	92
	87. Die ersten Kupfermünzen	93
	88. Die Kirschkerne	93
	89. Das alte Mesnerhaus in Pradl	94
	90. Das Summergfrier	94
	91. Das Gertraudibüchlein	95

Von Spuk, Geistern und unheimlichen Begebenheiten

- 92. Biener 98
- 93. Der Geist des Gerichteten 99
- 94. Das Bienerweibele 99
- 95. Der Langenmantel 102
- 96. Der Langenmantel kommt! 104
- 97. Der Ritter auf Schneeburg 104
- 98. Der Ritter und die Edelfrau auf Schloss Ambras 105
- 99. Das Schloss auf dem Höttinger Hügel 106
- 100. Scheibenschützen- und Scheibenschlager-Stücklein 106
- 101. Seltsame Anmeldung 107
- 102. Entführt werden 107
- 103. Der Amraser Mesner 108
- 104. Ein Mühlauer Wirt als Feierabendschänder 108
- 105. Bauern in der Hölle 108
- 106. Klaubauf Kurbur 109
- 107. Lettenmandl und Lettenweibele 109
- 108. Von der „Hundskirche" und den Geistern der Kranebitter Klamm 110
- 109. Der gebannte Geist in der Kranebitter Klamm 111
- 110. Der Mühlengeist zu Amras 112
- 111. Das Gespenst in der Altstadt 113
- 112. Der Geist im Stadtturm 117
- 113. Spukende Nonnen 118
- 114. Spuk im Adambräu 119
- 115. Der furchtsame Geist 122
- 116. Klopfgeist 123
- 117. Tote wollen ihr Recht 123
- 118. Geisterstimmen 123
- 119. Todesgespenst 123
- 120. Das goldene Reh 123
- 121. Die Spinne im Otternloch 124
- 122. Spinnen, Fliegen und Heuschrecken 124
- 123. Von Schlangen 124
- 124. Der Rieder Hund 125
- 125. Der geistende Hund 125
- 126. Die Viller Moosfack 125

Von Tod, Pest und Friedhof

- 127. Der Tod und die Todin 127
- 128. Von der Höttinger Pest 128
- 129. Steinewerfer am Pestfriedhof 128
- 130. Die Pestsäule von Leithen 128
- 131. Der Schimmel in Arzl 129
- 132. Eine Schlacht gegen Sachsen? 130
- 133. Die Leiche 130
- 134. Die Totenglocke zu Amras 131
- 135. Der Friedhof zu Allerseelen 131
- 136. Der Totenrearer 132

Von der Kaiserfamilie und berühmten Tirolern

- 137. Erzherzog Sigmund der Münzreiche 134
- 138. Von der „Roten Marter" 134
- 139. Herzog Heinrich von Bayern 134
- 140. Maximilian in der Martinswand 135
- 141. Hans Weiß, der Schmied des Kaisers Max 138
- 142. Die Auffindung des Maximilian-Bades 139
- 143. Der Unholdshof 139
- 144. Erzherzog Maximilian der Deutschmeister 140
- 145. Der Tod der Philippine Welser 140
- 146. Weitere Sagen um Philippine Welser 142

	147. Erzherzog Ferdinand und der Schmied	142
	148. Der Rosssprung	143
	149. Der Narrenstreit zu Ambras	145
	150. Andreas Hofer in Innsbruck	147
	151. Haspinger in der Hofkirche zu Innsbruck	148
	152. Meister Wilhelm	149

Wahrzeichen und Baulegenden

153.	Baulegenden aus Innsbruck	151
154.	Die „Schwarzen Mander"	152
155.	Der alte Sakristan	153
156.	Vom Kenotaph in der Hofkirche	154
157.	König Rudolf in der Hofkirche	154
158.	Das Goldene Dachl	154
159.	Sankt Jakob in der Au	155
160.	Der Asamsturz	156
161.	Notausgänge der Weiherburg	157
162.	Unterirdischer Gang nach Schloss Ambras	157
163.	Die Ambraser Sammlung	157
164.	Vom Innsbrucker Bier	158
165.	Die Höttinger Nudel	158
166.	Wie die Hungerburg zu ihrem Namen kam	158

Kirchen, Gnadenbilder, fromme Menschen

167.	Das Gnadenbild in Amras	162
168.	Die Hundskapelle	164
169.	Ein verschollenes Votivbild und seine Legende	164
170.	Heilsames Öl	164
171.	Das Frauenkloster in Altenstadt	165
172.	Die Galgenbichl-Sage bei Innsbruck	167
173.	Der namenlose Gefallene auf dem Tummelplatz	168
174.	Verschiebung des Kirchweihfestes	169
175.	Maria unter den vier Säulen	170
176.	Die Siechenmutter zu St. Nikolaus	170
177.	Maria im Höttingerbilde, der Studenten Zuflucht	171
178.	Das heilige Wasser	172

Moderne Sagen

179.	Der Schuh mit dem Knochen im Bunker	175
180.	In der Europabrücke eingemauert	175
181.	Die spukende Nonne auf dem SOWI-Areal	176
182.	Spuk in der Hofburg	176
183.	Das Spukhaus im Saggen	177
184.	Spuk in Arzl	177
185.	Die Bergiselschanze	177
186.	Olympiasieg im Stiegenhaus	178
187.	Verhängnisvoller Skiunfall	178
188.	Der Innsbrucker Vulkan	179
189.	Der Paragleiter	179

Glossar	180
Stadtteilregister	185
Kurzbiografien wichtiger Erzählforscher	187
Literatur	188

VON RIESEN UND DRACHEN

Riesen sind gewaltige, sehr dicht behaarte Wesen, mit einer sehr tiefen Stimme. Nur wenige Menschen haben sie je sprechen gehört, ihre Stimme ist ein tiefer Grundbass, der wie ein Donnerschlag erklingt, und durch ihren Schrei können Lawinen ausgelöst und Felsen gespalten werden. Riesen leben meistens allein und sind anderen Riesen gegenüber feindlich gesinnt, bei Begegnungen unter Riesen kommt es daher oft zu einem Kräftemessen. Riesen haben die Gabe, das Wetter zu prophezeien, und haben den Menschen oft mit ihren guten Ratschlägen zur Aussaat geholfen. Behandelt ein Bauer sein Vieh unbarmherzig, so straft der Riese Haus und Hof. Manche behaupten, dass die Riesen über ein verunglücktes Schaf bitterlich geweint hätten. Riesen sind nicht unsterblich, sie leben nur länger als die Menschen und rechnen ihr Leben in Jahrhunderten.

Frau Hitt gehört zu den bekanntesten Sagengestalten Tirols. Es ist beeindruckend, dass gerade bei den folgenden Sagen viele Innsbrucker auf ihrer Sage als der „richtigen" bestehen. Wir möchten Ihnen die gängigsten Versionen vorstellen, gespickt mit mehr oder weniger bekannten Details, und hoffen auf Nachsicht, wenn Ihre Variante nicht gedruckt werden konnte. Bei der Sage um Frau Hitt handelt es sich um eine Erklärungssage der gleichnamigen Felsformation der Nordkette mit einem Gottesgericht, bei den Sagen um den Riesen Haymon um Gründungssagen vom Kloster Wilten.

Der Riese Haymon triumphiert über den Drachen und schneidet ihm als Beweis seines Sieges die Zunge heraus. Die Bronzestatue über dem Eingangsportal von Stift Wilten stammt von Caspar Gras (1620).

1 FRAU HÜTT

In uralten Zeiten lebte im Tirolerland eine mächtige Riesenkönigin, Frau Hütt genannt; sie wohnte in den Gebirgen über Innsbruck, die jetzt grau und kahl sind, aber damals voll Wälder, reicher Äcker und grüner Wiesen waren. Auf eine Zeit kam ihr kleiner Sohn heim, weinte und jammerte; Schlamm bedeckte ihm Gesicht und Hände, dazu sah sein Kleid schwarz aus wie ein Köhlerkittel. Er hatte sich eine Tanne zum Steckenpferd abknicken wollen, weil der Baum aber am Rande eines Morastes stand, so war das Erdreich unter ihm gewichen und er bis zum Haupt in den Moder gesunken, doch hatte er sich noch glücklich herausgeholfen. Frau Hütt tröstete ihn, versprach ihm ein neues schönes Röcklein und rief einen Diener; der sollte weiche Brosamen nehmen und ihm damit Gesicht und Hände reinigen. Kaum aber hatte dieser angefangen, mit der heiligen Gottesgabe also sündlich umzugehen, zog ein schweres, schwarzes Gewitter daher, das den Himmel ganz zudeckte, und ein entsetzlicher Donner schlug ein. Als es sich wieder aufgehellt, da waren die reichen Kornäcker, grünen Wiesen und Wälder und die Wohnung der Frau Hütt verschwunden, und überall war nur eine Wüste mit zerstreuten Steinen, wo kein Grashalm mehr wachsen konnte. In der Mitte aber stand Frau Hütt, die Riesenkönigin, versteinert – und wird so stehen bis zum Jüngsten Tag.

> Erstmalig bestiegen wurde der bekannte Gipfel der Nordkette „Frau Hitt" im Jahr 1579 von Hans Georg Ernstinger, einem Bürger Innsbrucks. Dieser berichtet, dass sich schon etliche dort zu Tode gefallen haben sollen. Hans Georg Ernstinger wurde zum ersten bekannten Innsbrucker Bergsteiger. Als „Vater aller Bergsteiger" wird Francesco Petrarca bezeichnet, der am 26. April 1363 mit der Besteigung des Mont Ventoux (1912 m) bei Avignon die „Geburtsstunde des Alpinismus" einläutete.

In vielen Gegenden Tirols, besonders in der Nähe von Innsbruck, wird bösen und mutwilligen Kindern die Sage zur Warnung erzählt, wenn sie sich mit Brot bewerfen oder sonst Übermut damit treiben. „Spart eure Brosamen", heißt es, „für die Armen, damit es euch nicht ergehe wie der Frau Hütt." *(Grimm 1816/18, Nr. 233)*

2 FRAU HITT

In der Nähe von Innsbruck wohnte vor Zeiten in ihrem Bergschloss eine reiche Gräfin, welche Frau Hütt genannt wurde. In einer stürmischen Regennacht kam ein betagter Wanderer an das Schloss und bat um Obdach. Hartherzig, wie immer, verweigerte es ihm die Gräfin, worauf er beim Weggehen ausrief:

Auch als „Wetterfrau" hat sich die Innsbrucker Riesin einen Namen gemacht, denn hat Frau Hütt „a Kapp'n auf", dann sollte man besser nach dem Regenschirm greifen.

„Weil dein Herz so hart ist wie Stein, sollst du mit deinem Schlosse auch zu Stein werden!" Diese Verwünschung ging in Erfüllung, und am Morgen sahen die Talbewohner statt des Schlosses kahle Felsen, auf denen Frau Hütt in Stein verwandelt saß – wie noch heute. *(Baader 1851, Nr. 486, S. 407)*

*

In einer anderen Sage sitzt die Bettlerin hoch oben in den Bergen mit ihrem nackten Kind im Arm am Wegesrand. Doch sein Haar ist so reines Gold, wie das des reichsten Knaben Haar. Und ebenso strahlend sah sie von weitem die Herrin Frau Hitt, ihr Mantel schimmerte wie ein Stern. Und Frau Hitt saß auf ihrem Goldross, von vielen Vasallen und Herren begleitet. Da rafft sich die Bettlerin auf und hält der schimmernden Herrin ihren nackten Knaben entgegen und sprach:

> „O seht dies Kind, des Jammers Bild,
> erbarmt, erbarmt euch sein
> und hüllt das zitternde Würmlein mild
> in ein Stück Linnen ein!"
> „Weib, bist du rasend?", zürnt die Frau.
> „Wo nähm' ich Linnen her?
> Nur Seid' ist all', was an mir ich schau',
> von funkelndem Golde schwer."

Die arme Mutter beteuert, sie bitte nur um eine kleine Gabe. Da bricht die Fürstin einen Stein aus der Felsenschicht und reicht ihn der Bettlerin.

> „O würdest du selber zu hartem Erz,
> die den Jammer der Armen höhnt!",

schreit die Mutter, und die Felswand dröhnt. Schon verkehrt sich der Tag zur Nacht, Frau Hitt versteinert mit ihrem Ross, unter ihr heben sich die Felsen empor und steigen hinauf, und droben sitzt ein Bild von Stein. *(Nach Ebert 1852)*

3 „FRAU-HITTEN-BETT"

Wie die Fantasie des Volkes an einem vorhandenen Motiv in ein und derselben Landschaft weiterarbeitet, das zeigt die volkstümliche Vorstellung vom „Frau-Hitt-Bett" auf der Nordkette bei Innsbruck. Die Leute von Götzens auf der südlichen Inntalterrasse westlich von Innsbruck haben das eigenartig regelmäßig länglich geformte „Schneekar", eine große Hochgebirgsmulde der Nordkette, ständig vor Augen; und nur sie nennen es das „Frau-Hitten-Bett". *(Finsterwalder 1972)*

4 WIE DER RIESE HAYMO DEN DRACHEN TÖTETE

In jener Zeit wohnte am Rhein ein Riese, der hieß Haymo. Er überragte weit alle übrigen Menschen und übertraf sie an Kraft und Stärke. Seine Länge betrug zwölf Schuh und drei Finger in der Quere. Auch war er vornehmer Abkunft, daher trug er ein gar wundervolles Wappenschild: Ein Helm trug ein rotes Kissen, darauf saß ein Leopard; das Feld des Schildes aber war grün und mittendurch zog ein weißer Querbalken.

Als Haymo vom Drachen an der Sill hörte, da wollte er mit ihm seine Kraft messen. Er rüstete sich deshalb mit den stärksten Waffen aus, die er finden konnte, und zog den Bergen zu.

Als er ins Inntal kam, da traf er nirgends ein wohlgefügtes Haus an. In den weiten, düsteren Wäldern hausten in ärmlichen Hütten nur Köhler und Holzflößer. Außer diesen fand er nur noch wenige Bauersleute vor, die aber durch den Drachen in arge Bedrängnis gekommen waren. Oft hatte er ihnen Kalb und Kuh geraubt, ja manchmal noch überdies den Hirten.

> Matthias Burgklechner (Burgklehner; 1573–1642) konstruierte in Anlehnung alter Holzschnitte das beschriebene Wappen mit dem weißen Querbalken. Es gehört damit zu den anachronistischen Wappen, das heißt, es wurde erst im Nachhinein für den Riesen Haymon erstellt. Bis heute ist es Teil des Wiltener Stiftswappens.

Das sogenannte Riesenhaus in Leithen mit der Darstellung des Kampfes Haymon gegen Thyrsus (1537)

Haymo kam gerade an, als der Drache wieder lauernd nach Beute Ausschau hielt. Mit einem kühnen Satz stürzte der Riese auf ihn los und versetzte ihm Hieb auf Hieb. Der Drache wand sich vor Schmerz, ringelte den Schweif und floh heulend in sein Loch. Haymo drängte ihm nach und erstach ihn. Dann riss er ihm die Zunge heraus, schnitt sie ab und nahm sie mit.

Staunend eilten die Bauern herbei und baten Haymo, er möge bei ihnen bleiben und die Herrschaft im Lande übernehmen. Haymo blieb und das Land blühte unter seinem starken Arm wunderbar auf, denn von überall her kamen die Siedler und ließen sich in seinem Machtbereich nieder, wo sie zufrieden und wohlgeborgen leben konnten. *(Gamper 1924, S. 49)*

5 WIE HAYMO DEN RIESEN THYRSUS ERSCHLUG

Zur gleichen Zeit wohnte bei Seefeld auf rauer, winddurchbrauster Alpenhöh bei wild aufragenden Felsengipfeln ein zweiter Riese, der Thyrsus hieß. Sein Stamm war schon seit undenklichen Zeiten dort gesessen – allein und ungestört –, und so hauste auch er dort oben, einem Eber gleich im eigenen Waldrevier.

Als er von der Ankunft Haymos hörte, da verfinsterte sich sein Gesicht, er ballte die Riesenfaust und in seinem Herzen sammelte sich Groll und Hass wie auf dunklem Bergeshang die schwarzgrauen Gewitterwolken. Er wollte nicht dulden, dass ein anderer sich niederlasse im Bereich seiner Berge; deshalb grübelte er nach, wie er den fremden Mann wieder aus dem Lande verdrängen könne.

Aber auch Haymo hatte von seinem Gegner und dessen Anschlägen vernommen. Wutentbrannt brach er auf und zog dem Ufer des Inns entlang ins Oberland. Hinter Zirl auf sonniger Wiese – heute heißt der Ort Dirschenbach – stieß er auf Thyrsus und rannte ihn mit seinem wuchtigen Schwert an. Überrascht sah sich Thyrsus um eine Waffe um, riss die Birke aus, die neben ihm stand, und setzte sich damit zur Wehr. Weitum ertönten Berg und Tal von den grimmigen Schlägen, und im Walde bebten darob die Bäume bis tief in die Wurzeln hinab. Da stach Haymo seinem Widersacher eine tiefe Wunde in die Ferse, sodass ein Strahl hellen Blutes heraussprang. Thyrsus nahm einen Wasen, stopfte sich damit die Wunde zu und sprang keuchend bergan bis zum Leitnerkogel, wo ihn Haymo einholte und niederschlug. Der Boden trank sich voll vom Blute des todwunden Riesen, der mit ersterbender Stimme rief:

„Spritz Bluet
ist für Vieh und Leut guet."

Heute noch wird in Seefeld aus dem harten Stein das heilsame Thyrsusblut gewonnen. *(Gamper 1924, S. 51)*

*

Die Steinölbrennerei geht der Sage nach auf den Riesen Haymon zurück, der den Riesen Thyrsus erschlagen hatte und der das beim Kochen eines Mahles aus den Herdsteinen tropfende Öl für dessen Blut hielt. *(Strele 1938)*

*

Nach einer anderen Sage soll der Riese Haymon aus der Gefolgschaft von Dietrich von Bern stammen. Bei ihrem Durchzug durch Tirol kam es zu dem Kampfe mit dem hier sesshaften Thyrsus, der dabei verstarb. *(Nach Kostenzer)*

> Besteht zwischen dem Riesen Haymon und dem großen Sagenzyklus um Dietrich von Bern tatsächlich ein Zusammenhang? Zingerle berichtet von einem Schriftzug in der Grabkapelle zu Wilten, der sich auf Dietrich von Bern bezieht:
>
> „Vil zeichen seind in diesem Land, dass Risen allda haben gewohnt. – Also haust im Schloss Tyrol signoth der ris bekhannt gar wol, den von Beren Herr Dieterich bestreitten thet ritterlich."
> (Zingerle 1864, S. 1030)

6 WIE HAYMO DAS KLOSTER WILTEN GRÜNDETE

Als Haymo den erschlagenen Mann vor sich liegen sah und die Blümlein neben ihm sich rot färbten, da erfasste ihn Reue und Entsetzen über seine Bluttat. Schaudernd ließ er seinen Kopf auf die Brust sinken und ging mit bleischweren Schritten bergab. Aus dem Geäst des Tanns fuhr kreischend ein Waldvogel empor und krächzte ihn heiser an; am Wiesenrain zirpten die Grillen so grell und schrill, dass ihm die Ohren gellten, und im Tal unten trieb der Inn ungestüm seine Wellen talaus, schlug sie wild aufschäumend an die Felsblöcke und gurgelte ihm aus schwarzem Grund unheimlich zu.

Völlig ermattet kam so der Riese an die Stelle, wo er den Drachen erschlagen hatte.

Da sprach er zu sich selbst: „Hier will ich bleiben und für meine Mordtat Sühne tun."

Er beugte sich dem Kreuze, nahm das Christentum an und gründete ein Kloster, dem er nach der wilden Gegend den Namen Wilten gab.

Als der Bau vollendet war, da nahm er einen gewaltigen Stein und schleuderte ihn ostwärts. Dort, wo er niederfiel, setzte er die Grenze der Hofmark

Abt Andreas Mayr (1621–1650) ließ 1639 im Bereich des Glockenturmes nach den Gebeinen des Riesen Haymon graben und verursachte dadurch den Einsturz des Turmes. Dabei wurde auch das Kirchengewölbe stark beschädigt. Ein Schneider musste dem Abt die schlechte Nachricht überbringen. Darauf soll jener entgegnet haben: Dann nehm er halt „ein Nadl und hefte die gefallenen Steine wieder hinauf".

Ein Großbrand vernichtete einige Monate später den westlichen Kirchenbau. Mit dem Neubau im Stile des Barock wurde der Innsbrucker Hofbaumeister Christoph Gumpp betraut. Die heute uns vertraute Kirchenfassade (1716), mit den beiden Großplastiken der Riesen und der bekrönenden Heiligen, geht auf seinen Enkel Georg Anton Gumpp zurück. Das Stift Wilten wurde im Zweiten Weltkrieg stark zerstört und in den Aufbaujahren wiederhergestellt.

fest. Und so steht dieser Stein heute noch in den Amraser Feldern als Grenz- und Markstein der Pfarre Wilten und Ampaß und bezeichnet zugleich die Grenze der Felder des Stiftes.

Haymo selbst nahm im Kloster Wohnung, starb dort 873 und wurde in einem Riesensarg in der Stiftskirche begraben. *(Gamper 1924, S. 52)*

*

Martinus Meyer gibt uns in seiner Version von den Riesen Haimon und Tirsus ein völlig anderes Bild:

Nach der Zerstörung des alten Veldidena und dem Verfall der Römischen Herrschaft erhoben sich die Gehöfte, die bis heute die Amraser und Wiltauer Felder heißen. Einer von ihnen, namens Haimon, war ein Riese von gewaltigem Wuchse und übermächtiger Körperkraft, der schon mit seinem fünfzehnten Jahre eine solche Höhe und Stärke erreicht hatte, dass er sich mit den jungen Tannen des Waldes messen und sie wie Grashalme aus der Erde ziehen konnte. Später sah er sich sogar genötigt, den Boden seines Hauses bis zum Dache durchzubrechen, um aufrecht stehen zu können.

Streit- und herrschsüchtig von Natur konnte er sich mit seinen Nachbarn nicht vertragen und lag in beständiger Fehde mit ihnen, die aber stets zum Schaden der Letzteren ausschlug, denn einmal erbost und wild gemacht, kannte Haimons Zorn keine Grenzen, und in seiner tollen Wut verwüstete er Felder und Wohnhäuser, und niemand war seines Lebens sicher.

Müde dieses Zustandes, stellten endlich sämtliche benachbarten Freisassen an Haimon den Antrag, er möge selbst die Grenzen seines Reviers bestimmen; sie würden sich alsdann daraus zurückziehen und sich neue Wohnsitze erbauen. – Dessen begnügte er sich, und indem er auf ein mächtiges Felsstück wies, das zufällig in seinem Hofraume lag, erklärte er, nur so viel Grund und Boden für sich in Anspruch nehmen zu wollen, als er mit dem Steinblock auf den Schultern, ohne zu rasten, umschreiten könne.

Haimon war jetzt mit seinem weitläufigen Reviere zufrieden; nun wollte er aber auch ein stattliches Herrenhaus haben, und er begann daher unverweilt, sich an der Stelle, wo später die Abtei erbaut werden sollte, ein festes Schloss zu bauen. – Aus jener rauen Gebirgsschlucht, durch welche die stürmische Sill sich Bahn bricht nach dem Inntale, schleppte er die Steine herbei, und schon begannen die ersten gewaltigen Mauern emporzuragen. Aber siehe da, eines Morgens sah er alles von Grund aus zerstört, was er mühsam geschaffen hatte: Die Baustücke lagen wirr durcheinander geworfen, weit über die Felder zerstreut. – Haimon war darüber fürchterlich erbost und schwor seinen tückischen Nachbarn Rache bis zur Vernichtung; denn nur sie konnten mit vereinten Kräften diesen Schelmenstreich verübt haben.

Zornschnaubend begab er sich zum nächstgelegenen Gehöfte, wo der Freisasse, ein alter, kluger Bauer, beim Frühmahle saß und über das plötzliche Erscheinen und ergrimmte Äußere des gefürchteten Riesen erschrak. Wenige Worte genügten, um ihn über den Grund des unliebsamen Besuches aufzuklären; der Alte aber war ein listiger Kopf und verstand es, das drohende Gewitter durch einen fein angelegten Wetterleiter von seinem Dach abzulenken. „Das sei ferne von uns", sagte er in demütigem Tone, „dass wir den lieben Frieden, den wir uns mit Verlust unserer besten Gründe und Weideplätze von dir erkauften, durch ein solches Beginnen wieder stören sollten. Ist so etwas geschehen, wie du sagst, so kann der Täter nur der Riese Tirsus sein, der im oberen Tale haust und mit bitterem Groll und Neid gegen dich erfüllt ist wegen des Rufes deiner Größe

> Die Sage der Klostergründung durch den rheinländischen Haymo, der aus Sühne seiner Mordtat an dem Seefelder Riesen Thyrsus das Kloster Wilten gründete, wurde bereits im 17. Jahrhundert von Matthias Burglechner (Burgklehner; 1573-1642) beschrieben. Erste Prämonstratenser waren um 1128 dort sesshaft, die Grenzen der Pfarre Wilten wurden im Jahr 1141 festgelegt.
> Der Stein des Riesen Haymo steht heute noch, wenn auch um ein paar Meter verschoben. Nachdem der angebliche Stein des Riesen Haymon zur Gänze ausgegraben wurde, konnte dieser als römischer Meilenstein ausgemacht werden. Ein Erinnerungsstein befindet sich heute zwischen Eisstadion und den Sillhöfen.

und Stärke im ganzen Lande. Er rühmt sich seit langem schon, dass er dich mit zwei Fingern zermalmen werde, sofern du es wagen solltest, in seine Nähe zu kommen."

Diese klug berechneten Worte verfehlten keineswegs ihre Wirkung auf den hochmütigen Haimon, und noch schneller und trotziger, als er gekommen, eilte er zurück, waffnete sich vom Kopf bis zu den Füßen, nahm sein bestes Schwert zur Hand und machte sich auf, seinen gehassten Nebenbuhler aufzusuchen und ihm den Kampf auf Leben und Tod anzusagen.

Der Alte aber rieb sich wegen seiner List vergnügt die Hände und gab sich der frohen Hoffnung hin, Haimon werde an Tirsus schon seinen Mann finden, sodass er und seine Nachbarn von einer drückenden Plage vielleicht für immer befreit werden.

Oberhalb von Zirl, wo jetzt der Weiler Dirschenbach steht, lag Tirsus' Gehöfte, und der riesige Freisasse war soeben mit Pflug und Stieren auf dem Felde beschäftigt, als er von Haimon überfallen wurde, der ihm keine Zeit gönnte, sich zu wappnen und zu rüsten zu einem ordentlichen, ehrlichen Zweikampfe. – Tirsus blieb nichts übrig, als einen nahe gelegenen Baum auszureißen und sich damit gegen den mächtigen und wohlbewaffneten Gegner zu verteidigen. – Fast um einen halben Kopf länger als Haimon und von fürchterlicher Kraft und Gewandtheit, leistete er lange Zeit übermenschlichen Widerstand, und zweimal sahen sich die beiden Kämpfer genötigt, auszuruhen und neuen Atem zu schöpfen; beim dritten Gange endlich errang Haimon den schwer bestrittenen Sieg, und Tirsus erlag den Streichen seines Widersachers, an hundert Wunden verblutend, die ihm sein unerbittlicher Feind beigebracht.

Triumphierend kehrte Haimon zurück von seinem Siege und begann aufs Neue und mit doppeltem Eifer den Bau seines Schlosses. – Schon ragten Türme und Mauern wieder trotzig empor, da träumte ihm in einer finstren, stürmischen Nacht, er sehe den Schatten des erschlagenen Tirsus heruntersteigen vom obern Tale, bewaffnet mit jenem Baumstamme, mit dem er sich so gewaltig gegen ihn verteidigt hatte, und voll wildem Grimm den entstehenden Bau wieder zerstören. – Als er erwachte, deuchte ihm noch, als wenn der Boden ringsum erzitterte von den niederfallenden Steinmassen, und wirklich sah er sein mühsames Werk neuerdings von Grund aus vernichtet, und die weit umher zerstreuten Bausteine zeugten von der zerstörenden Tätigkeit seines nächtlichen Feindes.

Gerade zur selben Zeit war in dieser Gegend ein fremder Mönch erschienen, welcher weit hinten in den Schluchten der Sill eine kleine Hütte bewohnte und den rohen heidnischen Bauern und Jägern die Lehre des jungen Christentums verkündete. – Bald war der fromme Mann im weiten Umkreise bekannt und wurde geehrt; und zu ihm wandte sich Haimon um Rat und Hilfe in seiner Bedrängnis, denn des erschlagenen Tirsus Schatten begann ihn wachend und träumend zu verfolgen, und allerorten begegnete ihm seine drohende Erscheinung.

„Du hast einen Mord verübt", sagte der Mönch in strengem Tone. „Du sollst statt eines Schlosses dem Herrn ein Haus erbauen und ihm darin dienen als ein frommer, demütiger Knecht. Sei übrigens wohl auf der Hut und überwache Tag und Nacht dein Werk, denn die Hölle wird ihren Drachen aussenden, um es zu zerstören vor seiner Vollendung."

Haimon tat, wie ihn der fromme Mann geheißen, und wieder erhob sich ein mächtiger Bau auf derselben Stätte, aber auch der nächtliche Feind stellte sich wieder ein in Gestalt eines gräulichen, geflügelten Lindwurms; diesmal stand Haimon aber mit Schwert und Schild auf der Lauer, überfiel das Ungetüm und erlegte es nach einem langen, furchtbaren Kampfe, in welchem der Riese zum letzten Mal seine gewaltige Kraft und Gewandtheit erproben sollte.

Am Portale der Stiftskirche prangen heute noch in Lebensgröße die Standbilder der beiden Riesen: Haimon mit Schwert und Schild bewaffnet, Tirsus sich erschöpft an jenen Baumstamm lehnend, mit dem er sich so grimmig verteidigt hatte. In der Bibliothek der Abtei aber wird den gläubigen Seelen nicht die (tatsächliche) Zunge des Drachen vorgewiesen, die wohl anderthalb Ellen lang sein muss. *(Meyer 1905, gekürzt)*

> Nicht nur das Grab des Riesen gab Rätsel auf, auch über die Wiltener Drachenzunge gibt es einiges zu berichten.
> Bei der „Wiltener Drachenzunge" handelt es sich um einen Stirnfortsatz (Rostrum) eines Schwertfisches. Die Zunge des Wiltener Drachen wird 1484 erstmals von dem Jerusalem-Pilger Felix Faber erwähnt und als Geschenk Erzherzog Sigmunds von Tirol bezeichnet, der sie in Silber fassen ließ. Neben vielen weiteren Kunstwerken kann die Drachenzunge heute im Museum des Stiftes besichtigt werden.

7 DER HOCHGENEUNER BESIEGT EINEN RIESEN

Der Stärkste unter den Starken aber war ein Bauersmann namens „Hochgeneuner", der vor ungefähr zweihundert Jahren einen Einödhof an der Ellbögenstraße bewohnte. Zu jener Zeit kam ein Riese in diese Gegend, welcher sämtlichen Athleten von Tirol den Handschuh hinwarf und einen Aufruf ergehen ließ, mit ihm zu ringen. Hochgeneuner hörte von ihm und fragte seine drei Söhne, ob einer hingehen wolle, mit dem Fremden zu raufen; da wollte aber ein jeder gehen. „Das kann nicht sein", sagte der Alte, „entweder einer von euch oder ich selbst."

Darauf ging er mit ihnen in den Hof, wo ein riesiger eichener Hackstock lag, um zu probieren, welchen er schicken solle: Der Erste nahm den Stock auf und warf ihn rückwärts über den Kopf, der Zweite schwang ihn auf einen nahe stehenden Holzstoß, der Dritte brachte ihn auf die Rinne des Hauses, der Alte aber warf die ungeheure Last über das Dach hinaus, dass der Stock auf der andern Seite in das Frühgartel fiel und einen Schuh tief im Erdreich sitzen blieb. „Ich sehe schon, dass ich selbst gehen muss!", sagte er zürnend zu seinen verblüfften Söhnen. „Ihr seid Weichlinge, gar nicht wert meine Buben zu sein!" Darauf ging er nach Innsbruck, suchte den Riesen auf und verlangte mit ihm zu ringen.

Hochgeneuner war ein Mann von überaus nervigem und gedrungenem Körperbau, aber nicht von großer Statur und ohne imponierendes Äußeres. Sein Gegner, der wenigstens sieben Schuh maß, betrachtete ihn mit Hohnlächeln und sagte, er möchte auf einen Stuhl steigen, sonst käme er ihm ja gar nicht an den Leib. Hochgeneuner ließ sich das nicht zweimal sagen; mit einem Satz war er auf einem nahe stehenden Tisch, und als der Riese ihm nahekam, sprang er ihn mit der Behändigkeit und dem Ungestüm einer Tigerkatze an und hatte ihm mit seinen herkulischen Armen im Nu alle Rippen eingedrückt; als lebloser Koloss sank der Riese aus den Armen seines fürchterlichen Gegners. Hochgeneuner äußerte aber ganz erschrocken gegen die anwesenden Zuschauer, er begreife gar nicht, wie das Ding gegangen sei, der Riese müsse ein sehr schlechtes Leben gehabt haben, weil er das kleine Druckerl nicht ausgehalten habe; er hätte gar nicht geglaubt, ihm weh zu tun! *(Martinus Meier, in: Zingerle 1850, S. 98)*

*

In einer Variante wird diese Sage in die Zeit Kaiser Josephs verlegt, Hochgeneuner sei Christian Zottler gewesen, den der Kaiser zum Ringkampf gegen den Wiltener Riesen aufforderte. Als Siegespreis erhielt er die Salzfreiheit und konnte sich durch einen Steinwurf Land erwerben. Darauf nahm er sofort acht Säcke Salz samt der Egge auf seinen Rücken und zog nach Hause. *(Nach Schadelbauer 1925)*

8 CHRISTLI KUHHAUT IN INNSBRUCK

In Galtür im Paznauntale lebte vor alten Zeiten ein armes Geschwisterpaar, welches im größten Elende sein Leben dahinschleppte. Der Hunger trieb sie auf allerlei Mittel zu denken, ihr armes Dasein zu fristen. Sie gingen auf die Berge und gruben sich Wurzeln und Kräuter aus dem Felsboden; und da waren sie so glücklich, einige Wurzeln gefunden zu haben, von denen sie eine ungewöhnliche Kraft bekamen. Davon lieferten sie sogleich Beweise.

Einem Bauer war seine Kuh in eine schauerliche Felskluft gefallen, von wo kein Ausweg war als ein äußerst steiler Felspfad. Der Bauer sagte zum Buben von den zwei Geschwistern: „Christli! Tragst du die Kuh ganz auf den Schultern herauf, so gehört sie dir." Der Bubel ließ sich das nicht zweimal sagen, kletterte hinab, schwang sich die Kuh auf die Schulter und trug sie hinauf. Seit dieser Zeit hieß er Christli Kuhhaut, und seit dieser Zeit besserten sich auch seine Vermögensumstände zusehends, denn die Geschwister arbeiteten für sechs Personen. Sie galten als die stärksten Leute im Tale und gaben so manches Pröbchen von ihrer Körperkraft.

In Innsbruck bekam Christli Kuhhaut einmal Streit mit seinem Wirte, und der Wirt hetzte seine zwei großen Hund auf ihn; aber dieser riss eine Deichsel von einem großen Frachtwagen und schlug damit in solcher Wut und Kraft um sich, dass die Hunde tot umfielen und der Wirt und die Knechte davonlaufen mussten. Unbeanstandet konnte er von Innsbruck wegfahren. *(Hammerle 1857)*

*

Die Paznauner Chronik weiß zu berichten, dass Christli Kuhhaut Christian Bernhard[t] geheißen und seine Schwester Ottilia. Der besagte Bernhard[t] soll der Größte und Stärkste aus Galtür gewesen sein, von welchem der Herzog Sigmund, der damals zu Innsbruck regierte, mehreres erzählen gehört und ihn dorthin berufen hat mit dem Befehl, mit seinem Riesen, Nikolasch genannt, einen Kampf zu halten. Weil aber dabei der Letztere unterlegen war und plessiert wurde, habe der Bernhard[t] in Ungnad abziehen müssen. *(Hammerle 1857)*

9 DER STARKE TRAUBENWIRT

Der alte Traubenwirt in Innsbruck, der vor ungefähr fünfzig Jahren noch am Leben war, lüpfte einmal nächtlicher Weile ohne allen Beistand einen geladenen Güterwagen über den Zollbaum, worauf dieser zollfrei erklärt wurde. – Bei einem Raufhandel gab er einem von seinen Gegnern eine Ohrfeige, wovon dieser augenblicklich tot umfiel. – Die Gerichtsbehörde soll ihm darauf die Weisung erteilt haben, sich in Zukunft jeder Ohrfeige zu enthalten, da er eine so schwere Hand habe! *(Martinus Meier, in: Zingerle 1850, S. 99)*

Eine hölzerne Bogenbrücke überspannt die Sillschlucht, durch die ein beliebter Spazierweg führt.

10 DER SILLDRACHE

Dort, wo die Sill ihre Wasser ins Inntal hinausspeit, führt eine schaurige Schlucht hinein in das düstere Waldgebirge; rechts und links erheben sich steile Wände, die von dunklen Tannen bewachsen sind, doch im Gerölle verborgen liegt nach altem Bericht manch Körnlein funkelnden Goldes.

Woher das Gold wohl sein mag?

Innen in einer Höhle lag vor Zeiten ein Drache, der hütete einen ungeheuren Schatz. Hin und wieder schlug eine Welle über den Rand der Höhle, raubte verstohlen vom Golde, führte es hinaus und warf es über den Wasserfall den Menschen zu.

Manchmal verließ der Drache seine Höhle, um Ausschau zu halten, ob wohl niemand in der Nähe wäre, der ihm das Gold rauben könnte. Wie der Wind über das Meer hinbraust und die Wellen hin- und herwirft und wie der Wildbach reißend dahinströmt, so raste das Ungetüm hinaus, drang durch die Felder, zerstörte Haus und Hof, Garten und Gefilde und erfüllte alles ringsum mit Schrecken. *(Gamper 1924, S. 49)*

11 DER VILLER DRACHEN

Nicht weit vom Dorfe Vill im Innsbrucker Mittelgebirge ragen die Trümmer des Schlosses Straßfried, im Volksmunde nach einem späteren Melchior die Melcherburg geheißen. In der Nähe dieses Schlosses hauste in uralten Zeiten ein fürchterlicher Drache, der Menschen und Vieh zerriss und auffraß und alles Land in weiter Runde verwüstete. Da stieg der Ritter, der damals auf der Melcherburg hauste, gerüstet herab und nahm es mit dem Ungetüm auf. Lange tobte der Kampf, und schon fürchtete der Ritter, zu unterliegen, da raffte er noch einmal alle seine Kräfte zusammen, holte zu einem wuchtigen Schlage aus und hieb den Drachen mitten entzwei.

Zum Lohne für seine Heldentat verlieh ihm der Landesfürst ein Wappen mit dem halben Drachen im Schilde. Das Wappen blieb erhalten. Es ist das des alten, längst erloschenen Geschlechts der Hälbling von Straßfried. *(Neugebauer 1934)*

12 DER MÜHLAUER TATZELWURM

Eine leichte Viertelstunde ober der Brücke rauscht, von Buchen umrahmt, aus walddunkler Talrinne der Wasserfall des Wurmbaches nieder. Hier hauste in einem Felsloch einst der „Murbl", ein gefürchteter Lindwurm, etwas über einen Schuh lang, äußerst giftig, einem Fatschenkind oder teilweise einer Katze ähnlich, mit wildbösem Blick und geschwollenem Bauch.

Seine Nähe kündeten Haselblätter mit ausgefressenem rundem Loch in der Mitte. Jeder, der ihn sah, ist eiligst davongelaufen, wie es bei jedem echten Tatzelwurm üblich ist, daher bleibt sein Wesen unergründlich. So hatte so ein Tatzelwurm wohl nur eine Vergangenheit und nie eine Gegenwart.

Da bin ich einmal hinaufgestiegen, als die Julischwüle im Tale lastete, und lag hier im Schatten ... und auf einmal fing alles an zu reden ... Eine komische Geschichte war's, die ich da zu hören bekam. Es wird wohl ein Traum gewesen sein, er war aber sehr lehrreich, darum fasste ich ihn in Reime:

> In der Mühlauer Klamm, in an grausligen Loch, hat a wiatiger Tatzlwurm ghaust,
> mit an Kopf von a Katz und an gschwollenen Bauch und an Furm, dass an Tuifl hat graust.
> Wenn der di' dersiecht, nacher hupft er di' un,
> und in a Weil drauf hast koan Zwazler mehr 'tun.
> Gott Vatter schaug vom Himmelsturm, beschütze vor dem Tatzlwurm
> ins iaz und alli Zeit, die Mensch'n, Viech und Leit!

Der Tschefeler Much hat in Purnhof gheut und geaht in der Klamm übern Bach,
heart pfeif'n und betet und fluacht und laft und der Wurm hupft hinter eahm nach.
Di löderni Hos'n, dö hat 'n nix, nix gnutzt,
der Wurm fangt un blas'n, in Much, den hat's putzt.
Gott Vatter schaug vom Himmelsturm, beschütze vor dem Tatzlwurm
ins iaz und alli Zeit, die Mensch'n, Viech und Leit!
Der Mauggeler Hias hat a kotzngrobs Weib, dös geaht halt amal in die Klamm,
hat Tax'n wölln hol'n und Ströb für die Goaß. Iaz, Tatzlwurm, iaz nimm di' z'samm!
Und in Wurm packt der Graus'n, verkriacht si' ins Loch,
hat 'n neamd mehr gsöchn – 's beasi Weib, das lebt noch!
Gott Vatter, schaug vom Himmelsturm, schick lieber uns an Tatzlwurm
zur Not für Seal und Leib, nur grad koa beases Weib!
(Pöll 1940, S. 117)

Der Tatzlwurm ist eine sagenhafte Gestalt, und so mancher Forscher hat sich bemüht, die Geheimnisse um ihn zu lüften. Soviel wir wissen, ist er mit einem kleinen Drachen zu vergleichen und lebt im Alpenraum, mit verschiedenen regionalen Bezeichnungen. Auffallend oft wird er in den Talschaften in Innsbrucks Umgebung mit einem katzenförmigen Kopf beschrieben. Neben epidemisch aufgetretenen Sichtungen wurde nie ein Tatzlwurm erlegt. Ein weiterer Vertreter seiner Art ist der selten beschriebene und noch weniger oft gesehene Murbl.
Die zwei nächsten Vertreter der Drachenfamilie, der „Worglar" und der „Alber", bestechen durch ihr Können Feuer zu speien sowie durch ihre Flug- oder Gleitfähigkeit.

13 MURBL

Ein ebenfalls halb mythischer sonderbarer Wurm, der uns weder in alten noch neuen Fabeln, Märchen und Sagen begegnet, ist „der Murbl", ein Wurm, den viele Leute im Wurmbachtale gesehen haben wollen, der alle fürchten machte und vor welchem auch der Mutigste davonliefe, der ihn zu Gesicht bekäme.

Dass eine sonderbare Gattung Würmer dort leben müsse, bestätigten ruhige, furchtlose Hirten, die ihn gesehen haben wollen.

Alte Erzählungen lassen den Ort einst von vielen solcher Ungeheuer bevölkert sein, daher der Bach, welcher durchs Wurmtal läuft, „Wurmbach" genannt wird.

An der Quelle des Wurmbaches, unweit der Arzler Alpe, am sogenannten Arzlerberg, bewohnt ein solcher Wurm ein großes Loch, welches unter einem Waldbaum hineinmündet. Er wird so beschrieben: Der Murbl ist nicht länger als gut eineinhalb Schuh, wie ein eingefatschtes Kind oder ein guter Mannesschenkel dick „tschekat" [scheckig], mehr rot, gerade so, wie man türkischen Persch [Pers] als Weiberleutkleider trug; sodass es manchem geschah, dass er den über'n Weg oder vor'm Loche liegenden Wurm für ein Stück türkischen Pers hielt; ein anderer meinte, es sei ein in bunten Windeln mit roten Bändern eingebundenes Kind, denn der Kopf hatte der Rundung nach viel Ähnlichkeit mit einem Kindskopf.

Portal des Wurmbach-Quellstollens in 1156 m Seehöhe, eine der wichtigsten Trinkwasserquellen Innsbrucks

Es ist erst vier Jahre her, als der „Josl Hansl" [Johann Dollinger] von St. Nikolaus in dortiger Gegend am Holzen war und den Murbl aus'm Loch rauschen hörte und ihn bald wieder hineinschlüpfen sah. Da machte sich Josl Hansl bald durch.

Die alte Roslerin, eine Bäuerin von Hötting, hat ihn vor dreißig Jahren genau gesehen und beschrieben; dieselbe sah ihn jedoch weiter unten beim sogenannten „dritten Schuss" im Gesträuche beim „Dorishäusl", im Weiherburger Bezirk.

Der Totengräber Fleckinger zu St. Nikolaus sah ihn vor einigen Jahren bei der Arzler Alpe. Er sagte, dass „die Murbl" in frühen Zeiten erschossen wurden und das Fett davon gut zu brauchen war. Er selbst aber hat noch keinen erschossen und hat gewaltigen Respekt vor dem Murbl. *(Alpenburg 1857, S. 379)*

14 DER „WORGLAR"

Bei hellem Mondenschein wollte einst ein Völser spätabends von Innsbruck nach Hause gehen. Wie er nicht mehr weit von seinem Heimatörtchen entfernt war, sah er auf einmal einen „Worglar" vor sich hergleiten und konnte nun mit dem besten Willen den geraden Weg nicht mehr weiterverfolgen, sondern war bald im Wald drinnen, dann wieder beim Inn unten, kurz, er hatte die Herrschaft über sich selbst verloren und musste nur immer dem verwünschten Ballen nachlaufen. Erst als nach einigen Stunden das Aveläuten ertönte, war der Hexenspuk verschwunden. Abgehetzt und todmüde konnte der Gefoppte jetzt endlich sein Heim erreichen. *(Dörler 1895, S. 112)*

15 DER ALBER

Ein Bauer ging einst spätabends vom Schloss Mentlberg bei Innsbruck nach dem Dorfe Völs. Wie er das kleine Wäldchen unweit von Mentlberg betrat, sah er in der Dämmerung den Alber in Gestalt eines riesigen Lotters, der bald über und über glühend war, bald wieder kohlschwarz wurde, durch den Wald herunterkommen, und als derselbe die Straße erreicht hatte, vor ihm hergehen. Es dauerte jedoch nicht lange, so verschwand der Teufelsspuk wieder. *(Dörler 1899, S. 365; Weinhold 1891, S. 217)*

*

Der Alp sei der Teufel und zeige sich besonders gern den fluchenden und liederlichen Burschen. Einst soll er einen Wallfahrer, der schlecht gebeichtet hatte, gepackt und durch die Luft getragen haben; des Wallfahrers weithin wehender Rock sei allem zuschauenden Volk eine schreckliche Mahnung gewesen. *(Ebenda)*

*

Eine Bäuerin aus Vill erzählte: „Eines Nachts sah mein Mann auf freiem Felde, wie der Alber vom Patscherkofel dahergesaust kam. Sogleich warf er sich aufs Angesicht, hob ein wenig den Kopf und sah, wie der Alber übers Tal flog und am Hechenberg zerschellte. Hätt' er sich nicht niedergeworfen, so hätt' ihn der Alber mitgenommen." Der Alber ist nach dem Tiroler Volksglauben der Teufel, der in Gestalt einer Feuerkugel vom Himmel zur Erde niederfährt. *(Neugebauer 1934, gekürzt)*

*

In Innsbruck ist der Alber angefahren und hat glühende Kohlen [Glohna] hinterlassen. *(Panzer 1956)*

16 „'S SCHRATTL"

Im Mittelgebirge um Innsbruck und Hall und hinab ins Unterinntal – sowohl in Dörfern wie auf Einzelhöfen –, ebenso auf den in den Bergen liegenden Alpen ist „d' Schrattl" oder „'s Schrattl" ein gefürchtetes Etwas, was noch kein Mensch gesehen hat, aber fürs Vieh gerade das ist, was für den Menschen die Trud ist.

Es sucht Kühe auf, welche es so drückt, dass sie dann den Kopf nicht mehr in die Höhe bringen, weil der Rücken ganz gelähmt ist, „'s hat'n Schrattldruck kriegt", auch andere Gliedmaßen drückt d' Schrattl lahm.

Kommt's über Schweine, dann strecken sie alle vier Füße von sich und liegen da wie tot.

Auch Küniglhasen [Kaninchen] druckt es z'samm, und gar gerne die Hennen.

Schrattelgatter kennt fast jeder Bauer; mit fünf schmalen Spänen ist es leicht zu verfertigen – von geweihtem Palmholz ineinandergeschoben, hält das Schrattelgatter von selbst, ohne dass es genagelt zu werden braucht.

Hat man kein geweihtes Palmholz, so hat man sich auch mit anderem Palmholz, ja auch mit anderem Holz gut geholfen. Es scheint, dass dieses Schrattelgatter d' Schrattl gar nicht leiden mag; denn wenn man es im Kuhstall oder wo immer ob der Türe aufhängt und d' Schrattl sieht es, so eilt es flugs davon, als ob's zornig wär' ob dem Gatterl, und man ist sicher vor d' Schrattl.

Daher soll es in keinem Stall fehlen, umso mehr, weil's keine Unkosten macht. „Und wenn's nichts nützt, so schadet's auch nichts", meint der alte Windegger-Seap [Josef Rößler von Windeck am Tulferberg, Bauer von Aldrans bei Innsbruck].

Man hat auch d' Schrattl geziehen, dass es andere Schäden im Stall mache, z. B. Zusammenhängen zweier Kühe in eine Kette, Vermeinungen und Verzauberungen beim Vieh; doch das scheint nur aus der Luft gegriffen, weil man keine sicheren Beweise hat. Das Drücken ist klar und wird von Hunderten glaubwürdigen Leuten bestätigt. Man hält dafür, dass das Schrattl ein paar Pratzen mit langen Fingern hat, fast krallenartig, daher entwischt nicht mehr, was es ergriffen hat. Soll bei Tag im dichtesten Wald versteckt sein und nur bei der Nacht ausgehen; daher hat man es noch nicht gesehen und ist ein mysteriöses Ding. *(Alpenburg 1857, S. 369)*

Das „Schrattl" wurde noch von keinem Menschen gesehen, so die Sage, und die Erzählungen von ihm sind leider nur mehr ganz selten zu hören. So dürften wohl auch die erwähnten „Schrattlgatter" nur mehr selten anzutreffen sein.

VON KASERMANNDLN UND WICHTLN

Wichtl, Zwerge, Bergmanndl werden zu den Hauskobolden gezählt, die bei den Menschen im Haushalt mitleben. Sie sind klein und unförmig, haben einen dicken Kopf, dicken Bauch und spindeldürre, krumme Beine. Sie tragen einen Bart und kleiden sich nach der alten Bauerntracht. Als Arbeitslohn bei den Bauersleuten wünschen sie sich rote „Jankerl", rote Hosen oder grüne Strümpfe. Nach Erhalt des Geschenkes verlassen sie den Hof für immer.

Sie sind ausdauernd in der Arbeit, so auch in ihren Neckereien; ihr Verhalten ist ambivalent und kann auch böse Folgen nach sich ziehen.

Söllerkraunzl sind kleine Söllerteufelchen; sie brechen heimlich Bretter des Söllerganges auf, sodass der Nächste durchbricht und sich verletzt. „Missratene" Kinder werfen sie vom Söller hinab.

Der Kaser (Käser) ist ein Senner, der das Sagen auf der Alm hat und Sorge und Verantwortung für Mensch und Vieh trägt. Vernachlässigt er das Almvieh oder schmälert den Almnutzen, so muss er nach seinem Tode als Kasermanndl büßen. Nach dem Almabtrieb muss es auf die Alm ziehen und dort Schüsseln und Sechter putzen und den verprassten Almnutzen einarbeiten. Das Kasermanndl lebt nach seinen eigenen Gesetzen und kann sehr grausam strafen.

17 DAS HÖTTINGER ALM-MANNDL

Gleich unter der Frau Hütt liegt die Höttinger Alpe, auf der auch ein Almgeist haust, der die gewöhnlichen Eigenschaften seiner Genossenschaft besitzt; nur ist er lustig, trotz eines Zillertalers, und besonders dann, wenn er von der Alpe abzieht, da jodelt und jauchzet er so gewaltig, dass man es weithin hört. Einmal sogar hat man drunten bei der Müller-Hies'l-Brücke, welche die oberste im Dorfe Hötting ist, des Almgeistes Geschrei gehört, ja sogar noch weiter drunten in Mühlau.

Wer auf die Alpe während der Zeit hinaufkommt, in der das Kasermanndl droben haust, der kommt ungeneckt ganz sicher nicht davon; er kann kein Auge zutun, muss auch alles geduldig erleiden und über sich ergehen lassen, denn wehe dem, der schimpfen oder fluchen würde.

Der Steiner Ler, jetzt Unterbrückler Senn, hat dieses Manndl des Öftern gesehen; es ist klein, graubärtig und grau gekleidet, spült Schüsseln oder reibt Sechter ab oder verrichtet sonstige Alpenarbeit. *(Alpenburg 1857, Nr. 35, S. 34)*

18 DIE ALMABFAHRT DER KASERMANNDLN

Auf der Höttinger Alpe wirtschaftete einst mehrere Sommer hindurch ein Senner, der seit seinem Tode als Kasermanndl oben geisten muss. Alljährlich fährt es, sobald die Senner die Alm verlassen haben, hinauf und beginnt nun den zu seinen Lebzeiten von ihm verschwendeten Almnutzen zu sammeln. Jedes Stäubchen Mehl und jedes Tröpflein Milch, das er damals leichtsinnigerweise verschüttet hatte, muss es jetzt vom Boden aufklauben, davon kochen und Butter und Käse bereiten. Am Martinsabend fährt es dann mit den Butterkugeln, Käslaiben und dem unter seiner nachlässigen Obhut zugrunde gegangenen Vieh wieder ab.

> Der Martinstag galt als besonderer Bauernfeiertag und Lostag, in manchen Gegenden war Zahltag. Mit dem Martinstag begann die vorweihnachtliche Advents- und Fastenzeit. Diese dauerte 40 Tage und wurde im 5. Jahrhundert von einem bischöflichen Nachfolger des hl. Martin eingeführt und bis 1917 eingehalten. Die Martinsgans war somit der letzte Festbraten vor Weihnachten.
> Der Sage nach ziehen am Martinsabend die Almpütze von den Almen ab ins Tal. Wer auch nur versucht, dieses „Martinsgestampf" zu erheischen, dem wird das Augenlicht genommen. Begibt sich derselbe ein Jahr später an denselben Platz des Geschehens, dann wird ihm die Sehkraft wiedergegeben. Heute wird am Martinsabend von den Kindergärten ein Laternenumzug veranstaltet.

Niemandem ist es zu raten, das Manndl zu beobachten, denn einer, der es sehen wollte und an jenem Abend zum offenen Fenster hinausschaute, kam nur mit über und über geschwollenem Kopfe davon, obwohl er das Manndl nicht einmal zu Gesicht bekommen hatte.

Ein Höttinger Bauer wollte es von der Tenne aus beobachten und schaute zu einem kleinen Loche, das er sich in einen Balken gebohrt hatte, hinaus. Als das Kasermanndl kam, schlug es einen Zapfen hinein, der nun im Auge des Neugierigen steckte. Vergebens versuchte er denselben wieder herauszubringen. Zum allgemeinen Gespötte musste er ihn ein ganzes Jahr lang im Gesichte zur Schau tragen, bis ihn das Kasermanndl, als sich der Bauer im folgenden Jahre um dieselbe Zeit abermals dort hinstellte, wieder herauszog. *(Dörler 1895, Nr. 25/3.)*

19 DER HÖLZERNE ALMPUTZ

Vor vielen Jahren gingen einmal drei Jäger von Hötting auf die Jagd. Weil sie noch spät hoch oben im Gebirge waren, wollten sie am selben Tage nicht mehr heimgehen, sondern suchten die Ambrückler Alm [im Volksmunde „Umbrüggler Alm"] auf, um in der Hütte zu übernachten. Sie machten in derselben Feuer, wärmten sich und trieben viele rohe Späße. Einer schnitzte zum Gaudium des Zweiten aus einem großen Holzscheit eine derbe Puppe, die den Almputz vorstellen sollte, hüllte sie sodann in einige grobe Lumpen, die sie in der Hütte vorfanden, setzte ihr einen Hut auf und steckte ihr Speck in den Mund, wobei sie in ein tolles Gelächter ausbrachen.

Der Jüngste unter den dreien aber tat nicht mit; ihm war der Spaß nicht geheuer, und er fürchtete die Strafe für diesen Übermut. Zuletzt nach vielem Gespött mit dem hölzernen Putz boten sie diesem die Schnapsflasche an und

Feuerholz oberhalb Mentlberg. Auf dem aufgestellten Brett ein geschnitzter Dämon schütteten ihm, weil er sich nicht rührte, Schnaps in das Maul. Er musste ihnen Bescheid trinken. In dem Augenblicke fing es draußen an zu wettern und zu blitzen und zu donnern, sodass der Jüngste zitternd den Heustock aufsuchte und sich warm einmachte. Als die beiden anderen ihr Spiel fortsetzten trotz Blitz und Gekrache, da tat es ganz nahe bei der Hütte einen so gellenden, unheimlichen Pfiff, dass die Frevler windelweiß wurden und den hölzernen Putz schleunig ins Feuer warfen. Und – hast mich nicht g'sehen – schwingen sie sich flugs auf den Heustock hinauf und verbergen sich im Heu. Aber inzwischen ist auch schon der leibhafte Almputz in der Hütte und auf dem Heustock, die Übermütigen zu strafen. Dem Jüngsten der Jäger erging es, weil er nicht mitgeholfen hatte, am glimpflichsten; der Putz schlug ihm bloß eine ausgiebige Maultasche, dem Zweiten versetzte er schon einen solchen Schlag auf den Fuß, dass er zeitlebens davon hinkte, dem Ältesten aber, der „den Poppen" geschnitzelt und am rohesten gespaßt hatte, riss er den Kopf vom Leibe und steckte ihn zur Warnung draußen auf das Hüttendach. Mit Entsetzen erwarteten die beiden, die noch mit dem Leben davonkamen, den Morgen; dann suchten sie wohl geschwind das Weite. Auf die Ambrückler Alm sind sie nie mehr hinaufgestiegen. *(Heyl 1897, Nr. II / 38, S. 75)*

20 DER ALMPUTZ UND DIE KINDER

Auf der Umbrückler Alm ober Hötting hauste ein Almputz. Es war ein kleines, meeraltes, graues Männlein, das keinen Spaß verstand, aber den guten Menschen nie etwas zuleide tat. Nur wer es verspottete, dem war das Männlein gram.

Eine arme Mutter in der Höttinger Au schickte ihre beiden Kinder in den Wald ober Hötting, um Kleinholz zusammenzulesen. Die Kinder hatten schon ein Bündel Reisig gesammelt, als es zu schneien anfing, obwohl es noch nicht spät im Herbst war. Und es schneite fort und wehte immer ärger, sodass die Kinder den Heimweg nimmer antrafen.

Sie vergingen sich und gelangten endlich auf die Umbrückler Alm. Da sahen sie eine Hütte und beschlossen, wenn diese offen wäre, darin zu übernachten; denn heim, das sahen sie wohl ein, konnten sie an diesem Tage nimmer. Die Hütte war offen, und darin fanden sie ein gar sonderbares Männlein, welches die Kinder freundlich aufnahm, einige Knoten dem Feuer zulegte, auf dass sie sich recht trocknen und erwärmen könnten, und zuletzt gar noch den Kleinen ein köstliches Rahmmus kochte. Die Kinder, die sich anfangs doch ein wenig gefürchtet hatten, wurden nach und nach zutraulich und erzählten dem Männlein, wie sie dahergekommen wären. Das Männlein sagte: „O mei, Kinderlen, heut' ist es nichts mehr mit heimgehen; bleibt nur da über Nacht, und

Das Höttinger Kasermanndl hängt am Kesselgalgen über dem großen Kupferkessel. Keramikbild in Hötting, Buchberger 1964

morgen wird das Wetter schon wieder besser sein." Darnach aßen die Kleinen behaglich das Rahmmus und Weißbrot dazu, welches sie auch vom Männlein bekommen hatten, und als sie satt waren, beteten sie ihr Nachtgebet, und das Männlein bereitete ihnen unterdessen ein weiches Heulager, in welchem sie sodann recht warm schliefen, bis am anderen Tage die Sonne schon hoch am Himmel stand. Da rieben sie sich die Augen aus, und das Männlein hieß sie zum Frühstück kommen. Sie beteten vorher ihr Morgengebet und aßen dann begierig das herrliche Mus samt dem Weißbrot, das der Alte ihnen vorgesetzt hatte. Es war ihnen, als hätten sie lange nichts mehr gegessen, so großen Appetit verspürten sie.

Darauf hieß sie das Männlein heimgehen und gab ihnen noch einen Laib schönes Brot zur Zehrung mit auf den Weg. Die Kinder nahmen das gesammelte Holz, und der Alte ging mit ihnen, bis sie den Weg nicht mehr fehlen konnten. Dann bedankten sie sich schön und nahmen Abschied vom Männlein. Der Weg war aber schneefrei und der Himmel schön klar.

Zu Hause angekommen, trafen sie zuerst die Mutter, welche ganz bleich und abgezehrt war und zuerst meinte, die Kleinen seien die Geister ihrer Kinder, denn sie hielt dieselben für tot und sich selbst für die Ursache ihres Todes. Es war nämlich im Frühling, und die Kinder wussten nicht, dass sie nicht eine Nacht, sondern den ganzen Winter hindurch oben geschlafen hatten.

Als sich die Mutter von der Leibhaftigkeit der Kleinen überzeugt und diese erzählt hatten, wie es ihnen ergangen war, da entstand eine große Freude im Häuschen der armen Leute, und die Freude wurde noch größer, als man sah, dass der Laib Brot, den das Männlein den Kleinen mitgegeben hatte, kein Ende nahm, man mochte herabschneiden, so viel man wollte.

Erst als das Schwesterlein einmal verwundert ausrief:

„Wird der Laib nie kleiner?", da wurde er gar. *(Heyl 1897, Nr. II / 37, S. 73)*

21 DER SCHLÜSSELDREHER UND DAS KASERMANNDL

Unter der Fiegeralm, die jetzt dem Baron Sternbach in Mühlau gehört, stand die Hütte eines Schlüsseldrehers, namens Huis, auf einem hübschen Plätzchen am Bache und wegen nahe stehender kräftiger Zirmbäume [Pinus cembra, Zirbelkiefer] ganz besonders günstig gelegen. Der Schlüsseldreher war ein ebenso fleißiger als unerschrockener Mann, und das Gerücht, dass auf der Fiegeralm in jedem Winter ein nicht gutartiges Kasermanndl spuke, schreckte Huis nicht ab, sein Haus dicht unter diese Alm zu bauen. Auch ging er im ersten Herbst hinauf, um ein paar ihm besonders für seine Zwecke tauglich erscheinende Zirben zu fällen. Die Kaser stand leer, und Huis richtete sich in derselben ein, um an Ort und Stelle die Klötze bequemer vorbereiten zu können. Er schürte ein tüchtiges Feuer an, schloss die Türe und machte sich alsbald an die Arbeit. Mit einem Male hörte er jemand um die Hütte herumgehen und dann an der Türe rütteln und stoßen, als ob sie entzweigesprengt werden sollte.

Der Huis stand auf und rief: „Wer da?", öffnete und rief hinaus: „Nur hinein!" Aber es kam niemand. Da setzte sich jener wieder an seine Arbeit, hörte dabei jedoch immer etwas herumtappen, sodass es ihm allmählich unheimlich wurde. Er arbeitete noch eine Zeitlang fort, legte sich aber doch zeitig schlafen, um desto früher wieder bei seinem Geschäft zu sein. Er kroch im Tennen aufs Heu und entschlief bald, aber da weckte ihn ein Rascheln im Heu, und mit einem Male war der Almgeist bei ihm und legte sich auf ihn in einer drohenden schrecklichen Weise, wie ein großer Fleischhackerhund, der jeden Augenblick zu beißen droht, mit fürchterlich rollenden Feueraugen. Der Huis aber nahm seine Kraft zusammen, gab dem Geist einen Schneller, dass er bis ans Dach fuhr, und rutschte über das Heu in den Stall hinunter, worauf er in die Stube schlüpfte und dort Ruhe fand.

Am Morgen aber traf er Anstalt, sein Holz hinunter in sein Haus zu schaffen, und schlief nie wieder droben in der Kaser. Er erzählte auch keiner Seele sein Abenteuer, nur einzig und allein seinem Weibe und band ihr auf die Seele, es nicht weiterzusagen, aber: Weibergeheimnis – Platzgeheimnis. *(Alpenburg 1857, Nr. 33, S. 170). Es ist nicht auszuschließen, dass durch einen Druckfehler bei Alpenburg aus dem „Schüsseldreher" ein „Schlüsseldreher" wurde.*

22 DIE ZWEI WILDSCHÜTZEN

Zwei Wildschützen, welche zu Innsbruck in harter Gefangenschaft lagen, sicherte man die Freiheit zu, wenn sie die Bergeshöhle, die zwischen der Stadt und Mühlau liegt, untersuchen würden.

Sie nahmen das Angebot an und gingen in die Höhle. Zur besseren Sicherheit wurde der Eingang mit Wachen besetzt. Nach zwölf Tagen kehrten endlich die unterirdischen Reisenden, die bei Kitzbüchel ans Tageslicht gekommen waren, zurück und berichteten:

Zwei Tage nach ihrem Eintritte hätten sie nicht gewusst, ob es Tag oder Nacht sei, und wegen der feuchten Luft seien ihre Windfackeln oft ausgelöscht. Nachdem sie mit großer Mühe und ohne Speise und Trank zwei Tage verbracht hätten, seien sie in eine ungeheure große Weite gekommen, welche eine Landschaft mit ferne liegenden Dörfern zu sein schien. Sie seien nun der geraden Straße nachgegangen, wobei sie ihre Windfackeln auslöschten. Sie hätten sich darauf an einem rauschenden Wasser niedergesetzt, und nachdem sie einige Speise zu sich genommen und aus der Quelle dazu getrunken hatten, bald bemerkt, dass es immer dunkler geworden sei. Nachdem sie ihre Fackeln wieder angezündet hatten, seien sie bald zu neuen Klippen und Abgründen gekommen. Immer auf der mittleren Straße fortgehend, kamen sie bald an einem Gebäude vorüber, aus dem ihnen Licht entgegenschimmerte, während sie zugleich ein Weinen und Winseln vernahmen. Als sie sich dem Hause näherten, um durch das Fenster ein wenig hineinzuschauen, gewahrten sie eine Leiche von gar kleiner Statur, um dieselbe herum aber einige Leichenweiber von derselben Gestalt. Darüber in Furcht geratend, gingen sie unter Angst und Zittern weiter, bis ihnen endlich ein kleiner buckliger Zwerg, dem ein grauer Bart bis auf den Nabel herabhing und der einen Stab und eine Laterne in den Händen trug, begegnete. Der Wicht begrüßte sie freundlich und vermeldete ihnen zugleich, sie sollten sich ja in Acht nehmen, dass sie nicht ins Gedränge gerieten, weil es ihnen sonst übel ergehen würde, sintemal durch das ganze Land ein Trauertag ihres verstorbenen Herrn wegen angesetzt sei. Er erbot sich sofort, ihnen die Wege zu weisen, auf denen sie aller Gefahr entrinnen möchten, und ging nun mit seiner Laterne vor ihnen her, da sie denn vernahmen, dass er krumme, eingebogene Füße habe und sehr übel zu Fuße sei.

Unterwegs fasste sich einer ein Herz, ihn zu fragen, in welcher Gegend sie sich befänden. Worauf er antwortete: „Ihr seid bei dem unterirdischen Geschlechte, das mit jenem auf dem oberen Teile des Erdbodens keine Gemeinschaft hat. Unsere Verrichtungen aber auf jener Erde müssen wir bei Nachtzeit vornehmen, wobei wir gar gerne den Menschen unsere Dienste leisten, wo man uns wohl will; im widrigen Falle wenden wir uns dem Vieh zu und plagen dasselbe, wenn wir unseren Unwillen wider die Menschen selbst nicht auslassen können. Fragt nun nichts weiter", setzte er hinzu, „ich muss zu meinen Verrichtungen eilen; haltet euch nur immer zur linken Seite, so kommt ihr wieder in die Oberwelt."

Er wandte sich nun selbst zur rechten Seite, sie aber zogen ihre Straße und sahen bald solche kleine Leutchen von allen Seiten zusammenkommen, von denen jedwedes eine Laterne vor sich hertrug. Sie gerieten bald in große Felsklüfte und dunkle Örter, wo die Windlichter ihnen wieder gute Dienste taten. Der Weg deuchte ihnen gar sehr lange; und hätte der Wicht ihnen nicht gesagt, er werde sie zur Oberwelt führen, dann hätten sie geglaubt, im tiefsten Abgrunde in die Irre zu gehen, da sie bald von jähen Klippen hinuntersteigen, bald wieder an steilen Felsen hinaufklettern mussten. Wie lange sie also gewandert waren, blieb ihnen unbekannt, weil sie all die Zeit von Sonne und Mond nichts wahrgenommen hatten.

> Kaiser Maximilian I. (1459–1516) war es, der nach italienischem Vorbild für die Nachrichtenübermittlung Postlinien gründete. Anfänglich waren die Postlinien nur für den kaiserlichen Gebrauch bestimmt, mit Zunahme der Verschriftlichung und der Ausweitung internationaler Handelsbeziehungen machte es dann Sinn, auch private Nachrichten zu übermitteln. Auf den Postlinien wurden alle 15 km Posten errichtet – das waren Postämter mit Pferdewechselstationen für den Postboten. Diese Posten wurden später auch von Reisenden genutzt.

Endlich gelangten sie zu einer engen Felsritze, wo einige Sonnenstrahlen durch Dornenhecken sie wieder anleuchteten. Sie krochen mit Mühe durch und kamen bei einem verfallenen Turm wieder ans Tageslicht. Da sahen sie am Felsen unten einen Flecken liegen, in dem sie bald erfuhren, dass der Ort Kitzbüchel heiße und sechs Posten von Innsbruck entfernt sei. *(Zingerle 1891, Nr. 519, S. 290)*

23 DER WIESENPUTZ

Noch vor wenigen Jahren sah man nachts auf den Feldern der Höttinger Au unheimliche Funken und Lichter erglänzen, die bald beisammen waren, bald wieder blitzschnell hin- und herschossen. Dies war der sogenannte Wiesenputz, der die Ochsen beim „Ragg'ln" mehr als einmal scheu gemacht hatte. Da man jetzt nichts mehr von ihm gewahrt, scheint er erlöst worden zu sein. *(Dörler 1895, S. 33)*

24 KELLERRANG UND SOLAKRAUNZL

Eine Gattung Wichtl, die sich gerne in Kellern versteckt und dort die Leute schreckt, wird auf den Bauernhöfen um Innsbruck „Kellerrang" genannt. Solches Wichtl ist klein, grau, stark behaart und possierlich. Am Maul trägt es einen „aufgestellten Ratzen" [Ratzenbart, Schnurrbart] oder solche grauweiße Schnurren, wie sie die Katzen tragen, was sehr schreckhaft aussieht. Man pflegt mit dem „Kellerrang" den Kindern zu drohen:

„Wart nur, wenn d' nit folgst! Gleich wird der Kellerrang kommen mit sein'm aufgestellten Ratz'n, nacha – woast schon, was g'schieht, – wann er' n h'naufstöllt!"

Im Mohrenhäusl bei dem Schlosse Büchsenhausen ob Innsbruck hat man des Öftern einen Kellerrang verspürt. *(Alpenburg 1857, Nr. 135, S. 120)*

25 DAS PECHMANDL

Das Pechmandl scheint kaum etwas anderes zu sein als in Deutschland der Sandmann, von dem die Ammen erzählen, dass er komme und den minder schläfrigen Kindern Sand in die Augen streue. Das Pechmandl Tirols verklebt mit seinem Pech die Augenlider – aber das ist nicht genug, es trägt auch eine Schnur, zu welchem Gebrauche ist nicht ausgesprochen, doch dürften sich hier die Mythen Schlaf und Tod in einer Gestalt vereinigt haben.

Man könnte aber auch die Schnur auf das durch den Schlaf völlige Gefesseltsein der Glieder des Leibes deuten. Ein alter Tiroler sagte, dass ihm sein Vater das Pechmandl als ein gutes geschildert habe; es habe einen Strick bei sich in der einen Tasche und eine „Gspachtl" voll Baumpech von Zirmbäumen [Gspachtl ist eine Büchse oder Schachtel, in der die Jäger und Hirten ihre Butter zum Essen aufbewahren] in der anderen Tasche gehabt. Damit sei das Pechmandl heimlich hinter die Kinder geschlichen und habe ihnen ein wenig Zirmpech über die Augen gestrichen, dann seien sogleich deren Augen zugefallen und deren Schlaf sei gekommen. Wozu das Mandl den Strick gebraucht hat, das hat ihm der Vater nicht gesagt.

Es gab ein altes Pechmandllied in Tirol. Schade, dass es verloren ging. Vielleicht hilft ein Glücksfall zur Wiederfindung – nur der Schlussreim blieb erhalten und lautet:

„Kommt's Pechmandl mit da Schnua [Schnur],
druckt dem Kindl d' Aug'n zua."
(Alpenburg 1861, Nr. 118, gekürzt)

WILDE JAGD UND WILDE LEUTE

Die Wilden Leute sind den Riesen in Wuchs und Gestalt ähnlich. Sie sind am ganzen Körper behaart, ihre Kleidung besteht aus Baumrinden und Baumbart sowie aus Wildpelzen. Ihre Stimme ist den Menschenstimmen ähnlich; sie leben in Gemeinschaft im Wald und sind an den Wald gebunden. Wird dieser gerodet, so verschwinden sie.

Von den Wilden Frauen wird in der Sage berichtet, dass eine jede noch einen zweiten Namen hat, der ihre Gestalt, ihre Kleidung oder auch ihren Wohnort bezeichnet. Sie helfen den Bauern bei der Feldarbeit, geben auch gute Ratschläge zur Ernte-, Hof- oder Hausarbeit. Grundsätzlich sind sie dem Menschen wohlgesonnen, bis er sie, durch sein Fehlverhalten, vertreibt.

Die Vorstellung von nächtlichen Geisterkämpfen und des Totenheeres, das durch die Lüfte jagt, wird in der „Wilden Fahrt" umgesetzt. Sie besteht aus einem Zug wilder Dämonen und Hexen, der vom Teufel angeführt wird. Lokal unterscheiden sich die der Wilden Fahrt zugehörigen Dämonen oft gravierend.

Die Saligen sind typische Sagengestalten der Alpen, die den guten und fleißigen Menschen helfen und sich auch mit ihnen verheiraten können. Ihre Schönheit ist engelsgleich, sie tragen weiße Gewänder, goldumgürtet. Ihre Augen sind so blau wie die Farbe der Flachsblüten. Gejagt werden die Saligen vom Wilden Mann – nur an geweihten Orten sind sie vor ihm sicher.

26 DER WALDMENSCH ODER UMESBERGER RIESE

Es lebte in Neustift ein riesenstarker Mann, Ameisberger genannt. Der trug einst einen gestohlenen Stier lebend übers Joch und verspeiste selbigen innerhalb zweier Tage – er war ein Waldmensch.

Sein Bild ist an der Decke der Pfarrkirche in Innsbruck gemalt. Es ist der Mann, welcher in beiden Händen eine zerrissene Kette schwingt. *(Greußing 1893)*

*

Die Pfarrgasse, rechts neben dem „Goldenen Dachl", führt zum barocken Dom St. Jakob. In der mittleren Scheinkuppel ist unterhalb eines gemalten Fensters ein bärtiger Mann zu erblicken, dessen Hände mit einer Kette gefesselt sind; angeblich der „Umesberger Riese" aus dem Stubaital, der „nie satt zu kriegen war" und vermutlich wegen Raubes zum Tode verurteilt wurde. Der Münchner Maler Cosmas Damian Asam, der bei der Hinrichtung anwesend war, soll von dem Riesen so beeindruckt gewesen sein, dass er ihn zum Vorbild für den flehenden Sünder genommen hat. *(Delacher, Grassmayr 1997)*

*

Im Stubaital lebten drei Riesenbrüder, Thomas, Martin und Georg Tanzer, die auf ihren starken Rücken Waren von Ort zu Ort in Tirol trugen. Stärker noch als seine beiden Brüder war, der Volkssage nach, der Martin: Er brach schwere Eisenketten auseinander, hob einen geladenen Frachtwagen ohne Winde und bewegte ihn von einer Seite zur anderen. Wegen Viehdieberei wurde er lange, aber vergebens gesucht; endlich dann in der Gegend der Gallwiese bei Innsbruck mithilfe vieler Menschen und Hunde gefangen und nach gemachtem Prozesse gehängt. Auch er hatte die Ehre, in effigie, gleich seinem Bruder, auf die Nachwelt gebracht zu werden; er ist nämlich auf dem Gewölbe der St.-Jakobs-Pfarrkirche zu Innsbruck, in deren Bauzeit seine Hinrichtung fiel, in Lebensgröße gemalt. *(Merst, Pfaundler, Röggel 1825)*

27 EINE SAGE VOM WILDEN MANN

Im Dorfe Arzl bei Innsbruck erzählt man sich folgendes Geschichtchen:

Auf einer Bergwiese waren einst sieben Taglöhner mit Abmähen des Grases beschäftigt. Da das Mahd hoch über dem Dorfe lag und sie nach Feierabend den weiten Weg ins Dorf hinunter nicht mehr machen wollten, trugen sie etwas Heu in ein kleines, am Waldesrand gelegenes Städelchen, um darin zu übernachten. Hierauf machten sie sich's bequem und vergruben sich bis zum Kopfe im Heu. Es war noch nicht ganz finster, als plötzlich die Stadeltüre aufgerissen wurde und zum nicht geringen Schrecken der Mäher der Wilde Mann seinen Kopf hereinsteckte. Als er ihrer ansichtig wurde, betrachtete er sie eine Weile und brummte:

„I woaß den Wold
dreimol jung und dreimol olt,
ober so a Viech mit sieb'n Kepf
hun i no ninderst g'sechn as
wie do."

Darauf machte er die Türe wieder zu und trottete seines Weges weiter. *(Dörler 1897, S. 289)*

Der Wilde Mann hat auch einen wichtigen Platz in der Heraldik (Wappenkunde) inne, er fungiert als Wappenhalter oder wird in einem „redenden Wappen", in dem der Namen des Wappenträgers verbildlicht wird, selbst zum Dargestellten. Wilde Männer tragen immer eine Keule oder einen ausgerissenen Baum mit Wurzeln bei sich. Wappendarstellung aus der Riesengasse.

28 DIE „WILDE" ALS MAGD

Eine sehr bekannte Gestalt in den Tiroler Sagen ist die „Fangg" oder „Wilde". Eine solche verdingte sich einst bei einem Bauern als Magd. Mehrere Jahre hindurch diente sie treu und redlich, und es war eine Freude, ihr zuzusehen, wie flink ihr jede Arbeit von der Hand ging. Ihren Namen verriet sie aber keinem Menschen, ging auch nie zum Gottesdienst und betete überhaupt nicht. Einmal trieb nun ihr Dienstgeber seine zwei Ochsen auf den Markt nach einem entfernten Dorfe, konnte aber nur einen verkaufen. Als er mit dem anderen, das Joch auf der Schulter tragend, wieder heimkehrte, rief, wie er einen Wald passierte, eine laute Stimme hinter ihm: „Ochsentreibar, Jochtrogar, sog d'r Rauchrind'n, d' Stanzi Manzi ist hin!" Er wandte sich um und sah gerade noch einen furchtbaren Riesen im Waldesdunkel verschwinden. Der Bauer hatte sein Lebtag nichts von einer Rauchrind'n oder Stanzi Manzi gehört und erzählte zu Hause beim Mittagessen ahnungslos, was ihm der Riese zu sagen aufgetragen hatte. Da lachte die Magd laut auf, eilte in ihre Kammer, packte dort schnell ihre wenigen Habseligkeiten in ein Bündel und lief zur Haustüre hinaus, jenem Walde zu. Vergebens hatte man versucht, sie zurückzuhalten. Da rief ihr der Bauer nach, sie solle ihm doch wenigstens noch sagen, wie sie es zuwege gebracht habe, so schmackhaftes Brot zu backen.

Die Antwort lautete:
„Braun boch'n,
wohlg'schmoch'n.
Woacher Toag,
guats Broat."
(Arzl, Dörler 1895, Nr. 11, S. 8)

29 WILDE LEUTE

In der schauerlichen Felsschlucht der Kranebitter Klamm hausten vor Zeiten „Wilde" mit ihren Weibern und Kindern. Sie gingen häufig zum Kerschbuchhof hinaus, um sich Milch, Brot und andere Lebensmittel zu holen, und bezahlten mit Ledergeld. *(Dörler 1895, Nr. 10, S. 7)*

30 DER KAMPF DER WALDMENSCHEN

Auf dem schmalen Waldweg, der von Süden kam, näherten sich unzählige Reiter und Fußsoldaten. Alle trugen auf Brust und Rücken einen Panzer aus Eisen. Kurze Lanzen und Schwerter waren ihre Waffen. Auch auf dem Kopfe trugen sie einen Helm aus Eisen. Golden funkelten die Adler, die auf langen Stangen vorausgetragen wurden.

Das war für die Waldleute ein nie gesehener Anblick. Doch sie verloren nicht den Mut und wehrten sich tapfer gegen die fremden Eindringlinge. Am Hohlweg beim Berg Isel kam es der Sage nach zum Kampfe, der aber für die Waldleute mit einer Niederlage endete. Viele von ihnen waren unter den Schwertern der Römer gefallen; die anderen flüchteten mit ihren Weibern und Kindern in die Wälder oder auf die Berge. *(Grissemann 1931)*

31 DIE SALIGEN AUF DEM PFIENS

An der Grenze der Gemeinden Patsch und Igls steht ein steiler Fels, der Pfiens genannt. Auf der Spitze dieses Felsens saßen vormals in mondhellen Nächten drei Salige Fräulein in weißen Gewanden, mit goldenen Gürteln um die Hüften, und sangen mit lieblicher Stimme. Als man aber die Alpenrosen ausgerottet hatte, die, purpurrot wie sonst nirgends, am Fuße jenes Felsens leuchteten, da entwichen die Saligen und ließen sich seitdem nie wieder blicken. *(Neugebauer 1934)*

32 DIE WILDE FAHRT

Fräulein Katharina von A** hörte, als sie noch ein Mädchen war und bei ihren Eltern in der oberen Sillgasse wohnte, einmal zur Nachtzeit ein furchtbares Lärmen und Treiben auf der Gasse. Es war gerade so, als ob ein großer Jagdzug vorüberzöge. Sie fasste sich ein Herz und ging ans Fenster. Da sah sie, dass die ganze Sillgasse voll Jäger war, die zu Fuß und zu Ross dahersprengten. Zahlreiche Rudel von Jagdhunden liefen bellend und heulend zwischendrein. Unter schrecklichem Gejohle und Geschrei fuhr das Gejaid blitzschnell von dannen, als ob es zerstoben wäre. *(Zingerle 1891, Nr. 11, S. 6)*

Am Geschäftshaus „Wilder Mann" an der Kreuzung Meinhard-/Museumstraße/Sillgasse befindet sich seit Mitte des 19. Jahrhunderts eine Steinfigur vom Wilden Mann.

33 D'S WILDGEFAHR

Herr Dr. Tschurtschenthaler erzählte: „Mein Pächter auf dem Grillhof brachte einmal die Nacht im Stalle zu, um einer kälbernden Kuh beizustehen. Um Mitternacht erwachte er durch ein fürchterliches Getöse, das sich aus der Gegend von Mutters und Natters auf die Lanser Köpfe zu bewegte – Gestampf und Getrabe wie von vielen Hundert Rosshufen, wilde Rufe, Hundegekläff. Auch das Vieh hörte den Lärm, denn es wurde unruhig, sprang auf und zerrte angstvoll an den Ketten. – Eine Weile blieb's still, dann hob es von Neuem an, diesmal in der entgegengesetzten Richtung; von den Lanser Köpfen auf Natters und Mutters zu, und abermals gebärdete sich das Vieh wie toll vor Angst und Schrecken. Der Mann besprengte sich mit Weihwasser, bekreuzigte sich und trat aus dem Stall, um nach der Fährte des wütenden Heeres zu spähen. Aber siehe da: Die verschneite Landschaft lag still und friedlich und völlig unversehrt im Scheine des vollen Mondes da." *(Neugebauer 1934)*

Der Saligenbrunnen im Rapoldipark wurde nach einem Modell des Südtiroler Bildhauers Hans Plangger 1958 aus Laaser Marmor geschaffen – das Singen der Saligen ist Leben und bedeutet Leben.

VOM TEUFEL UND TEUFELSBUND

Die Hexenkuchl über der Teufelskanzel in der Mühlauer Klamm

Das Erscheinungsbild des Teufels in der Sage ist vor allem durch die Vermenschlichung der Teufelsgestalt geprägt, im Gegensatz zur theologisch begründeten Gestalt Luzifers. Der Teufel, den man wenn möglich nicht beim Namen nennen will, zeigt sich gern in Tracht, als Jägersmann oder wenigstens mit grünem Hut, um so besonderes Vertrauen zu erwecken. In seltereren Fällen tritt er in Tiergestalt auf; oft verraten ihn seine hervorlugenden Bocksfüße oder ein langer Schweif am Hinterteil.

Wunderärzte und Hexen gehen einen Pakt mit dem Teufel ein, an den sie ihre Seele für übermenschliche Leistungen verkaufen. Die Macht des Teufels schwindet in der Sage schon dann, wenn christliche Gegenstände oder Amulette in Erscheinung treten oder auch nur ein frommer Ausruf ertönt. In manchen Sagen wird der Teufel aber auch vom Menschen übertölpelt.

34 DOKTOR SERAPHIKUS

Es ist eigen, dass fast alle Wunderdinge, die im Alpbachtale und dessen Umgegend vom Doktor Theophrastus [freilich auch unter arg verstümmelten Namen] und seinem Haselwurm, seinen Wunderkuren und seinem Tode erzählt werden und auch in Hall, Innsbruck und Umgegend bekannt sind, in den letzteren Orten einem Doktor Seraphikus zugeschrieben werden, der in Innsbruck gelebt haben soll. Es ist aber dieser Seraphikus mit Theophrastus eine und dieselbe Person. Die Namensverwechslung hat einen leicht erklärbaren Grund. Den etwas schweren Namen Theophrastus behielt das Volk nicht leicht und vernahm ihn wohl auch ziemlich selten, weit öfter dagegen den Beinamen des hl. Franz von Assisi, den Stifter des Franziskanerordens, der von einer Verzückung, in welcher er einen Seraph gekreuzigt erblickte, den Namen Seraphikus empfing. Und so verwechselte das Volk nicht die Personen, aber die Namen des ungleich älteren und gefeierten Heiligen mit dem weit späteren, profanen Wunderarzte Theophrastus Paracelsus von Hohenheim. *(Alpenburg 1861, Nr. 127, gekürzt)*

> Paracelsus, eigentlich Theophrastus Bombastus von Hohenheim (1493–1541), war der Vorläufer von Doktor Faustus und war Arzt und Philosoph. In Ferrara studierte er Medizin und Wundmedizin, die heutige Chirurgie, und nannte sich Doktor der beiden Arzneien. Aus seinem Willen heraus, die Natur zu erforschen, sprach das staunende Volk bald von einem übernatürlichen Wissen, das nur von einem Bund mit dem Teufel stammen konnte.

35 DOKTOR PARACELSUS UND DER TEUFEL

Über Hötting, im Gebirge, wo der „Stangensteig" beginnt, steht der „Spitzwald", von dem ein Teil, der zum Schutz gegen abbröckelndes Gestein nicht gefällt werden darf, der „alte Bannwald" heißt. Über diesen Bannwald erzählt eine alte Höttinger Sage Folgendes:

Zu jener Zeit, als der Wunderdoktor Paracelsus in Innsbruck wohnte, pflegte er sich in den Wäldern zu ergehen und kam an einem frühen Sonntagmorgen auf den Gangsteig, wo er sich alsbald beim Namen „Paracelsus! Paracelsus!" rufen hörte. Der Doktor schaute um sich und merkte erst nach langem Schauen, dass die Stimme aus einer nahen Tanne kam, an der sich rechts am Stamme ein Loch befand, das mit einem Zäpflein von Holz verstopft war, auf welchem drei Kreuze eingeschnitten waren. Hinter diesem Zäpflein ließ sich die Stimme vernehmen, und nach kurzer Unterhandlung ergab sich, dass drinnen niemand anderer als der Teufel selbst steckte, den ein kundiger Banner aus Innsbruck in den Baum gezwungen hatte.

„Was gibst du mir, wenn ich dich herauslasse?", fragte Paracelsus.

„Was willst du?", antwortete die Stimme aus dem Baume.

„Gib mir" – herrschte Paracelsus – „pro primo eine Arznei, durch welche alle Krankheiten zu heilen sind, pro secundo eine Tinktur, durch welche alles in Gold zu verwandeln ist, und pro tertio ..."

„Halt!", rief die Stimme. „Drei Dinge sind mir verhasst und lähmen meine Kunst, aber die zwei begehrten kann ich dir geben."

Paracelsus begnügte sich daher mit Arznei und Tinktur, zog das Zäpflein aus dem Loche des Stammes, und alsbald kroch eine schwarze Spinne heraus, hinab auf das Moos und verschwand bei Berührung der Erde; aber im Augenblick stieg ein hagerer Mann mit glühenden Augen und verschiedenen Merkmalen, dass er kein Heiliger sei, doch sehr höflich und geschmeidig aus der Erde und sprach in wohlgesetzten Worten seinen Dank für die Befreiung aus; sodann brach er eine Haselstaude ab, schlug auf den nahen Felsen, der sich krachend spaltete, und ging durch die Kluft hinein. Bald kam er wieder mit zwei durchsichtigen Gefäßen heraus, die oben zugebunden waren und die er dem Doktor überreichte. „Das Gelbe hier", sagte er, „ist die Goldtinktur, das Weiße die Arznei." Hierauf schloss sich der Spalt im Felsen, das Geschäft war abgetan. „Nun will ich Rache üben an dem lumpigen Geisterbanner in Innsbruck", sprach der Teufel und wandte sich zum Gehen; allein dem Paracelsus fuhren ganz eigene Gedanken durch den Kopf, er wollte den Schwarzkünstler retten, war dieser doch sein Kollege, und nebenbei wollte er dem rachgierigen Teufel die Nase drehen.

Der Doktor sagte daher: „Da tut Ihr wohl daran – aber der Banner muss doch ein gewaltig mächtiger Mann sein, dass er Euch in ein so kleines Loch gebracht – Euch so sehr zusammengepresst und in eine Spinne verwandelt hat, in eine Spinne, in welche sich selbst der Teufel nicht verwandeln kann."

„Ah, paperlapap!", hohnlachte der Teufel. „In eine Spinne verwandeln kann sich jeder ordentliche Teufel, und kriechen ist keine Kunst, das haben wir von gewissen Leuten auf der Erde erlernt: Zu alldem braucht es keinen Geisterbanner, und ..."

„Geh, plausch nit so in d' Welt hinein, mich führst d' nit an!", entgegnete Paracelsus. „Hab mein Lebtag von Teufelsspuk gehört und gesehn, wie ihr euch in d' Habergeiß oder in d' Wegnarrn und dergleichen Ungeziefer verwandeln könnt, aber in eine so kleine Spinne sich verwandeln – da gehört mehr dazu." Der Teufel lachte und sagte: „Hast nicht gesehen, wie ich aus dem Loch als Spinne gekrochen bin?"

„Oh, das war Blendwerk!", sagte der Doktor. „Du bist ein Lügenbeutel und ein Prahlhans, euch Teufeln hat ein größerer Herr schon lange das Handwerk g'legt. Ja ich wollte sogleich meine zwei Wunderflascheln wieder verwetten, wenn du mich überzeugen könntest."

„Topp! Es gilt!", rief der dumme Teufel und verwandelte sich wirklich wieder in eine Spinne, kroch in das Loch der Tanne und rief: „Nun schau! Die Flaschel sind mein!"

„Glaub's nicht recht", schrie Paracelsus ins Loch hinab und steckte das Zäpflein, welches er in der Hand verborgen hielt, schnell auf das Loch, schlug es fest hinein, schnitt mit einem Messer drei Kreuze darüber und – der Teufel war wieder gefangen.

Da nützte kein Bitten, kein Drohen; auch die Wut, mit welcher der Teufel im Stamm rumorte und am Stamm rüttelte, dass alle Tannenzapfen von den Ästen flogen, war eitle Anstrengung. Paracelsus ging darauf heim, fand die Fläschlein über alle Erwartung wirksam und wurde von da an der berühmteste und reichste Mann. Aber der Teufel steckt noch immer im Bannwald, und die alten Spinnstuben-Erzähler behaupten, dass man ihn sogar sprechen gehört und gesehen habe, wie er den Baum schüttelt, und dass der Wald wegen diesem Teufelsbann der Bannwald heiße und dass man seit jener Zeit auch jene Wälder, die man nicht abholzen darf, Bannwälder heiße – umgekehrt ist auch gefahren! *(Alpenburg 1861, Nr. 126)*

36 DER GOLDENE KÜCH'LSPIESS

Einst machte Doktor Theophrast einen Spaziergang von Innsbruck nach Amras; da kam er an einem Bauernhofe vorbei, auf dem er einmal ein Kind kuriert hatte. Die Bäuerin sah ihn, und dankbar eingedenk seiner Wohltat lud sie ihn ein, zu ihr einzutreten, und bewirtete ihn mit frisch gebackenen Nudeln [Krapfen]. Darauf wollte sich der Doktor hinwiederum dankbar erzeigen: Er nahm den eisernen Küch'lspieß [das Kucheneisen] und überstrich ihn mit einer gelben Salbe, worauf derselbe sich alsbald in pures Gold verwandelte.

Selbiger Spieß ist nachher der Bäuerin um schweres Geld abgekauft worden und in die Ambraser Sammlung gekommen, wo er sich noch befindet; jetzt im Belvedere zu Wien und hoffentlich bald wieder auf Ambras. *(Alpenburg 1857, Nr. 7, S. 306)*

Anders als seine berühmte Verwandte, die Saliera, scheint der genannte Küchlspieß nicht in den Annalen von Schloss Ambras auf und wird auch nicht im Katalog von Primisser zur Ambraser Sammlung 1819 erwähnt. Theophrastus Bombastus Paracelsus kam in seinen Wanderjahren 1534 nach Innsbruck. Doch er blieb nicht lange, seine ärmliche Kleidung war am Hofe nicht gern gesehen, daher zog er weiter nach Sterzing.

37 WIE DOKTOR THEOPHRAST KURIERTE

Ein sehr vornehmer Herr zu Innsbruck rang mit dem Tode, kein Arzt gab Hoffnung, und zum Doktor Theophrast mochte der Herr nicht senden, weil er glaubte, dieser heile nur mit Teufelshilfe. Endlich, da der Zustand des Vornehmen auf des Messers Schneide stand, wurde Theophrast doch gerufen. Dieser kam, richtete einen Trank her und gab dem Kranken davon. Der Kranke bekam darauf die heftigsten Schmerzen. Die Umgebung desselben, so wie er selbst, meinte, das letzte Stündlein habe geschlagen; es wurde eilends nach dem Doktor gesendet, aber dieser war nirgends zu finden. Jetzt glaubte der Kranke steif und fest, Theophrast habe Rache an ihm genommen, weil er ihm nicht gleich sein Zutrauen geschenkt, und ihn vergiftet, und befahl daher, denn die Macht dazu hatte er, den Giftmischer zu verhaften, wo man ihn fände, und ihm das Lebenslicht auszublasen. Aber vergebens zogen Bewaffnete durch alle Straßen, suchten den Doktor in allen Häusern und in seiner eigenen Wohnung, und rings um die Stadt – er blieb verschwunden.

Nach zwölf Stunden ließen bei dem vornehmen Kranken alle Schmerzen nach, bald war er frisch und gesund, und mit einem Male stand der Doktor bei ihm in dem Krankenzimmer. Da bat ihn der Vornehme demütig um Verzeihung und bot ihm reichen Lohn. Theophrast aber flüsterte ihm leise ins Ohr: „Du bist ein Lump!" und ging zur Türe hinaus. *(Alpenburg 1857, Nr. 6, S. 306)*

38 HAHNENKIKERLE

Im Gasthause zum Goldenen Stern zu Innsbruck [andere sagen beim Schiffwirt zu Salzburg – ist alles eins] kehrte einst eine sehr reiche fremde Fürstin ein, die von einer sehr schmerzlichen Krankheit befallen war, welche kein Arzt zu heilen vermochte.

Der Doktor Theophrast, von dem diese Fürstin gehört hatte und dem zuliebe sie nach Innsbruck gekommen war, wurde gerufen; er fand da aber eine Krankheit, über welche er selbst nicht weiterwusste. Das war ihm und noch mehr der Fürstin unlieb, wie jeder sich denken kann.

Die arme reiche Fürstin lag darauf trostlos im Bette, da kam ein winziges Manndl zu ihr in die Stube, das ihr Hilfe versprach und ihr etwas eingab, wovon sie ganz hergestellt werden sollte. Das Manndl sagte ihr jedoch, wenn es von heute nach einem Jahre wiederkomme und sie seinen Namen „Hahnenkikerle" vergessen hätte, so müsste sie mit ihm als seine Braut unter die Höttinger Klamm ziehen. Die Fürstin ging den Antrag ein und erwachte am anderen Morgen so frisch und gesund wie eine Mairose.

Die Fürstin blieb in Innsbruck, gab dort Fest auf Fest, und so kam es, dass das Jahr bald herum war; da erinnerte sie sich an den Zwerg, aber dessen Name war ihr – entfallen. Nun fragte sie viele Leute um Zwergennamen, aber leider immer vergebens. Sie vertraute ihre Angst Freunden und Freundinnen an; diese schlugen die Hände zusammen, trösteten mit dem Munde, wussten aber keinen Rat. Nur ein armes Dienstmadl, das es hörte, nahm sich vor, der guten Fürstin zu helfen. Es stieg in die Klamm, um dort vielleicht etwas Gewisses zu erfahren. Sie lauerte und schlich bald da-, bald dorthin; endlich hörte sie in der tiefen Klamm ein lustiges Gejuchze und sah unten einen Zwerg toll springend und rufend:

„Juhe!, dass die Fürstin im Stern nicht weiß,
dass ich Hahnenkikerle heiß!"

Das Mädchen eilte sogleich nach Hause und erzählte der geängstigten Dame, was es gehört habe. Jetzt erinnerte sich die Fürstin an den Namen, und als der Tag kam und der Zwerg erschien, rief sie: „Hahnenkikerle!" Sogleich enteilte Hahnenkikerle zornig in die Berge. Das Mädchen wurde von der Fürstin reich beschenkt, und als es einen braven Bürger zu Innsbruck heiratete, fürstlich ausgestattet. *(Alpenburg 1857, Nr. 8, S. 307)*

Die Sage des Hahnenkikerle erinnert stark an das Märchen „Rumpelstilzchen" von den Brüdern Grimm. Im Unterschied zum Märchen sind in der Sage die Akteure namentlich genannt und auch der Ort der Handlung wird konkret angegeben. Ritter von Alpenburg (Johann Nepomuk Mahl-Schedl) versteht unter der „Höttinger Klamm" nicht den Höttinger Graben, sondern die Kranebitter Klamm.

*

Das Gasthaus Goldener Stern bestand ursprünglich aus drei Häusern in der Innstraße 35–39. Unter Franz Adam Graf Wicka trat 1744 erstmals die Bezeichnung „Wirtshaus zum Gulden Stern" auf und bestand bis in die Siebzigerjahre des 20. Jahrhunderts.

---

39 DOKTOR THEOPHRASTS TOD

Da Doktor Theophrast zu Innsbruck verweilte, hatten die dortigen Ärzte fast gar keinen Verdienst mehr, weil alle ihre Kranken ihnen untreu wurden und sich zu Theophrast um Hilfe wandten. Theophrast war der Mann der Wunder, und Wunder hofft zuletzt der Kranke, wenn die Hoffnung auf natürliche Weise schwindet. Theophrastus, das war allbekannt und in jedermanns Munde, konnte Geld machen, besaß den Stein der Weisen, eine Verjüngungsessenz, einen gezähmten Haselwurm, der ihm alle Geheimnisse der Welt offenbarte, und einige Spinnen, welche alles Gift auf- und an sich saugten und sogen, das in feindlicher Absicht dem Doktor nahegebracht wurde.

Die feindlichen Ärzte zu Innsbruck verschworen sich aus Kollegenhass und Brotneid, dem Theophrast an das Leben zu gehen, nur wussten sie nicht recht, wie.

Wohl dachten diejenigen – die Theophrast des Neides wegen ebenfalls spinnefeind waren – an Vergiftungen, aber auch an die Antidota [Gegengifte] in Diamantkörnern, welche das stärkste Gift enthielten. Und so wurden Theophrast, durch Bestechung seines Dieners, in der Tat aufgelöste Diamantkörner beigebracht. Theophrast spürte bald genug die Wirkung, schloss sich alsbald ein und befahl dem Diener, innerhalb fünf Tagen die Türe nicht zu öffnen. Dann setzte sich Theophrast in seinen Stuhl, nahm eine Kreuzspinne und ließ diese in seinen Magen hinunterkrabbeln, damit sie das böse Gift heraufziehe. Selbige Spinne tat auch redlich ihre Pflicht, sie holte jeden Tag einen Tropfen Gift, so viel als ein Diamantkorn, aus dem Magen durch den Schlund herauf. Den Diener aber plagte die Neugier; er begriff nicht, wie sein Herr so lange allein und ohne ihn leben könne, und öffnete schon am vierten Tag die Türe. Über das Geräusch erschrak die Spinne und ließ das letzte Gift wieder fallen; und nun konnte sie es nicht noch einmal aufsaugen. Solches wusste Theophrast, doch hatte er immer noch ein Mittel, sich im irdischen Leben zu erhalten.

Er übergab seinem Diener das Gläschen mit der Goldtinktur und gebot ihm, den Inhalt in den Inn zu schütten, dann gab er ihm auch ein Döschen voll Pulvers und gebot ihm:

„Wenn ich gestorben sein werde und erkaltet, so zerhacke meinen Leichnam in kleine Stücke, lege ihn in diese eherne Truhe, streue dieses Pulver obendrauf und öffne nach neun Monaten erst – und keinen Tag früher – das Gefäß. Dafür soll dir reicher Lohn werden."

Der Doktor starb, die Goldtinktur lag, damit kein Nachfolger sie besitze, im Inn, dessen Wasser noch heute davon bisweilen in goldhellem Glanz erstrahlt, und der zerhackte Leib des Wundermannes lag in der Truhe. Aber leider ließ die Neugierde den Diener nicht ruhen. Er öffnete schon nach sieben Monaten

---

> In Wittenberg war es der Sage nach Doktor Johann Faust, studierter Mediziner und Theologe, der den Teufel beschworen und ein lasterhaftes Leben geführt haben soll, bis er angeblich vom Bösen geholt wurde. Dem sagenhaften Doktor Johann Faust liegt die historische Person Georg Faust zugrunde, die vermutlich 1480 im baden-württembergischen Knittlingen geboren wurde und vermutlich um 1540 in Staufen starb. Und schon zu Lebzeiten des historischen Georg Faust entstanden um seine Person Sagen und Legenden, die bereits Ende des 16. Jahrhunderts als Volksbuch erschienen. Im 18. Jahrhundert gelangte der Fauststoff auf die Puppenspielbühne, bis um 1775 Goethes Urfaust erschien und heute untrennbar mit Goethes Werk assoziiert wird.

die Truhe und erblickte mit Schreck in ihr eine menschliche Siebenmonatsfrucht, die krümmte sich und starb vom Zutritt der kalten Luft.

So wurde Theophrasts Verjüngungsprozess vereitelt, und Theophrast erstand nicht wieder zum Leben, lebt aber in der Sage ewig fort und selbst in Sagenbildern bei tirolischem Mummenschanz und bei Faschingszügen. *(Alpenburg 1857, Nr. 10, S. 308)*

40 FAUST IN INNSBRUCK

Kaiser Carolus [Karl V.] war mit seiner Hofhaltung gen Innsbruck gekommen, dahin Doktor Faustus sich auch verfügte, von vielen Freiherrn und Grafen, auch Adelspersonen wohl erkannt, die seine Kunst und Geschicklichkeit schon gesehen, sonderlich denen, so er mit Arzneien und Rezepten bei vielen Schmerzen und Krankheiten geholfen. Diese Herrn und Adelspersonen, so ihn an den Hof zum Essen geladen, gaben ihm das Geleit zum Hof, was der Kaiser Carolus gesehen. Als der Kaiser sich erkundigte, wer er sei, wurde ihm angezeigt, es sei Doktor Faustus, darauf Kaiser Carolus schwieg bis nach dem Essen, und das geschah um sommers Zeiten nach Philipp Jakobi. Der Kaiser forderte also den Faustus in sein Gemach, sagte ihm, dass ihm bekannt sei, dass er ein Erfahrener in der Totenbeschwörung sei und einen Wahrsager-Geist habe; er bat ihn deshalb, dass er auf sein Begehren vor ihm in etwas, das er gern wissen wollte, eine Probe tun sollte – es solle ihm nichts widerfahren, bei seiner kaiserlichen Krone. Darauf bot sich Doktor Faust in Untertänigkeit an, zu willfahren.

„Nun, so hör mich", sagte der Kaiser. „Ich hab einmal in meinem Lager viele Gedanken gehabt, wie vor mir meine Voreltern in so hohem Grad und Autorität gestiegen gewesen, und sonderlich, dass in allen Monarchien der großmächtige Kaiser Alexander Magnus eine Leuchte und eine Zierde aller Kaiser gewesen, und manchem bewusst ist, welchen Reichtum, welch Königreich und Herrschaft er gehabt und an sich gebracht, was mir und meinen Nachkommen wiederzubekommen oder zuwege zu bringen schwer sein wird, weil die Herrschaft in viele Königreiche zerteilt ist, ich aber immerdar wünsche, dass ich seine Person, Form und Gestalt, seinen Gang und seine Gebärde auch erkannt und gesehen hätte, desgleichen seine Gemahlin, und ich erfahre, dass du ein erfahrener Meister in deiner Kunst seist, alle Dinge nach ihrer Materie und Weise ins Werk zu bringen: Also ist nochmals mein gnädiges Begehren, dass du mir hierauf Antwort geben sollst."

„Allergnädigster Herr, Euer Kaiserlichen Majestät allergnädigstem Begehren, was die Person Alexanders und seiner Gemahlin betrifft, wie er zu sehen und gestaltet gewesen, will ich, soweit mein Geist es erlaubt, gern willfahren und ihn sichtbar erscheinen lassen. Doch Eure Kaiserliche Majestät soll wissen, dass ihre sterblichen Leiber nicht gegenwärtig sein können und nicht vom Tod auferstehen, da solches unmöglich ist; sondern es geschieht auf diese Weise, dass die Geister erfahrene, wohlwissende und uralte Geister sind und solcher Leute Leiber an sich nehmen können und verwandeln, dass Eure Kaiserliche Majestät also wahrhaftig Alexandrum sehen wird."

Darauf ging Faustus aus dem Gemach des Kaisers, um sich mit seinem Geist zu besprechen, und ging dann wieder in des Kaisers Gemach hinein, um dem Kaiser anzuzeigen, dass er seinen Wunsch erfüllen wolle, sofern er ihn nicht fragen und zu ihm reden wolle, worein der Kaiser einwilligte.

Doktor Faustus tat die Tür auf, bald trat der Kaiser Alexander herein in voller Gestalt, wie er im Leben zu sehen war: nämlich ein wohlgesetztes dickes Männlein mit einem dicken, roten, ausgebleichten Bart, rotwangig und streng blickend, als hätte er Basiliskenaugen. Er trat in einem vollständigen Harnisch herein, ging zum Kaiser Carolo und verneigte sich mit einer tiefen Reverenz. Der Kaiser wollte auch aufstehen und ihn empfangen, aber Doktor Faustus wollte das nicht gestatten. Bald darauf, als der Kaiser Alexander sich wiederum verneigte und wieder zur Tür hinausging, kam gleich seine Gemahlin ihm entgegen herein. Die bezeigte auch ihre Reverenz. Sie ging, ganz von blauem Samt mit goldenen Stickereien und Perlen umgeben, war auch überaus schön und rotwangig, wie Milch und Blut, schlank und mit rundem Gesicht.

Indessen dachte der Kaiser: „Nun habe ich zwei Personen gesehen, die ich schon lange zu sehen begehrt habe. Jetzt wird es auch nicht fehlschlagen, wenn der Geist sich in solche Gestalt verwandelt haben sollte, dass er mich nicht betrügen kann wie das Weib, so Saul den Propheten Samuel auferweckt hat."

Weil der Kaiser das besser in Erfahrung bringen wollte, dachte er bei sich: „Nun habe ich so oft gehört, dass sie hinten am Rücken eine große Warze gehabt hat. Ist sie bei dieser Erscheinung zu sehen, dann will ich es besser glauben."

> Alexander der Große lebte im 4. Jahrhundert vor Christus und soll schon mit 32 Jahren den gesamten Erdkreis unterworfen haben – er war somit das große Vorbild vieler Herrscher. Seine Erstfrau und Königin des Reiches war Roxane. Die genaue Lage seines Grabes ist bis heute umstritten und gibt immer wieder Anlass zu Spekulationen.
> Schulmerksatz: „333 – bei Issos Keilerei". In dieser Schlacht siegt Alexander der Große bei Issos über den persischen Großkönig Darios III. In seinem Hochmut ließ sich Alexander von einem Adler – oder Greifengespann – in den Himmel fliegen, doch ein geflügeltes Wesen vereitelte den Flug und Alexander stürzte zu Boden. Es ist das Sprichwort „Hochmut kommt vor dem Fall", das hier zum Tragen kommt.
> Eine der nur mehr wenigen erhaltenen byzantinischen Abbildungen des Greifenfluges befindet sich in Innsbruck, und zwar auf der Artuqiden-Schale im Tiroler Landesmuseum Ferdinandeum.

Er ging hin und hob ihr den Rock auf und fand die Warze, weil sie sich still wie ein Stock verhielt. Und dann verschwand sie.

So wurde dem Kaiser Carolo sein Begehren erfüllt, dass er zur Genüge überzeugt war. *(Nach Haile 1963)*

*

Ähnliches soll der bekannte Dichter Hanns Sachs während seines Aufenthalts am kaiserlichen Hofe in Innsbruck vom Hofgesinde gehört haben. Ein Nigromant hat dem Kaiser Maximilian die Helena und die verstorbene Gemahlin Maria von Burgund erscheinen lassen. *(Nach Tiroler Monatsblätter 1858, S. 286)*

> Helena gilt in der griechischen Mythologie als die schönste Frau ihrer Zeit. Auch Maria von Burgund stand in dem Ruf, eine große Schönheit zu sein. Sie war klug und gebildet und hatte viele Gemeinsamkeiten mit ihrem Ehemann, wie zum Beispiel die Jagd.

41 DER TEUFEL IN WILTEN

Eine Wiltener Dienstmagd, die spät abends noch einen Gang zu machen hatte, sah einst den Teufel in der Leopoldstraße spazieren gehen. Er hatte einen schwarzen Schnurrbart, funkelnde Augen, trug einen breitkrempigen Unterinntaler Hut, Glacéhandschuhe, einen weißen Mantel und hohe Stiefel mit gelben Stulpen, wie sie früher Mode waren. Offenbar hatte er die Absicht, in diesem Kostüm auf Eroberungen auszugehen. *(Dörler 1899, S. 262)*

42 DER TEUFEL ALS TANZPARTNER

Eine beim „Riesen Haimon" in Wilten angestellte Kellnerin wollte einst eine Tanzunterhaltung beim „Gamperwirt" in Innsbruck besuchen. Da sie aber gerade von ihrem Geliebten verlassen worden war, hatte sie niemanden, der sie dorthin geführt hätte. In ihrem Zorn rief sie ein über das andere Mal: „Ummi geah i, und wenn i mit'n Tuifl tonzn mießet!" Da kam ein fremder Bursche in der alten schmucken Zillertaler Tracht mit einem hohen Stotzenhut auf dem Kopf zu ihr herein, brachte ihr – es war um Kathreinl! – eine frische Kirsche und nahm sie mit zum Tanz. Auf dem Weg zum Gamperwirt begegnete den beiden ein Geistlicher, welcher die Dirn auf die Seite winkte und in eindringlichem Tone sagte: „Madl, i sog dir, moch di weck, des ist koa rechter Mensch nit!" Aber die Dirn hörte nicht auf die Warnung, und so konnte sie der Teufel nun ganz in Bsetz nehmen. Wie nämlich der erste Tanz zu Ende war, ließ er die Dirn nicht los, sondern tanzte mit ihr in einem fort weiter, obwohl die Musik nicht mehr spielte. Schon dies kam den Leuten sehr kurios vor; aber ihr Erstaunen wandelte sich in blankes Entsetzen, als der Zillertaler auf einmal einen garstigen Teufelsschwanz aus den Hosen hervorstreckte. Natürlich stürzte alles zu den Türen hinaus; man versäumte aber nicht, ins benachbarte Servitenkloster zu schicken und einen Pater zu holen, dem es denn auch gelang, die Kellnerin aus den Klauen des Satans zu entreißen. *(Dörler 1899, S. 262)*

> Das Gasthaus „Zur Goldenen Krone", an der Triumphpforte gelegen, wurde im 18. Jahrhundert von der Familie Gamper geführt und war auch unter „Gamperwirt" bekannt.
>
> *
>
> Die Gründung des Servitenordens geht auf die „Sieben heiligen Väter" zurück, die 1233 bei Florenz den Orden im Dienste der Jungfrau Maria gründeten und sich der Augustinerregel verpflichteten. Sie waren als Prediger, Beichtväter und im Schuldienst tätig und wurden von Anna Katharina von Gonzaga-Mantua, der zweiten Ehefrau von Erzherzog Ferdinand II., nach Tirol berufen. 1616 wurde in Innsbruck das erste Kloster der Gegenreformation in der heutigen Maria-Theresien-Straße erbaut. Als Witwe gründete Anna Katharina von Gonzaga-Mantua ein Doppelkloster für Frauen auf dem späteren Areal der Fennerkaserne, in das sie dann auch mit ihrer Tochter selbst eintrat. Das Innsbrucker Servitenkloster in der Maria-Theresien-Straße wurde zum Mutterhaus vieler anderer Servitenklöster.

43 DER HEXENMEISTER IN ARZL

Einem Arzler Bauern wurde einst sein schönes, junges Pferd krank. Als alles Salbeln und Pflanzeln umsonst war und gar nichts mehr helfen wollte, gelobte er, bei Wasser und Brot eine Kirchfahrt nach Seefeld zu unternehmen, wenn ihm das Pferd wieder gesund würde. Kurze Zeit darauf war dasselbe auch wiederhergestellt, und der Bauer schickte sich an, die Wallfahrt anzutreten. Um diese in einem Tage ausführen zu können, brach er schon nachts etwas vor zwölf Uhr auf. Er hatte aber sein Dörflein noch gar nicht weit hinter sich, als ihm drei Männer, jeder mit einer schmucken Dirn am Arm entgegenkamen.

Sie gingen schön paarweis hintereinander. Der Vorderste hatte einen weißen Schurz, weiße „aufg'strickte" Hemdärmel und eine lange Hahnenfeder auf dem Hute. Bei diesem Anblick wurde es unserem Bäuerlein gar gruselig zumute, denn es hatte in dem unheimlichen Lotter sofort einen „Hexenmoast'r" erkannt. Dessen ungeachtet ging er im Vertrauen auf den guten Zweck seines Vorhabens den drei saubern Pärchen ruhig entgegen. Wie er daran vorbei wollte, stellte sich ihm der Hexenmeister keck in den Weg und fragte ihn, wie früh es sei. Der Bauer antwortete, es werde gleich zwölf Uhr schlagen. Hierauf forschte der Hexenmeister nach, wohin er gehe und was er zu tun habe. Nachdem ihm nun der Bauer die ganze Geschichte von seinem Rösslein auseinandergesetzt hatte, wünschte ihm der Hexenmeister noch eine glückliche Reise und ging mit seiner Begleitung weiter. Der Bauer aber musste festgebannt an demselben Platze verbleiben und konnte weder einen Schritt vor noch rückwärts machen. Schließlich blieb ihm nichts anderes übrig, als sich auf den Weg zu setzen und so das Betläuten abzuwarten. Nach langem Harren ertönte endlich das Aveglöcklein, und der Bauer konnte seine Kirchfahrt fortsetzen. *(Dörler 1895, I. N.)*

> Zauberkundige können Mensch und Tier „frören", festbannen. Die „G'frörten" können sich nicht bewegen, sind aber bei vollem Bewusstsein. Werden sie aus ihrer erstarrten Haltung von dem Zauberkundigen nicht erlöst, so droht ihnen der Tod.

44 DER VERSCHWUNDENE SOLDAT

Ein Soldat, der in Innsbruck in Garnison lag, schloss ebenfalls mit dem Teufel einen Kontrakt und hatte infolgedessen immer Geld in Hülle und Fülle. Sein Kamerad nahm ihn einmal tüchtig aufs Korn und fragte ihn, woher er denn das viele Geld habe, da er doch von Hause aus ganz arm sei. Letzterer gab ihm nur eine ausweichende Antwort, indem er sagte: „Wort nar, wearst schun a Geld kriag'n." Dann lenkte er das Gespräch auf einen anderen Gegenstand.

Einst standen beide in dunkler Nacht beim Pulverturm in der Nähe von Kranebitten auf dem Wachtposten. Es war schon drei Viertel auf zwölf Uhr und sie mussten bald abgelöst werden. Da hörte der eine auf einmal seinen reichen Kameraden rufen: „Schnell Jokl, iatz gait's Geld o!" Einen Augenblick sah der verblüffte Jokl wirklich einen Haufen strahlenden Goldes vor sich, dann war alles wieder verschwunden. Von seinem Freunde aber fand er keine Spur mehr, denn die Frist, welche der Teufel seinem Opfer gewährt hatte, war mit jener Stunde abgelaufen. Als man den Soldaten fragte, wo denn der M... hingekommen sei, konnte er nichts anderes sagen, als „Den hat der Teufel g'holt". *(Dörler 1895, S. 83)*

45 DIE MÜHLAUER SCHWEINSBRÜCKE

Zum wiederholten Mal fanden die Mühlauer ihre Brücke über den Bach zerstört vor, als ein unbekannter Jägersmann seine Hilfe bei der Neuerrichtung anbot.

Sogleich wurde er als der Teufel erkannt, so verräterisch zeigte sich eines der Beine als Bocksfuß. Zudem knüpfte der Fremde seine Hilfe an eine Bedingung, dass die erste Seele, welche die neue Brücke überqueren sollte, ihm gehören möge. Voreilig wurde die Hilfe angenommen und die Brücke fertiggestellt. Doch vor dem Betreten wurde den Mühlauern angst und bange. So verfielen sie auf eine List und trieben als erste Seele ein Schwein hinüber. Das hat dem Teufel zu Schmach, der neuen Brücke jedoch zu ihrem Namen verholfen. *(Hinweistafel am Walderlebnissteig Mühlauer Klamm)*

> Folgt man an der Schweinsbrücke dem Wanderweg bergauf, so gelangt man zur Teufelskanzel und zur benachbarten Hexenkuchel in der tosenden Mühlauer Klamm.

46 DER TEUFEL STIFTETE EHEFRIEDEN

In Arzl bei Innsbruck waren ein Bauer und eine Bäuerin, die miteinander in beständigem Unfrieden lebten. Eines Abends nach dem Betläuten waren sie wieder einmal „z'krotzfecht'n kemmen", worauf der Bauer verdrossen das Haus verließ und in den Wald hinauf oberhalb von Arzl spazieren ging. Auf einmal hörte er Tritte hinter sich, und als er sich umwandte, gewahrte er, dass ihm der Teufel auf den Fersen war. Anfangs war der Bauer starr vor Schrecken, dann aber lief er, von Todesangst getrieben, so schnell er konnte, über die Felder zurück und erreichte das Wegkreuz zwischen Mühlau und Arzl. Dieses umklammerte er und gelobte, den Herrgott erneuern zu lassen und gewiss nicht mehr zu streiten, wenn er noch mit dem Leben davonkomme. Die Nähe des Kreuzes und die inständigen Gebete des Bedrängten konnte der Teufel nicht aushalten und suchte alsbald das Weite. Der Bauer hielt sein Wort und war seitdem der beste Ehemann, den man sich denken konnte. *(Dörler 1899, S. 265)*

47 DIE AFFEN

In Hötting bemerkten einmal mehrere „Moschgerar", die sich noch spät nachts auf der Straße herumtrieben, dass zwei Affen in possierlichen Sprüngen neben ihnen herliefen, konnten sich aber nicht erklären, woher sie gekommen waren.

Schon im 16. Jahrhundert wird bei dem Humanisten Johannes Wierus der Teufel als Affe Gottes bezeichnet. Der Affe steht in der christlichen Kultur für das Laster der Eitelkeit und ist die Karikatur des Menschen an sich. Diese affenähnliche Gestalt findet sich am Winklerhaus, genauso wie die Wilden Leute von S. 40.

Die Tiere folgten ihnen sogar in die Wirtshäuser nach und setzten zur allgemeinen Belustigung über Tische und Bänke hinweg. Als aber die Masken in ein Gasthaus zu recht frommen Wirtsleuten gekommen waren, merkten diese sofort, dass es mit den Affen eine schlimme Bewandtnis hatte, und teilten ihre Besorgnis den Burschen mit. Denselben waren ihre steten Begleiter schon längst etwas unheimlich vorgekommen. Jetzt wollte man sie vertreiben, doch alle Versuche misslangen. Da kniete man mitten in der Stube zusammen und fing an, laut einen Rosenkranz zu beten. Kaum hatte man die ersten Worte gesprochen, als die Affen schleunigst das Weite suchten. *(Dörler 1895, S. 96)*

48 DIE IGLER TEUFELSMASKEN

Früher war der Brauch, dass am Aschermittwoch zwölf Burschen aus Igls in Teufelskostümen und mit Teufelslarven nach Ellbögen gingen und dort allerlei Unfug trieben. Es waren aber in Ellbögen drinnen immer dreizehn statt zwölf – der Dreizehnte war der Teufel selber.

Der hat nun die erstaunlichsten Künste aufgeführt, und die Buben wollten nicht zurückbleiben. Daher erkannte man die Anwesenheit des Teufels geschwind, wenn die Burschen so rasend sprangen, wie es sonst kein Mensch vermag – sie sprangen sogar über die Dorfbrunnensäule hinweg. Immer aber kam einer zu wenig heim nach Igls, weil einen der Teufel mitnahm.

Da steckten sie nun, um nicht geholt zu werden, geweihte Asche und geweihtes Salz in die Stiefel. Weiß nicht, ob's geholfen hat. *(Heyl 1897, Nr. II / 72, S. 107)*

49 DER SCHLEIFSTEINDIEB

Auf einem Markt in Innsbruck bot ein Händler Schleifsteine in einem Schubkarren feil. Da traf er einen Freund und ging mit ihm auf kurze Zeit ins nächste Wirtshaus. Wie sie wieder zurückkehrten, waren die Schleifsteine samt dem Karren fort. Den Händler traf der Schaden sehr hart, da er Vater von vielen Kindern war, und er begann laut zu jammern. Sein Begleiter aber sagte in begütigendem Tone: „Do thuat ma nit larmen; du wearst glei wieder zu dein Soch kemmen", zog ein kleines Büchlein aus der Brusttasche hervor und begann darin schnell zu lesen. Bald rannte auch ein Mann schweißtriefend mit dem Schubkarren daher und stellte ihn wieder in dieselben „Matzlar", in denen er früher gestanden hatte.

Mit dem gestohlenen Gut war der Dieb inzwischen schon bis hinter den Bergisel gekommen und musste nun, als der Freund des Bestohlenen zu lesen begann, so schnell umkehren, dass die Schleifsteine bei der raschen Wendung des Karrens fast herausgefallen wären. Auch musste er bei jedem Worte, das gelesen wurde, einen Schritt machen und kam halb zu Tode geschunden auf dem Markte an.

Aus Mitleid bot ihm der Besitzer der Schleifsteine einen Schluck Schnaps an,

> Wird jemand mit dem Zauber des Bringenmachens belegt, muss er sich schnellstens dem Zauberspruch nach zu einem Ort begeben. Dieser Zauber wird meistens bei Diebstahl gesprochen.

allein der Dieb sagte ganz erschöpft: „Na, i mog koan." Darauf ließen sie ihn seines Weges gehen – doch am andern Morgen war er eine Leiche. *(Dörler 1895, S. 105)*

50 DIE „G'FRÖRTEN" JÄGER

Vor Jahren trieb ein Wildschütz auf dem Höttinger Berg sein Unwesen. Als er eines Abends wieder auf die Höttinger Alpe kam und seine müden Glieder auf dem Heu ausstreckte, stürzte plötzlich ein Senner zu ihm herein und rief: „Die Jager kemmen!"

Der Wilderer aber entgegnete mit der größten Ruhe: „Los se nar kemmen; i fürcht' mir nit!" Als die Jäger den Wildschütz erblickten, meinten sie triumphierend: „Aha, hommer'n iatz, n'Recht'n!" Er gab es ihnen auch zu und bat nur noch um die Erlaubnis, den Tabak aufschneiden und sein Pfeiflein stopfen zu dürfen. Sie erlaubten es ihm und lagerten sich um das Feuer. Da erhob sich der Wilderer und schritt zur Türe hinaus. Die Jäger wollten ihn aufhalten, allein es konnte keiner mehr ein Glied bewegen, denn der Schlaue hatte die Zeit genützt, sie zu „g'frören". Erst als er ganz in Sicherheit war, las er den Zauberspruch, mittels dessen er sich aus der Klemme geholfen hatte, wieder zurück, und die Jäger konnten sich wieder rühren. Hätte er vor Sonnenaufgang die Zauberformel nicht mehr zurückgelesen, wären alle „G'frörten" gestorben. *(Dörler 1895, S. 104)*

51 ROBLERKÜNSTE

Der Pfeifer Jakele [Jakob Prazeller], Maurer in St. Nikolaus, und der Pfoseler Hansl [Johann Dollinger] von Mühlau waren im Jahr 1807 die ärgsten Raufer und machten aus der Roblerei ein förmliches Gewerbe. Einmal jedoch, im Jahr 1813 auf dem Kirchtag zu Arzl, wurden sie jämmerlich abgeprügelt, sodass sie nach Hause getragen werden mussten. Da meinte einer davon, dass das eine große Schande sei und dass man diese Scharte auswetzen müsse. Sie kamen überein, ein magisches Mittel anzuwenden, durch dessen Macht kein Robler überwunden werden könne. Dieses Mittel ist aber ein ganz grauenhaftes und entsetzliches. Wenn eine Wöchnerin mit dem Kinde stirbt und beide begraben worden sind, so muss man dieselben in der Nacht zwischen 11 und 12 Uhr ausgraben, der Wöchnerin das Hemde abziehen und sich daselbst am bloßen Leibe anziehen, darauf unterm 12-Uhr-Schlagen drei Mal um den Gottesacker laufen, dann die Leichen wieder einscharren und heimgehen. Wer dieses Totenhemd nun anhat, der siegt überall, ihm selbst kann nichts widerfahren. Diese zwei Robler taten genau so, als dort zu Mühlau eine Wöchnerin starb und auf dem Gottesacker begraben wurde.

Der Pfoseler hatte das Hemd angezogen, aber zu Hause haben sie es in zwei Stücke geteilt, und jeder von ihnen nahm eine Hälfte von seinem Hemd und ließ es zu einem Ganzen zusammennähen. Nun warteten sie einen Feiertag ab, gingen nach Arzl und suchten hin und her Händel, um die Burschen recht „wild" zu machen, damit sie sich mit einem „tollen Schlag" rächen könnten. Es kam auch zu einer blu-

> Robeln, Ranggeln oder Ringen. Robeln ist ein förmliches Ringen mit klaren Regeln – Schlagen, Beißen und Kneifen sind verboten. Dieser Ringkampf war so beliebt, dass er bei keiner Wallfahrt oder Kirchzeit und bei keinem Markttag fehlen durfte. Der Sieger, „Hagmair" genannt, musste seinen Kontrahenten in dreimaligem Gange mindestens zwei Mal zu Boden werfen. Unter den verschiedenen Kampfweisen wie das „Stieren" oder das „Hufen" ist der „Hosenlupf" der bekannteste. Der „Hagmair" bekam die Hutfeder des Gegners und durfte sie sich zu den eigenen „Huifedern" stecken. Um die anderen Burschen zum Robeln aufzufordern, wird die Hutfeder keck, einer Lanze gleich, nach vorn gesteckt. Es wird nicht lange brauchen, bis er gefragt wird, wie viel die Feder koste. Die Antwort heißt „Fünf Finger und einen Griff" und der Kampf beginnt.

tigen Rauferei, in der zwei Robler trotz ihres Talismans so zusammengeschlagen wurden, dass sie sich nicht mehr rühren konnten.

Sie lagen lange krank, da meinten sie, die Teilung des Hemdes sei die Ursache ihres Unglücks gewesen. Aber nach und nach machte einer dem anderen Vorwürfe über das frevelhafte Beginnen. Es drückte sie die Sünde, den Frieden der Toten gestört zu haben, und es kam so weit, dass es der Pfeifer Jakele dem Herrn Pfarrer Loringa in St. Nikolaus erzählte, welcher die Hände über dem Kopf zusammenschlug und ihnen befahl, sie sollten das Hemd in Gegenwart des Seelsorgers von Mühlau wieder ins Grab zurückgeben, und zwar zur gleichen Stunde, in der sie es genommen hatten, und gab ihnen nebstbei eine Buße auf.

Die zwei reumütigen Robler taten, wie ihnen befohlen wurde; der Herr Kurat Peter von Mühlau wohnte bei, als sie das Hemd wieder ins Grab legten, welches derselbe einsegnete und zuscharren ließ, und alles blieb still abgemacht.

Aber der Pfoseler, der Anstifter, wurde gleich darauf melancholisch und endlich ganz irrsinnig und ist im Jahr 1847 auch irrsinnig gestorben. Der andere ist ein alter Mann, den es oft noch beunruhigt – in Nächten – wie er sagt, und noch heute den Frevel an der Grabesruhe einer Verstorbenen bereut. *(Alpenburg 1857, S. 354)*

52 EINE BESESSENE KANN SICH VERWANDELN

Eine gewisse Matzler, Kellnerin in Innsbruck, die vor etwa fünfzig Jahren noch lebte, ging einst ahnungslos mit einem flotten Jägerburschen gegen die Hungerburg hinauf spazieren. Dort hat sie derselbe aber entsetzlich zu martern und zu peinigen angefangen, und wie sie wieder herunterkam, war sie vom Teufel besessen. In diesem Zustand konnte sie sich in allerlei Gestalten verwandeln; bald hatte sie einen riesigen Kopf, bald war sie wieder ein kleines Vöglein und verstand überhaupt perfekt Lateinisch zu sprechen. Ein Priester hat aber bald darauf mit dem Doktor Pircher, dem man wegen Zauberei bald die Praxis gesperrt hätte, den Teufel wieder ausgetrieben. *(Dörler 1899, S. 368)*

53 DER VATER KAM BESESSEN HEIM

Ein Besitzer des vor einigen Jahren abgebrannten Eggelerhofes, einer der Sillhöfe bei Innsbruck, war vor Zeiten mit einer Fuhre ins Etschland verreist. Eines Abends hörte die Bäuerin draußen einen Peitschenknall und rief ihrem Bubi zu:

„Geah außi, es schnellt jo, iatz kimmt dr Votr!"

Als der Bube vor das Haus getreten war und niemanden sah, ging er in den Stall, um nachzuschauen, ob vielleicht der Vater beim Versorgen der Pferde sei. Allein er war auch hier nicht zu finden. Gegen die Gsottruhe sah dagegen der Bube ein Manndl lehnen, das hatte eine mächtige weiße Hahnenfeder auf dem Hute, weiße Hemdärmel und Kniehosen mit grünen Hosenhebern. Das Bürschl fragte nun den Eindringling:

„Wos tuest denn du do?" –

„Host nicht dernoch z' frogn!", entgegnete das Manndl.

„Wort nar, dr Votr kimmt!", drohte darauf der Bube.

Aber das Manndl lachte höhnisch: „Jo, dr Votr kimmt! Wear woaß, wo dear isch!"

Fassadenmalerei am Dollingerhof, einem der heutigen vier Sillhöfe

und war im selben Augenblick verschwunden. Der Vater kam am selben Abend nicht. Am folgenden Tag aber brachten sie ihn kloaverruckt. Das hatte ihm der Teufel angetan; weiß Gott, wie er über ihn Macht bekommen hatte. Man wusste sich nicht zu helfen, da er fürchterlich tobte und kaum zu bändigen war, bis man ihn endlich zum Pfarrer von Fließ hinaufnahm. Der richtete ihn wenigstens so zusammen, dass er den Leuten nichts mehr antat, aber narrisch blieb er für sein Lebtag. Als er starb, tat's im ganzen Hause einen schrecklichen Rumpler, was ein sehr schlimmes Zeichen ist. Ich will zwar nicht sagen, dass ihn gerade der Teufel geholt hat, aber Rechtes ist's doch nichts gewesen. *(Dörler 1899, S. 364)*

54 DAS PRADLER MANDL

Um dieselbe Zeit ging in Pradl ein Mandl um, das „etwas konnte". Wenn es vorbeiging, bekreuzten die Mütter ihre Kinder und die Bauern ihr Vieh. Mütter, die ihm mit einem Kinde auf dem Arm begegneten, kehrten, sobald sie es erblickten, um oder traten in das nächste Haus ein. Wenn das Mandl dem Vieh über den Rücken strich, war es „hin". *(Neugebauer 1934, S. 351, Erzähler: Ehepaar St. in Pradl)*

VON HEXEN UND SPIELMÄNNERN

Der volkstümliche Hexenglaube war in Grundzügen in der Bevölkerung vorhanden, hatte jedoch nichts mit dem Hexenwahn und den Hexenverfolgungen zu tun. Die Hexe war die personifizierte Ursache für Unglück, Krankheit oder Missernte.

Hexen schädigen ihre Umwelt allein schon mit dem „bösen Blick". Nach 3 x 7 Jahren Hexenschaft erhalten sie als Siegel ihres Bundes mit dem Teufel den Bocksfuß auf dem Rücken eingebrannt.

Die Trud ist ein nächtlicher Druckgeist, der sich auf die Brust Schlafender setzt und bis zur Atemnot drückt (Alpdrücken). Eine Abwehr kann durch zauberische Mittel, wie den Trudenfuß, erfolgen.

Die Runsa gehört streng genommen nicht zu den Hexen, da sie eine bereits verstorbene, büßende Kaserin ist und im Volksglauben zu einem Dämon der Muren und Steinlawinen wird.

55 HEXENGESCHICHTEN

Der Glaube an Hexen ist unter dem Tiroler Landvolke noch immer weit verbreitet. Nach dem Volksaberglauben fährt die Hexe ins Vieh und verursacht dadurch dessen Krankheit. Um es zu heilen, werden die Beine des kranken Tieres so lange mit geweihten Haselruten gestrichen, bis die Hexe ausfährt. An ihrem Hinken erkennt man sie.

Ein geradezu hexenwahnsinniger und auch sonst sehr abergläubischer Bauer in einem Dorfe bei Innsbruck – der Mann war schon im Jahre 1922 nicht mehr am Leben – strich einmal ein krankes Rind mit der geweihten Rute. Als bald nachher seine Nachbarin auf dem Heimwege aus der Stadt vorbeikam und hinkte – sie hatte sich unterwegs den Fuß verstaucht –, glaubte er in ihr die Frau zu erkennen, die ihm das Rind verhext hatte, und beschimpfte sie aufs Gröblichste. *(Neugebauer 1934, S. 350, Erzähler: Tschurtschenthaler)*

*

Im Dorfe Amras lebte vor ungefähr sechzig Jahren eine alte Näherin, die ebenfalls im Verdachte der Hexerei stand. Eines Tages erkrankten auf dem Hofe zum Ötztaler die Kühe und gaben Blut statt Milch. Die Mutter der Frau St. in Pradl, die damals noch ein junges Mädchen, bei ihren Verwandten auf besagtem Hofe weilte, holte schleunigst einen Kapuziner aus Innsbruck herbei, der den Stall alsbald aussegnete oder benedizierte und ein Skapulier unter dem Stand des Viehs vergrub, worauf dieses sogleich genas. Als dann die Hexe wieder in den Stall hineinwollte, blieb die Haut ihrer Fingerspitzen an der „Völl" des hölzernen Kapuzinerschlosses hängen, womit die Stalltür verwahrt war, sodass die Frau längere Zeit mit verbundenen Fingern herumgehen musste. *(Neugebauer 1934, S. 350)*

> Die Kapuziner gehören zum Dritten Orden der Franziskaner, sind aber ein autonomer Zweig. Sie lehnen jegliches Eigentum ab und werden als der ärmste aller Orden bezeichnet. Das Innsbrucker Kapuzinerkloster wurde von Erzherzog Ferdinand II. gegründet, es ist damit das erste im gesamten deutschen Sprachraum. Auch hier war die treibende Kraft seine Gemahlin Anna Katharina von Gonzaga-Mantua. Im September 1593 zogen sieben Kapuziner von Venedig zu Fuß nach Innsbruck, und schon bald konnten sie sich, wegen der Armen- und Krankenpflege, besonderer Beliebtheit erfreuen. Die Bezeichnung Kapuziner leitet sich von der spitzen Kapuze (italienisch: cappuccio) ihrer braunen Ordenstracht ab.

56   DIE HÖTTINGER HEXEN

Ein rechtes Hexennest war Hötting, wo vor vielen Jahren eine große Anzahl Hexen ihr Unwesen trieb. Sie wurden alle zum Feuertode verurteilt. Auf kam die Geschichte durch den Bräutigam einer jungen Bäuerin, die ebenfalls eine Hexe war. Nachdem er die Hexenzunft angezeigt hatte, musste er das Bekenntnis mit dem Tode büßen, den ihm seine Braut angewünscht hatte. *(Heyl 1897, Nr. II / 74, S. 108)*

57   DIE HEXEN ZU HÖTTING

Zuäußerst im Dorfe Hötting steht ein Bauernhaus, in welchem Bauer, Bäuerin und Tochter lebten. Jedermann bewunderte die Bäuerin von wegen ihrer Flinkigkeit beim Arbeiten; sie war eine solche Verrichterin, dass sie in einer halben Stunde mehr leistete als andere, auch wenn diese die Fleißigsten waren, in drei Stunden. Eine Eigenheit aber hatte sie an sich – und wer unter uns ist schon frei von Eigenheiten oder Streichen? –: Sie duldete niemanden bei sich in der Küche, und niemals sah man sie etwas einkaufen, obgleich sie die besten Speisen kochte und im Überflusse täglich aufstellte.

Einmal war sie mit Kochen beschäftigt, als ein Mädchen heimlich beim Fenster hineinguckte und sah, wie die Bäuerin eine Pfanne auf das Feuer stellte, mit dem Kochlöffel drinnen umrührte, obgleich sie ganz leer war, und dazu sprach:

„Her wie der Wind,

und Nudeln dreht euch g'schwind!"

Alsbald kamen Regenwürmer durch den Rauchfang herab und fielen nacheinander in die Pfanne, und als die Bäuerin dieselben einige Male umrührte, waren es die schönsten Nudeln.

Diese Bäuerin starb später eines jähen Todes, daher musste Susel [Susanne], die flinke rührige Tochter, das Hauswesen führen; und sie führte es mit demselben Geschick wie ihre verstorbene Mutter, weshalb es auch nicht an Freiern fehlte, von welchen sie einen als ihren Bräutigam auswählte. Der Bräutigam kam täglich gegen Abend, wenn die notwendigen Arbeiten des Tages vorbei waren, zu seinem Mädchen in den „Hoamgart", mit Ausnahme des Donnerstages, denn an diesem Tage gestattete sie den Besuch nicht. Dem jungen Bräutigam ging das Ding schon lange im Kopfe herum, weshalb er am Donnerstag nicht seine Braut sehen dürfe, wurde neugierig, was sie treibe, und wollte sich davon überzeugen. Er schlich am nächsten Donnerstagabend in ihr Haus und versteckte sich in der Küche hinter dem Waschkessel. Viele lange

Stunden lauschte der Bräutigam vergebens im Verstecke, aber mit dem Glockenschlag elf Uhr erbrauste es über dem Rauchfang wie ein Windsturm, und es rief herunter: „Susel!", und es kam die Susel herein, und die Stimme befahl, die Küche gut zu schließen, was sie auch tat. Hernach nahm die Susel einen Besen, setzte sich darauf und sprach:

„Einen Drahler, einen Drahl,
damit über Berg und Tal,
obenaus und nirgend an!"

und flog pfeilschnell durch den Rauchfang, in welchem eine blaue Wolke war, die bei der Durchfahrt die Besenreiterin umhüllte. Der Bub hatte genug gesehen, er wollte nach Hause eilen, für immer, für ewig; allein die Türe war verschlossen, das Küchenfenster zu klein zum Hinaussteigen, er musste am Orte des Schreckens verweilen; und so ergab er sich in sein Schicksal und kroch in sein Versteck. Nach Mitternacht fuhr Susel auf die gleiche Weise durch den Rauchfang in die Küche, wie sie fortgefahren war, war aber sehr erhitzt und schwer atmend, und als sie den Besen in den Winkel gestellt hatte, wollte sie die Türe öffnen, um aus der Küche zu gehen. Aber plötzlich kehrte sie sich um und sagte: „Muss doch sehen, wer die Türe aufzumachen probiert hat" und wollte suchen. Jetzt trat der Bursche rasch auf sie zu und wollte ihr Vorwürfe machen, doch die Hexe bohrte ihn mit ihren bösen Augen fast nieder und drohte: „Du sollst von jetzt an deine Lebenstage kränkeln, und sobald du jemandem etwas von dem Geheimnisse sagst, so musst du sterben." Traurig schlich der Bräutigam nach Hause, wurde von Stunde an kränklich, denn die Hexe hatte es ihm angetan; endlich beichtete er, was er gesehen und gehört. Der Beichtvater riet ihm sehr ernst, diese Sache nicht zu verheimlichen, sondern sie vor Gericht anzuzeigen. Der junge Mann folgte dem Rat – und starb noch desselben Tages. Nun wurde die Susel eingezogen und zum Bekenntnis ge-

---

Hexen benötigen zum Fliegen außer einem Flugobjekt auch eine Flugsalbe, auch als „Hexensalbe" bekannt. Die Ingredienzien dieser Salbe variieren, in keinem aber fehlen Nachtschattengewächse. Weiters finden sich meist die narkotische Mohnpflanze, Wolfsmilcharten, Schierling und Taumellolch. Die Originalrezepte lassen es begreiflich erscheinen, dass die damit bestrichene Unglückliche „einen tiefen natürlichen Schlaff und unterschiedliche Phantaseyen (hat), darin der Hexe vor lauter Tanzen, Fressen, Sauffen, Musik u. dgl. träumt, also dass sie vermeynet, sie sei geflogen".

*

Auch die Pappelsalbe (Unguentum populeum) war als Hexensalbe bekannt. Dem Apothekenmuseum Winkler in der Innsbrucker Altstadt blieb solch ein Aufbewahrungsgefäß für Pappelsalbe erhalten.

*

Hexentreffen finden meist an Donnerstagen (Pfinztag, Pfinstig) statt.

bracht. Sie nannte ihre eigene Mutter als Lehrmeisterin, gab noch eine Anzahl Höttinger Frauen und Mädchen als Hexen an, mit denen sie des Öfteren auf dem Solsteine gewesen sei und droben den Hexensabbat in jeder Donnerstagnacht gehalten habe. Denn der Donnerstag ist der Hexensabbat – das ist allbekannt. Alle Beschuldigten wurden eingezogen und mit ihr zum Feuertode verurteilt. Auf dem Bühl hat lange ein Pfahl gestanden, wo die Hexenbrut verbrannt wurde, was erst vor etwas mehr als zweihundert Jahren geschehen ist, und worüber die Roaner Theres im Höttinger Ried noch viele Einzelheiten zu erzählen weiß, welche sich als unverfälschte Familienüberlieferungen bis in die neueste Zeit erhalten haben. *(Alpenburg 1861, Nr. 125)*

58 DIE BUTTERERHOF-HEXE

Auf dem Buttererhof diente eine Dirn, die auch eine Liebschaft mit einem Buben hatte, der fleißig zu ihr ans Fenster oder in den Heimgarten kam und nur am Donnerstage ein für alle Mal nicht kommen durfte. Da ihn das wunderte, versteckte er sich im Ofenloch und lauerte, denn er vermutete einen an diesem Tage begünstigten Rivalen. Nachts um elf Uhr erst kam sein Dirndl in die Küche, machte Licht, langte vom Kaminsims einen Salbentopf, bestrich sich damit und den Besen, den sie zur Hand nahm, und sagte das Sprüchlein:

„Überall aus und nirgends an"

und fuhr plötzlich durch den Schornstein auf und davon. „Holla", dachte der Bub, „das kann ich auch, ich fahr' nach." Er bestrich sich mit der Salbe, sprach das Sprüchlein, aber nicht richtig:

„Überall aus und überall an",

fuhr auf dem Besen von dannen, und stieß sich mit dem Kopfe und den Schultern an allen Ecken des Schornsteines. Auf dem First des Schornsteines stand ein großer Bock, der nahm ihn mit den Hörnern auf und warf ihn auf seinen Rücken. Und nun sauste der Bockreiter jählings durch die Lüfte, hoch, hoch, und stets höher hinauf zur „Hohen Warte" am Solstein. Dort wurde der Hexensabbat gefeiert, und aus der Schar der droben Versammelten trat sein Dirndl auf ihn zu und führte ihn in den tollen wirbelnden Tanzreigen. Nach dem Tanze kam die uralte Hexenmutter – ein scheußliches, lebendes Gerippe – und wollte den Burschen in die Sippschaft aufnehmen, wobei sie ihm aus einem räucherigen Buche die Bedingnisse vorlas, die schrecklich waren. Dem Herrn Christus, ja der gesamten Heiligen Dreifaltigkeit sollte er sich abschwören – da schlug er der Alten das Teufelsbuch aus der Hand, und es verschwand alles unter Blitzen und Krachen und mit gräulichem Gestank, und der Bub stand mutterseelenallein auf der Hohen Warte und hatte einen vollen Tag zu kraxeln, ehe er wieder hinunter nach Hötting kam. Auf den Buttererhof ging er aber gar nimmer in den Heimgarten – wenn er auch nicht sein sauberes Schatzerl, die Teufelsbuhldirne, durch Anklage dem Scheiterhaufen überlieferte. Sie wird doch wohl ihren richtigen Lohn gefunden haben. *(Alpenburg 1861, Nr. 124)*

59 DIE HEXE VERHINDERT DAS FENSTERLN

Ein Bauernbub aus Hötting wollte einmal zu seinem Dirndl nach einem „oaletschen" Hofe fensterln gehen. Da begegnete ihm ein kleines Weiblein, das ihm sogleich etwas verdächtig vorkam; doch dachte er sich, dieses würde er leicht bewältigen, falls es ihm etwas anhaben wollte. Kaum waren sie aber einander ganz nahe gekommen, als ihn das Weiblein erfasste und ihn in allen Hecken, Gräben und Stauden herumschleifte, bis er kein ganzes Fleckl mehr am Leibe hatte. Das merkte sich der Bursche und ging sein Lebtag nie mehr fensterln. *(Dörler 1895, S. 110)*

60 DIE HEXEN IN DER HÖTTINGER GASSE

Einst wollte ein Bauer aus Hötting mit einem Nachtzuge auf den Sterzinger Markt fahren. Als er durch die Höttinger Gasse der Innbrücke hin zuschritt, kamen ihm zwei ganz kleine „Netschlen" [Weiblein], jede mit einem grünen Regenschirm unter dem Arm, entgegen und fragten ihn: „Mannezl, megt's nit mit ins gien?" Da der Bauer sofort erkannte, dass die beiden Hexen waren, schwang er, im Bewusstsein, sich vor seinem Weggehen noch wohl besegnet zu haben, seinen Stecken drohend gegen sie und rief: „Schaut's, dasst's weiterkemmt's, es L......!" Darauf ging er seines Weges, ohne die Hexen weiter zu beachten.

Im Eisenbahncoupé traf er einige Bekannte, und dies war sein Glück; denn in Sterzing angekommen, wusste er absolut nicht mehr, gehe er dem Städtchen zu oder in entgegengesetz-

> Ein alter Brauch – auf einigen Höfen in der Innsbrucker Umgebung einst auch als „Kinderspiel" bekannt – ist das Hexenpressen. Dafür nimmt man einen „hübsch langen Röbel", der an beiden Seiten zugespitzt ist, und bindet ein Seil daran fest. An die Stockspitzen wird nun jeweils ein Holzbrett gepresst und fest an dem Seil gezogen. Nach einiger Zeit „geaht auf boade Seiten der Rach au". Diese durch Reibung erzeugten Feuer werden auch „Notfeuer" genannt. Man glaubte, durch sie Übel und Krankheit fernzuhalten, so wie ursprünglich das Hexenpressen Hexen schädigen und vertreiben sollte.

ter Richtung, und ging nur immer blindlings hinter ihnen her. Auf dem Markte konnte er natürlich in diesem verwirrten Zustande nichts machen. Mitleidig führten ihn deshalb seine Freunde zum Bahnhof zurück, und der Bauer war herzlich froh, als er wieder in Innsbruck anlangte. Nach Hause aber fand er erst nach hundert Umwegen. *(Dörler 1895, S. 110)*

61 DIE HEXEN AUF DER HÖTTINGER ALM

Dass die Begegnung mit Hexen, welche bekanntlich nach dem Betläuten Macht über den Menschen bekommen, manchmal von üblen Folgen begleitet sein kann, zeigt auch die folgende Sage.

Gegen Abend stieg ein Hausbesitzer von Hötting auf die Höttinger Alpe. Da bemerkte derselbe, als er schon fast ganz oben war, zwei Weibsbilder vor sich hergehen. Bald aber schlugen sie, anscheinend um ihm auszuweichen, einen Seitenweg ein. Der Mann dachte sich: „I mecht iatz decht wiss'n, wear de sein", betrat den gleichen Weg und begann, da sie zu laufen anfingen, mit großen Sätzen ihnen nachzurennen. Dennoch blieben sie immer in derselben Entfernung. Hoffend, er hole die beiden doch noch ein, lief er wie rasend durch „dick und dünn", bergauf, bergab, bis er nichts mehr um sich herum wusste.

Als er am andern Morgen erwachte, befand er sich zu seinem größten Erstaunen auf der Umbrückler Alpe. Wie er hierhergekommen war, konnte er sich selbst nicht erklären. Seitdem litt er aber an heftigem Zittern der Hände. *(Dörler 1895, S. 111)*

62 DIE HÖTTINGER HEXE IN KATZENGESTALT

Es mag wohl schon mehr denn hundert Jahre her sein, als der junge Hintermüller zu Hötting, wenn er nachtwachen musste wegen dringender Arbeit, von einer schrecklich großen schwarzen Katze beirrt wurde, welche um Mitternacht aus der Radstube hervorkam, um ihn herumschwänzelte, laut schnurrte und ihn dabei mit ihren grünfeurigen Augen unheimlich anblickte. Endlich wurde dieser seltsame Gast dem Müller lästig; er versteckte ein schneidiges Beil, und wie die

> Im Märchen darf bei keiner Hexe eine schwarze Katze als Begleiterin und Komplizin, welche die Hexe in ihrem Treiben unterstützt, fehlen. Die Hexen können sich auch selbst in Tiere verwandeln, besonders in nachtaktive Tiere, wie Katzen, Eulen und Kröten, um unerkannt Unheil zu stiften.

Katze einst wiederkam, schlug er ihr eine Vorderpfote ab. Da schrie sie jämmerlich und hinkte blutend hinaus. Jetzt betrachtete der Müller die Pfote, es war eine Menschenhand. Und am Morgen, als er Letztere seiner Frau brachte, die er vor nicht langer Zeit geehelicht hatte, fand er sie im Bette mit abgehauener Hand. Die Katzenpfote war – ihre Hand.

Der Unglückliche hatte eine Hexe zum Weibe! *(Alpenburg 1857, S. 258)*

63 HEXENTÄNZE

Fast jedes Tal und jeder Gebirgszug weist Punkte auf, wo die Hexen nächtliche Gelage und Tänze hielten. Besonders berüchtigt waren in dieser Beziehung der Achselkopf, das „Hexenbödele" oberhalb von Hötting, das Hexenplatzl beim Bauhof in Völs, auf dem lange Jahre kein Gras mehr wachsen konnte, der Gipfel der Saile oder Hochspitz und die „Hexengufl" hinter dem Schlosse Büchsenhausen, vor welcher man häufig die Hexen wild im Kreise herumfahren sah, in ihrer Mitte tanzte der Teufel. *(Dörler 1895, Nr. 108/1)*

> Der Tanz der Hexen steht in Zusammenhang mit alten Fruchtbarkeitsriten. Feiern die Hexen ihre nächtlichen Orgien mit Schmauserei und Tanz, so ist für Tanzmusik aufs Beste gesorgt und alle erdenklichen Instrumente werden gespielt. Es besteht auch der Glaube, dass der Teufel persönlich zu den Hexentänzen Spielleute anstelle. Als Musikanten treten dabei auch Katzen auf, oder Musik ertönt, ohne dass man eines Musikanten ansichtig wird.

64 DER MELKER UND DIE HÖTTINGER HEXENGESELLSCHAFT

An dem dreieckigen Hexenplatzl oberhalb der Höttinger Kirche, rechts bei dem „Platelehof", ging einmal ein Bauer von den Allerheiligenhöfen mit seinem Milchmelter vorbei, um die Kühe, welche in den Höttinger Bergen weideten, zu melken, was er jeden Tag beim Morgengrauen tat. Diesmal war er aber zu früh am Weg; es war erst Mitternacht, er meinte aber, es sei schon gegen drei Uhr morgens vorbei.

Wie er nun vorbeigeht beim Hexenplatzl, hört er dort eine herrliche Musik und sieht einen prächtigen Palast oben stehen. Da schleicht er verwundert hinzu, schaut beim Fenster hinein und sieht drinnen stattlich geputzte Frauensleute lustig essen, trinken, tanzen und scherzen. Sie trugen grüne Hüte und weiße Vortücher, wie es die reizenden Unterinntaler Mädchen tragen. Inmitten dieser Dirnen befand sich ein Geiger, der stets munter aufspielte und wie ein wälscher Tanzlehrer zu den lustigen Tönen selbst wie ein Böcklein mit dem Reigen auf- und abtänzelte. – Das aber war der leibhaftige Teufel, das sah der Melcher deutlich. Da dieser nun ein lebfrischer Bua war, der sich vor dem Teufel nicht fürchtete, so tat er einen lauten Juchzer zum Fenster hinein. Hu! Da war der Teufel los – das ganze Gebäude brach donnernd zusammen, und aus den schönsten Bauernmädchen wurden wilde Hexen, die auf ihn losstürzten. Der Melcher aber warf ihnen seinen Melter gegen die Köpfe und lief, was er konnte – sie ihm nach wie Furien. Endlich drüben, wo das Brückele beim Gußmüller über den Höttinger Bach geht und wo ein Kruzifix aufgemacht ist, sank er nieder – und die Hexen konnten ihm dort nichts anhaben und fuhren mit langen Nasen unverrichteter Sache ab. *(Alpenburg 1857, Nr. 15, S. 284)*

65 DER HEXENSPIELMANN

Zu Höttingen bei Innsbruck lebte ein armer Spielmann, der sammelte, was er durch sein Geigenspiel erworben, mühsam zu einem Notpfennig. Einmal hatte er in einem nahen Wirtshause aufgespielt und ging nachts nach 11 Uhr nach Hause. Da begegnete ihm von der Schneeburg die Gasse hinauf gegen des Zimmermeisters Müßl Behausung hin eine Schar schöner Frauenzimmer, die ihn umringten und ihn fragten, ob er ihnen nicht auch noch ein Stündchen lang gegen gute Bezahlung aufspielen wolle. Gern willigte der Spielmann ein und folgte den Damen, die ihm eine weite Strecke vorangingen, bis über Zirl hinaus. Endlich – zwischen Aigenhofen und Dirschenbach – erreichten sie ein stattliches Haus, das früher gesehen zu haben der Musikant sich nicht entsinnen konnte. Musik und Tanz begann alsbald. Die schönen Frauenzimmer waren sehr lustig, gaben dem Spielmann auch zu trinken und gute Sachen zu essen: Rühreier mit Spinat, geschlagene Eier und Pfannkuchen, Spritzgebackenes und Würstl. Der Spielmann geigte, aß, trank und sackte auch als Vorrat von den Speisen ein – nach Herzenslust. Als er alle seine Tänze aufgespielt hatte und sehr müde wurde, gedachte er ein Ende zu machen mit einem andächtigen Schluss und spielte das heilige Kreuzlied. Da brach Knall und Fall das schöne Haus zusammen, alles verschwand, die Kerzen verlöschten und der Spielmann saß auf einem nackten Felsen. Er war matt und müde, der Morgen graute, er musste etwas genießen und hob den Vorrat aus der Tasche. Aber o weh, die Eier waren zu Rossgaggele geworden, die Pfannkuchen zu Haarwizl [ausgekämmte, zusammengerollte Haare] und der Spinat zu Kuhplapper. „O pfui Teufel!", rief der Spielmann laut aus, erbrach alles, was er bei Nacht in dem stattlichen Hause gegessen, kroch mit Mühe vom Felsen und kam schlagerdenmüde nach Hause.

Ein anderes Mal sah
ein zur Nacht des Weges daherkommender Bauer
auf dem Höttinger Bühel ein herrliches Schloss, und ein alt-
fränkisch gekleideter Mann am Tore lud ihn zum Eintritt ein. Da
gab es schöne Jungfern und gute Speisen; er wurde ganz vollge-
pfropft, und wie er schier platzte, schrie er: „Ach Herr Jesus!" Da
war es aus und vorbei – er lag in
einem Dornstrauch, und
das, was er einge-
sackt hatte von
Bratenkno-
chen, Krana-
wittvögeln und
Butterböden, wa-
ren eitel Toten-
beine, Kröten und
Kuhfladen. *(Alpen-
burg 1857, Nr. 6, S. 293)*

66   DER MUSIKANT

Ein Schullehrergehilfe ging spät abends über die
Wiltener Felder. Da kam er zu einem hell erleuchteten Hause, vor dem
eine Kellnerin stand; die lud ihn ein hineinzukommen. Er folgte ihr und kam
in einen großen Saal, wo viele alte und junge Jungfrauen aßen und tranken.
Wie sie ihn sahen, waren sie ganz froh und sagten, er solle ihnen aufmachen,
damit sie tanzen könnten. Eine davon gab ihm eine gute Geige samt Fiedel-
bogen. Er spielte nun einen Walzer nach dem anderen auf, so bis gegen Morgen. Als es Ave-Maria läutete, stob alles auseinander, und er lag in einer Lacke. Anstatt der Geige hielt er eine tote Katze beim Schweif in der Hand. *(Zingerle 1891, Nr. 736, S. 417)*

Detail des ehemaligen Brunnens
am Sparkassenplatz „Spiel mit dem Wasser" von Jos Pirkner

67 HEXENMUSIK IN DER RIED

Sehr schöne Hexenmusik hat man auch des Öftern am Solstein vernommen, namentlich auf dem „Klamm-Eck" und auf der „Hohen Wart".

Solcher lauschte einst der alte „Butterer-Natzele", mit rechtem Namen Ignaz Knollinger, in der Ried beim „Schindl", Hausnummer 68, wo sich des Öftern vor dessen Haus Hexen versammelten. Es klang gar zu schön, aber unversehens blies ihn eine Hexe an, und er fühlte sich plötzlich wie betäubt und wankte heim. Als er daheim ankam, war sein ganzer Kopf aufgeschwollen und so groß wie ein Melchkübel. *(Alpenburg 1857, Nr. 8, S. 295)*

68 HEXENTANZ AM ACHSELKOPF

Ganz oben auf dem grünen Käppchen des Achselkopfes fand man zu gewissen Zeiten einen Kreis von Kohlen, in der Mitte Spuren eines Bocksfußes, ringsumher war das Gras zerstampft. Ein Schäfer, der in der kleinen Hütte, gegen das Brandjochkreuz hin, übernachtete, sah ein Feuer am Achselkopf, um das die Hexen sprangen und tanzten. Der Bocksfuß gehörte dem Teufel. *(Pöll 1926, S. 85)*

69 DER HEXENKREIS

Den schönen Bauernhof Nr. 74 zu Amras bei Innsbruck besitzt gegenwärtig die wohlhabende Witwe Notburg Schneider. Derselbe gehörte in den Zwanzigerjahren der Anna Branntnerin, welche ihn mit ihren Söhnen Matthias, Bart'lme, Johann und Josef bearbeitete.

Rückwärts des Hofes in nördlicher Richtung ist ein Obstanger gewesen, und der letzte Baum im Eck rechts, ein Pehamer-Apfelbaum, hat die Gegend in Erstaunen versetzt, weil man dort eine unbegreifliche Erscheinung wahrgenommen hat, die man „den Hexenkreis" nannte. Zu viele Leute haben das gesehen, als dass es eine Erdichtung sein könnte. Am Donnerstagabend

> Mittels Glockengeläute wird Gewitter abgewehrt. Nach dem Volksglauben waren die Hexen (Wetterhexen) für Gewitter, Hagel und Unwetter verantwortlich. Gesehen wurden die Hexen nicht, aber nach Gewittern mit Hagelschlag konnte man so manches Hexenhaar in einem Hagelkorn finden. Die Erklärung zu diesem Phänomen ist, dass Haare oder Gräser vom aufkommenden Wind hochgewirbelt werden. Stoßen diese in der Luft auf einen gefrierenden Wassertropfen, so werden sie in das auf die Erde fallende Hagelkorn mit eingeschlossen.

sah man noch nichts, aber am Freitag, wenn kaum der Morgen graute, war schon ein Kreis rund um besagten Baum getreten, im reinsten Zirkel. Es musste während der Nacht von Donnerstag auf den Freitag geschehen sein, dass Leute da herumhüpften, denn der Kreis war sieben Zoll breit, und das Gras war zusammengetreten. Erst nach und nach richtete sich das Gras wieder auf und bis zum nächsten Donnerstag war es dann wieder so hoch und angeschlossen wie das andere unter den Bäumen. Aber seltsamerweise war an zwei Stellen der Kreis nicht eingetreten, stattdessen stand das Gras – genau inmitten der entgegengesetzten östlichen und westlichen Seite – in der Höhe, wodurch derselbe eigentlich in zwei Teile geteilt wurde. Der Kreis sah so aus:

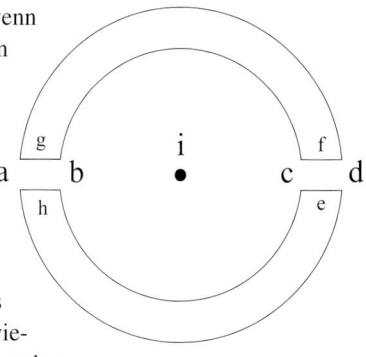

Bei a. b. und c. d. stand das Gras, und es musste daher von e. f. ein Hüpferl gemacht, dann im Halbkreis gelaufen, bei g. h. wieder ein Hüpferl gemacht worden sein. Bei i. stand der Baum in des Kreises Mittelpunkt.

Die Branntnerin und ihre Buben gingen fast jeden Freitag mit andern Nachbarn in den Garten, die Stelle anzusehen, und es war immer so. Die Witwe Branntnerin verkaufte 1821 an Josef Schneider, „Späth" genannt. Im Jahre 1824 sah die 19-jährige Tochter bei diesem Baume ein Feuer brennen. Sie sagte es ihrem Vater, welcher schauen ging, aber nichts mehr sah, auch keine Asche oder Kohlen antraf. Späth vertauschte diesen Hof im Jahre 1832 dem Andreas Schaffen Rat, „Schlossanderl" genannt, welcher diesen Baum niederschlagen ließ, und damit dem Hexentanze ein Ende machte. Jetzt steht ein junger Kirschbaum an dieser Stelle, und nie mehr wurde etwas von gleicher Art bemerkt, und der Hexenkreis ist verschwunden. *(Alpenburg 1857, Nr. 11, S. 298)*

70 DIE RUNSA

Vor 60 bis 70 Jahren hütete der „alte Knappeler" [eigentlich hieß er Martin Moser] die Ochsen bei der sogenannten Ochsenhütte über dem Rauschbrunnen unterm Klamm-Eck. Dort hörte er bisweilen wunderschöne Musik. Einmal aber fühlte er sich versucht, zu selbiger Musik den Takt zu pfeifen. Da traf er's schlecht, denn da entstand droben in der Klamm und auf der Hohen Wart ein Brausen in der Luft, als käme die Runsa, und die Ochsen und das Weidevieh kamen wild brüllend vom Weideplatz dahergestürmt und es wurde ein gräuliches Wetter: Die Muren und Runsen schossen nieder und Hagel fiel in faustgroßen Stücken. Gerade trank des Knappelers Bub aus einem Buttermilchschaffl, als es ihm mit Gewalt den Kopf ins Schaffl hineindrückte, dass er fast erstickt wär'. Seit-

> Die Runsa ist eine büßende Kaserin und von hässlicher Gestalt. Sie ist es, die verheerende Steinschläge, Muren und Hochgewitter auslöst und Mensch und Vieh unter sich begräbt. Wenn es heißt: „Die Runsa kommt!", ist noch jedem das Lachen vergangen. Die Runsa ist ein Dämon und vor allem im Oberinntal (Pitztal) bekannt.

dem ist der Knappeler pfiffig geworden und hat nicht wieder gepfiffen, wenn er droben über sich die Hexenmusik hörte. *(Alpenburg 1857, S. 295)*

71 DIE INNSBRUCKER TRUDENSTEINE

Im Mittelgebirge und gegen die Hochgebirge hinauf am rechten Innufer bei Innsbruck, von Amras nach Hall, liegen einige „Trudensteine". Man kennt sie unter keinem andern Namen, sie haben Zeichen an sich, jedoch sehr verwischt und verwittert. Auf einem derselben will man beide Trudenfüße herausfinden. *(Alpenburg 1857, S. 268)*

> Unter einem Trudenstein versteht man einen von Natur aus durchlöcherten Stein. Diesen trugen die Hebammen meistens bei sich, um das Neugeborene vor der Trud zu schützen. Auch auf Höhen gelegene Steine, bei denen sich die Truden zur Beratung treffen, werden als Trudensteine bezeichnet. Zur Abwehr der Trud wird ein Pentagramm, ein fünfzackiger Stern, auch Trudenfuß genannt, an Türstöcken und Betten eingeschnitten. Truden tragen diese Sterne aus Stroh in ihren Schuhen. Wenn die Truden alt und fest im Hexenleben verankert sind, hinterlassen sie den Abdruck ihrer Trudenfüße in den Steinen. An diesen Plätzen soll man sich nächtlicherweile nicht aufhalten.

VON SCHÄTZEN UND BERGWERKEN

Vergrabene Schätze lösen seit jeher eine Faszination auf die Menschen aus. Zu gewissen Zeiten geben besondere Anzeichen Hinweise, dass ein Schatz gehoben werden kann: „Der Schatz blüht", heißt es dann. Beim Schatzheben darf sich der Schatzgräber durch nichts ablenken lassen, andernfalls wird der Schatz unerreichbar für ihn.

Schatzgeister tragen meistens eine graulodene Tracht sowie Knappenbekeidung und Wettermantel, kleine runde Hütlein oder spitze Kapuzen. Sie haben lange Bärte, sind sehr alt und meist bucklig, dennoch sind sie kräftig. Bergwerke finden sich in Hötting, Mühlau und Igls; ihre Spuren können bis heute erwandert werden.

Fassadenmosaik
eines Hauses am Innrain

72 DAS BERGWERK BEI HOHENBURG

Dieses lag bei Igls, wo noch das Schloss Hohenburg steht. Von der Entstehung dieses Bergbaus wird in einer Chronik Folgendes erzählt:

Das genannte Schloss war Eigentum des Grafen Leonhard Spaur, damals Hofkammerrat und wirklicher k. k. Kämmerer in Innsbruck. Der wirkliche Anfang des Werkes ist in das Jahr 1653 zu setzen. Zu jener Zeit reiste ein aus Venedig zurückkehrender Bäckerbursche, namens Wintergerst, durch jene Gegend. Er hatte sich einige Jahre im Venetianischen aufgehalten und sich entschlossen, in sein Vaterland nach Schwaben zurückzukehren. So nahm er denn seinen Rückweg über Treviso, Bassano, Trient, Salurn, Bozen, Brixen, Sterzing und kam bis nach Hohenburg, wo er Arbeit suchte, da wegen des eingetretenen Winters im hohen Schnee weiterzukommen schwer und gefährlich war. Zufällig kam er zu günstiger Zeit in Hohenburg an, da der dortige Bäcker vor Kurzem gestorben war und die Witwe keinen Arbeiter hatte; deshalb bekam er auch für den ganzen Winter Arbeit. Er musste jede Woche zur Mühle nach Sonnenburg fahren, von wo er das Mehl für seinen Bedarf wie auch für das herrschaftliche Schloss abzuholen hatte, und zugleich jedes Mal Igls berühren.

Nachdem der Bäckerbursche einige Wochen hindurch nach jener Mühle gefahren, begab es sich, dass ihn einmal die Nacht überfiel, er die rechte Straße verfehlte und nebst Wagen und Pferd über einen hohen Rain in einen Graben hinabstürzte, in dem er weder vorwärts noch rückwärts konnte. Und weil es stockfinster war, musste er die ganze Nacht dort zubringen, da sich weit und breit kein Mensch befand, der ihn hätte rufen hören oder ihm zu Hilfe kommen können. Die Kälte war ziemlich streng, und er wusste nicht, ob das Pferd durch den Fall nicht auch beschädigt sei; er brachte mithin die Nacht in großer Furcht und Sorge und heftig frierend zu. Zwei Pferdedecken, die er bei sich hatte, schützten noch zum Glücke ihn und das Pferd vor allzu heftigem Frost. Endlich brach der Tag an, vermehrte aber seinen Kummer, da er den Wagen ganz umgestürzt und die darauf gewesenen acht Mehlsäcke unter demselben liegen sah. Und als er nach viel Mühe und Arbeit den Wagen aufgerichtet, fand er dessen Achse zerbrochen, worauf er beschloss, in den nächsten Ort zu reiten und Hilfe zu suchen. Kaum war er eine halbe Stunde durch das Tal geritten, so begegnete ihm ein Wildschütz. Dieser fragte ihn, wo er denn hinaus wolle. Gewiss habe er seinem Herrn das Pferd gestohlen und wolle damit hinwegreiten. Wintergerst aber klagte ihm sein Unglück und bat, ihm Hilfe zu leisten. Der Mann versetzte: „Warte ein wenig, ich will gleich wieder zurück sein." Damit ging er davon, der arme Bursche, froh, jemanden getroffen zu haben – wartete aber. Kaum waren zehn Minuten vergangen, als sich der Felsen spaltete und derselbe Wildschütz nebst sechs anderen ähnlichen Kameraden heraustrat, worüber Wintergerst heftig erschrak. Der erste Wildschütz aber sprach zu ihm: „Zeig uns den Ort, wo dein Wagen und das Mehl ist. Wir wollen dir helfen!" Der Erschrockene ritt darauf zurück und die sieben Männer folgten ihm. Als sie aber an den Ort kamen, an dem der Wagen lag, sah der Bursche, dass schon eine neue Achse an dem Wagen verfertigt und das Mehl aufgeladen war, doch lagen nur sieben Säcke, die seiner Meisterin gehörten, da, der achte Sack, welcher der Herrschaft gehörte, war fort, worüber der Bäcker neuerlich sehr erschrocken sagte, er getraue sich nicht nach Hause. Der Wildschütz aber sprach zu ihm: „Fahr deines Weges und sag deiner Herrschaft von allen Begebenheiten, welche dir zugestoßen. Merk dir auch den Ort, an dem du mich mit meinen Leuten hast aus dem Felsen gehen sehen. Dort wird der Graf, wenn er dahin kommt, das Mehl ausgestreut und einen großen Schatz finden. Unterlässt du es aber, dies alles dem Grafen zu hinterbringen, so wirst du getötet, wie ich dich schon gestern Abend in diese Schlucht hinabgeworfen habe." Nach diesen Worten verschwanden alle sieben im Erdboden und ließen den erstaunten Wintergerst zurück.

Dieser fuhr zitternd davon und kam nach einer Stunde nach Haus, wo man ihn schon für verloren gehalten. Er erzählte alles, was ihm begegnet und ging, eingedenk des Befehls, auch sogleich auf das Schloss, wo er dem Grafen die Mitteilung machte. Allein dieser ließ ihn in einen Turm sperren, mit dem Bedeuten, er werde morgen sich hinausbegeben, um zu sehen, ob dies die Wahrheit sei; würde sich das Gegenteil herausstellen, so solle es dem Burschen schlecht ergehen.

Am nächsten Tage wollte der Graf alles in Augenschein nehmen. Er ließ für sich und seinen Vetter Grafen Anton von Spaur zwei Pferde satteln, auch sollten vier Diener und zwei Jäger mitgehen, der Bäcker aber als Wegweiser dienen. Als sie nun an den Ort gelangt, an dem Wintergerst hinabgestürzt war, sahen sie sieben schneeweiße Tauben auf dem Platze sitzen, welche, als man ihnen nahe kam, gemächlich aufflogen. Man ritt ihnen nach, und sie zogen sich nach der Felskluft hin, an der am vorigen Tage der Wildschütz mit seinen Gesellen herausgetreten war, und flogen in das Loch im Felsen hinein. Der Graf erblickte dort den Mehlsack, der leer war, und sie stiegen alle von den Pferden, um zu beraten, wie sie gefahrlos in die Höhle eindringen könnten. Da sie keine Fackeln bei sich hatten, schickte der Graf rasch einen Diener zu Pferd in das Schloss zurück, um solche zu holen. Als er zurückkam, gab man jedem Diener eine brennende Fackel. Alles nahm Schießgewehre mit, und die zwei Jäger wurden am Eingang postiert, um achtzugeben. So zogen zwei Bediente mit Fackeln voran, denen die beiden Grafen und der Bäcker folgten, während zwei andere Diener mit Fackeln den Zug beschlossen.

Sie fanden einen etwa 76 Klafter langen, natürlichen Gang, der sieben Schuh hoch und einen Klafter breit war, und darin das Mehl aufgestreut. Es gingen rechts und links Öffnungen in den Berg, die sie aber nicht betraten, weil dort kein Mehl gestreut war; auch hörten sie Wasser rauschen. Als der Gang endete, zeigte sich ein weiter Raum, auch zeigte sich eine Flamme wie ein Blitz. Die sieben weißen Tauben saßen dort auf der Erde, verschwanden aber rasch. Da sie diesen Platz erreicht, fanden sie einen hölzernen Kasten, der mit Gold und Silbererz angefüllt war. Dabei lag ein Stück Baumrinde, auf der Folgendes geschrieben war: „Gib Gott die Ehre – arbeite fleißig und beschenke die Bedürftigen, so wirst du allhier einen reichlichen Bergbau ohne große Arbeit und Kosten finden!"

Alles war erstaunt und überrascht, die Grafen selbst nahmen je eine Fackel zur Hand und sahen Gold- und Silberadern das Gewölbe durchziehen. Der Graf ließ nun den Kasten hinausschaffen. Das Erz wurde in das Schloss gebracht, nach einigen Tagen in der Münze zu Hall probiert und dermaßen für reich befunden, dass der Zentner von diesem Erz 7 Mark Silber und 2 Mark Gold hielt. In Innsbruck erhielt der Graf hierauf die Bewilligung von der kaiserlichen Hofkammer und der Bergdirektion, dort einen Bau zu eröffnen, unter der Bedingung der Ablieferung des Zehnten und der Ausfolgung des gewonnenen Goldes und Silbers an das landesfürstliche Münzamt nach Hall zur Ablösung. Da der Bergbau zu Schwaz, der damals dem Herrn von Rottenburg gehörte, zu derselben Zeit aufgelassen worden war, nahm er zwanzig Bergknappen von dort in seine Dienste und begann seinen Bau anno 1654. Er hatte es nicht nötig, einen Stollen zu öffnen, da der lange Gang von Natur aus hiezu passend war; in dem sich auch gewissermaßen Nebenstollen befanden. Er führte den Bau bis 1692 in gleichem Segen fort und lieferte 14 Mark Silber und 4 Mark Gold an das Münzamt nach Hall ab.

> In Igls fand Bergbau auf Silber und Gold von 1654 bis 1692 statt. Die Entdeckung des Bergbaus bleibt dennoch mysteriös.

Wintergerst, der beständig bei dem Grafen geblieben und von diesem hoch angesehen gehalten war, starb während dieser Zeit und wurde auf des gräflichen Herrn Befehl in der Schlosskapelle begraben. Ein schöner Grabstein, der ihm gesetzt wurde, lässt noch die Worte lesen:

„Und so erhebet Gott nach seinem Vater Willen
Uns Alle insgesamt, bis wir die müde Fahrt
Auf diesem Unglücksmeer vollbringen und erfüllen;
Und endlich, da indes die Leiber wohlverwahrt,
Geruhet in der Erd', an jenem schönen Lenzen
– Gleichwie die Gerst' aufgeht in rauer Winterszeit –
Mit Freuden aufersteh'n und wie die Sterne glänzen
Vor Gottes Angesicht in alle Ewigkeit.
Anno 1692, den 21. August."

Zwei Jahre darauf starb auch Leonhard Graf von Spaur im 87. Jahre seines Alters, und sein Sohn und Majoratsherr übernahm die Bergwerke, die sich fortwährend erträgnisreich zeigten. Es wurden von ihm neue Schächte und Gruben gebaut und die Bergleute bis auf fünfzig Köpfe vermehrt. *(Zingerle 1891, Nr. 609, S. 343)*

73 DER ACHSELKOPF AUF GOLDENEM FUSSE

„Knappentod und Güldenfluss,
Achselkopf mit Güldenfuß",
sagt ein alter Reim und erklärt sich durch folgende Sage:

Ein Knabe armer Leute von Hötting musste den Tag hindurch ihre einzige Kuh oben im Berge unter dem Achselkopf hüten. Einmal ließ sich die Kuh nicht lenken, sondern sprang bald aufwärts, bald abwärts, weshalb der Bub ihr einen Stein nachwarf, der am Wege lag. Aber der Stein klingelte wie Silber und ein kleines Männlein mit schneeweißem langem Barte stand vor ihm und rief:

„Halt Bua!
Da Stoan gilt mehr als d' Kuah!"

Und als der Bub fragte: „Zwög'n wos denn?",
rief das bärtige Männlein wieder:

„Knappentod und Güldenfluss,
Achselkopf mit Güldenfuß."

Das Männlein war das Höttinger Bergmandl, welches schon öfter gesehen worden war, gewöhnlich am Stangensteig und bei Bergfall, niemandem etwas zuleide tut, vielmehr guten Buben etwas Liebes erweist. Daher riet das Bergmandl dem Buben, er solle den Stein nach Hause tragen, den er der Kuh nachgeworfen habe, was er auch befolgte; und es zeigte sich, dass der Stein gediegenes Gold war, womit den armen Leuten geholfen war für immer. Die Worte des grauen Männleins bedeuteten die verschütteten Bergknappen im Schachte des Berges, in welchem ein Goldfluss fließe, und dass der große Berg auf purem Golde stehe, daher braucht man sich auch nicht zu wundern, dass bis auf die neueste Zeit dort Schatzgräberei betrieben wird. Die Örtlichkeit ist hier mehr als anderswo geeignet, den Glauben an verborgene Goldminen zu bewahren, denn unterm Achselkopf, den man auch Achselstein nennt, waren einst viele Bergwerke mit goldhaltigen Silbererzen – Fahlerz – wie bei Schwaz; die-

Der Achselkopf der Innsbrucker Nordkette – der Sage nach ein beliebter Hexentanzplatz

ses bezeugen die vielen Knappenstollen und die vielen Hügel, die „Höttinger Bühel", welche nichts anderes sind als Aufhäufungen von Schutt und taubem Gestein von den Haupt- und Nebenwerken vom Bergfall, nun verfallen, aber doch noch immer umwebt von Knappen- und Geistersagen. Nicht nur gediegenes Gold und Silber in großen Klumpen sei drinnen, sondern sogar ein Goldfluss soll drinnen fließen, ein Fluss voll goldener Körner bis zur Größe eines Weizenkorns. Man erzählt auch in Hötting, dass dort beim Bärenwirt, dessen Haus das ehemalige Knappenwirtshaus war, als noch die reichen Bergwerke unterm Achselkopf im Betriebe waren, man es zuzeiten tief unten poltern höre, dann kämen Bergwichtelen herauf. Es sind kleine Männlein mit Spornstiefeln, und sie haben einen dreieckigen Hut auf den dicken Köpfen, die ohne Hals auf dem Rumpfe aufsitzen. *(Alpenburg 1861, Nr. 122)*

74 DIE SILBERTÄUFER

Unterm Bergfall-Schrofen im Höttinger Gebirge, dem Achselstein und Solstein entragend, lag eine reiche Silbergrube. – Es werden wohl mehr als hundert Jahre her sein, dass einst die Knappen einen so großen Silberklumpen fanden, dass von den nahen Allerheiligenhöfen vier Ochsen eingespannt werden mussten, um diesen Klumpen, nachdem er zutage gefördert war, zur Münzstätte zu fahren. Diese Fahrt erfolgte an einem „Pfingstig" [Donnerstag]. Die Straße führte damals durch das Dorf Hötting, denn drunten im Grunde, wo jetzt die Poststraße hinzieht, war nur aufgeschwemmtes Kiesland. Die Knappen waren sehr lustig über ihre so reiche Ausbeute, und als sie nun herwärts zu dem „Schlaggar" geheißenen Knappenwirtshaus (jetzt „Zum Bärenwirt") kamen, übernahmen sie sich so sehr im Wein, dass ihnen in ihrer rauschigen Tollheit der Gedanke kam, den Silberklumpen zu taufen – und der Wirt nähr-

Der Knappenhof im sogenannten Knappental in Allerheiligen

te fleißig diesen frevelhaften Gedanken. Nur einer der Knappen riet ernstlich ab, aber die trunkene Mette war einmal im Gange. Von zwölf Knappen nahm jeder ein Schaff voll Wein und goss es auf den Silberklumpen vor der Türe, und zwar umso öfter, je mehr der brave Knappe abzuwehren suchte, sodass der Wein vom Schlaggar bis zur „Süßenmüllerbrucken" und in den Mühlbach hinabrann. Diese alte gewölbte Brücke steht noch. Als der Frevel vollbracht war, fuhren die Knappen weiter nach Hall, wo sich die Silberschmelze befand. Kaum war das Erz geschmolzen, so wallte es schäumend auf: Mit Donnerkrachen barst der Ofen und eine blaue Lohe schlug aus ihm zum Himmel. In derselben Stunde starb jählings der Wirt zum Schlaggar. Aber die Knappen ließen sich nicht anfechten, sie kehrten auf dem Rückweg wieder im Schlaggar ein, zechten aufs Neue, und tanzten die halbe Nacht hindurch, steckten Bratwürste statt Federn auf die Hüte und runde Brotschnitten statt Gamsbärte, ohne sich darum zu bekümmern, dass die Leiche des Wirtes auf dem Rechbrett lag.

Nach Mitternacht sollte es noch immer so fortgehen, aber die fromme Wirtin gab kein Fleisch mehr her und stellte stattdessen breite Fastenküchl auf. Darüber lachten und spotteten die Knappen über alle Maßen, befestigten die Küchlein auf ihren Schuhen als Rosetten und zogen gegen Morgen ihres Weges nach der Silbergrube.

Kaum waren die zwölf gottlosen Knappen wieder im Schacht, so brach die Silbergrube zusammen, der Berg spaltete sich und die ganze Umgebung wurde von Trümmern des Bergfalles überschüttet. Vier jammernde Witwen suchten vergebens nach den Gebeinen ihrer erschlagenen Männer. Nur der dreizehnte Knappe, der von der Silbertaufe abgeraten, blieb am Leben. Die Verschütteten wurden in Schatzhüter verwandelt und büßen noch immer ihren Frevel. Vergebens hat man damals und noch bis in die neueste Zeit versucht, die reiche Silbergrube wieder aufzutun. *(Alpenburg 1857, Nr. 61, S. 191)*

Seit der Eröffnung des Bergwerkes im 16. Jahrhundert wird das Kerschbuchtal auch Knappental genannt. Es beginnt vor dem Aufstieg zum Kerschbuchhof und führt als steiler, schmaler Graben bis zum Stangensteig. Der Knappensteig verläuft vom Höttinger Bild bis zum Rauschbrunnen. In diesem Gelände gab es im 16. Jahrhundert mehrere Bergbaue, geschürft wurde auf Fahlerz, Silber, Kupfer und Bleiglanz. Das Bleibergwerk im Knappental wurde bis in die Mitte des 18. Jahrhunderts betrieben. Aus einem Schreiben des Pflegers und Richters des Landgerichtes Sonnenburg erfahren wir, dass 1560 bei den Knappen der „Rumor" ausbrach. Darin erteilt er den Befehl, bei erneuten rumorischen Auftritten die Ruhestörer gefangen zu nehmen. Zusätzlich befiehlt er dem Haller Bergrichter, die Ungehorsamen gebührend zu strafen. Was wir nun genau unter diesem „Rumor" zu verstehen haben, wird nicht weiter geschildert, und so konnte die Sagenbildung an diesem Punkt anknüpfen.

75 DER ACHSELKOPF BEI INNSBRUCK

Auch Unholde gibt es hier in Wald und Hang, wirkliche und aus der Furcht geborene, und elbische Wesen, die es dem Menschen gut meinen, deren Stimmen aber übertönt werden von Selbstsucht und Geldrausch. In Herbstnächten braust die Wilde Jagd vom Bergkamm herab, der Ga'wind, und fegt heulend und jauchzend den Bergwald nieder. Im Frühling brüllen und donnern die Lawinen, im Sommer lauert die Kreuzotter in Wasen und Geblätt. Einmal fand ich hoch oben in einem Kalkgeröll, etwas östlich vom Achselkopf, eine weiße Kreuzotter mit tiefschwarzem Zackenband. In der Nähe stand ein Hirt, und ich plauderte mit ihm über diese „Würm". „Ja", sagte er, „die Beißwirm war'n nu a leichts, aber untern Axl [Achselkopf] sein die Vipern, dös sein gar die örgstn. Nit länger as wia a Finger und ganz schwarz. Wenn da a Mentsch zuachi kimmt, schtölln sie si af 'n Schwanz und springen an un, da kunn er nit fliach'n. Und wenn oan die Viper beißt, nacher ischt er hin, aber gach." – „A woll a so?" – „Ja, dös hat der Vatter oft derzöhlt, er woaß an Platz, wo sie sein, und hat an öttligi kennt, di vu' den Biss gstor'm sein."

Der Goaßer Franzl, mein Freund, erzählte mir einmal, als wir uns vor dem Unwetter in die Gufln verkrochen hatten, die Geschichte von den goldenen Füßen des Achselkopfes:

Der Axlkopf steaht af drei goldani Fiaß. Friager hat er vieri 'kabt, aber oan hamm s' außer und iaz hat er nur meahr drei. Dös ischt a so 'kemmen: Amal ischt a Knapp vun Kersch'ntal aui in die Knapp'mlöcher 'gangen. Wia er zun Wald ban Höttinger Bild kimmt, krad obern zwoat'n Briggele, steaht a kloans grau's Mandl nöbn an Weg und sagt: „Wo geahscht 'n hin?" – „Ins Arz." – „Nit der Miah weart wögn den Dröck. I wissat dar öppas Besseres. Geah mit mir!" Und 's Mandl geaht voaraus aui in Wald und der Knapp hint'n nach. Galig kemman s' zu an Loch, und da schliaft 's Mandl eini. Und wia s' dreing'wes'n ischt, ischt 'an Knappen fürkemman, der siecht in Schluf drein an goldanan Schein. „Teigl", denkt er si', „da muaß a Schatz drein sein." Alloan hat er mit sein' Humer [Hammer] nix derrichtet, iaz hat er halt vun Dorf auer Leit' 'kohlt, dö eahm helf'n. Richtig, wia s' a Weil grab'n, geaht a Goldkum'm hear, so groaß, dass s'n kam derschleppet hab'm. Mit den sein si nacher oi zun Bärn z' Hötting und hab'n halt glarmt und gschrien und Kiachl und Wein ungschaft. Wia sie halbet bsoffn g'wös'n sein, sagt oaner vu' die Löter: „Mander, iaz miaß mar nu den Goldklumpen Fiaß mach'n, dass er tanz'n kunn, und taffn miaß mern a!" Akrat hab'n s' nacher unter den Klumpen vier Plattkiachl einitun und mit an Spritzkibl Wein drübergoss'n. Da weard der Klumpen alm kloaner und kloaner, bis galing gar nicht meahr da g'wös'n ischt. Jaz ham s' freilig langi G'sichter g'macht, kunnscht der woll denk'n. In nagschtn Tag sein si wieder aui, find'n a dös Loch wieder und picklan drau'los, weil sie

85

gmoant hab'm, an zwoat'n Fuaß wearn sie glei' hab'm. Derweil hat's aber an Schnall tun, und die ganzi Gruabn ischt eingfalln und alli hat's derschlagn. Seider hat nöamad meahr an Gluschtn 'kabt zun Goldgrabm, und koa Mentsch woaß meahr, wo dös g'wös'n ischt. *(Pöll 1926, S. 76, gekürzt)*

76 DAS VERFLUCHTE GOLDBERGWERK BEIM HÖTTINGER BILD

Im Berge neben dem Höttinger Bild [so nennt man eine Waldkapelle mit einem Muttergottesbilde, welches als mirakulös verehrt wird und einen dummen Menschen, der studierte, nachdem er oft zum Bilde wallfahrtete, endlich sehr gescheit gemacht haben soll] war ein reiches Goldbergwerk, so reich, dass die männliche Einwohnerhälfte des Dorfes als Knappschaft reichen Verdienst fand, doch vertrieben diese Knappen nur zu bald den Gottessegen durch ihr wüstes Leben. Einst hatten sie einen Festtag, kamen oberhalb des Dorfes Hötting mit Weib und Kindern zusammen, zechten, geigten, tanzten, tauften einen alten Berggötzen, der aus Stein gehauen aus der Heidenzeit als Altertum dastand, und trieben allerlei gotteslästerlichen Frevel. Sie schnitten von den Stiefeln und Schuhen die Sohlen ab und hefteten Dampfnudeln darauf und sprangen so wüste um den Götzen herum, dass die Bauern, welche zuschauten, entsetzt davongingen. Dem ungeachtet wurde die Nacht völlig durchprasst. Als aber die Knappen am anderen Morgen in den Schacht stiegen, wurden sie alle verschüttet, und dreißig Weiber wurden Witwen. Wohl versuchte man nachzugraben, konnte jedoch nur zwei Knappen auf-

Aufgrund der Legende (siehe Nr. 177) bauten Höttinger Bauern oberhalb des Dorfes eine hölzerne Kapelle, die 1774 durch die heutige ersetzt wurde.

finden, und diese hatten Lederwerk im Munde, ein Zeichen, dass sie vom Hunger langsam totgemartert wurden. Entsetzlich ist diese Geschichte und noch entsetzlicher ist der Fluch, der über diesem reichen Goldberge liegt. Man kann nichts finden, und sooft nachgegraben wurde, und nicht selten geschieht es noch, ist nichts zu finden. *(Alpenburg 1861, Nr. 121)*

77 VON DEN BERGKNAPPEN UND DER HÖTTINGER NUDEL

Im 16. Jahrhundert wurde im Höttinger Graben und am Fuße des Achselkopfes in der Gegend des heutigen Höttinger Bildes Bergbau auf Zinkblende und Bleiglanz betrieben. Die Knappen waren lauter Höttinger Burschen. Eines Tages fanden sie eine starke Goldader. Aus Übermut über diesen unverhofften Reichtum zogen sie mit ihrem Goldklumpen zum Stamser Wirt und begannen dort ein wüstes Gelage. Wein wurde herbeigeschleppt, dass sich die Tische bogen, und Schmalznudeln wurden nach Tausenden gebacken. Einen ganzen Tag und eine ganze Nacht dauerte diese Orgie, und als sie alle voll waren, dass sie nichts mehr hinunterbrachten, war noch eine Menge Wein und Nudeln übrig. Anstatt sie nun an arme Leute zu verschenken, trieben sie damit ungeheuren Frevel: Sie trugen die Nudeln vor das Wirtshaus und schwemmten sie mit dem übrig gebliebenen Wein über die Höttinger Gasse hinab. Die Strafe für dieses sündhafte Tun blieb nicht aus. Als die Knappen am nächsten Morgen wieder ihre Goldader aufsuchen wollten, fanden sie sie nicht mehr. Sie war verschüttet. Und den Höttingern ist für die frevelnde Tat ihrer Knappen der Spottname „Höttinger Nudeln" geblieben. *(Moritz 1948, S. 83)*

> Der „Stamser", ehemalig das Wirtshaus Lamm, in der Höttinger Gasse Nr. 45, gehörte zum Stift Stams. Das Lokal wurde auch als Bauerntheater genutzt, das 1844 von den Erzherzögen Karl und Johann und später sogar von Kaiser Ferdinand zusammen mit Gattin besucht wurde.

78 DER SCHATZHÜTER IM SCHLUTTERTAL

Im Höttinger Gebirge liegt auch das „Schluttertal", in welchem ein Schatzhüter haust. Ein armer Knecht, namens Franzl, der für die Höttinger Bauern Holz fällte, ging abends nach dem Gebetläuten heim und dachte bei sich selbst: „Ach, wenn das Schluttertaler Zwergl doch mir auch was gäbe!" Gleich darauf sah er seitwärts am Weg ein kleines Manndl sitzen, das ächzte ganz erbärmlich, und da fragte der Franzl:

„Was fehlt dir?"

„Ach, ich hab eine gar schwere Bürde, die ich kaum derschleppn kann, ich will dir s' schenken, aber wirf s' nit fort, bring s' heim."

Der Knecht nahm die Bürde und fand sie sehr leicht; aber sie wurde, je weiter er ging, immer schwerer und schwerer, und zuletzt konnte er sie nicht mehr tragen. Er warf also den Sack ab, und öffnete ihn, um zu sehen, was darin sei. Da war der Sack voll Rosskastanien – nein, etwas Schlimmeres. Zornig schüttelte der Franzl den Sack aus; er war am Höttinger Sandbühl neben dem sogenannten „Großen Gott" und dachte: „Den Sack willst d' wenigstens mitnehmen." Dabei hörte er etwas, das wie Seufzen und Weinen klang.

Wie der Franzl heimkam, klingelte noch etwas im Sack. Er schüttelte ihn aus, da war es ein Rest Rossgaggele, die waren aber in Goldstücke verwandelt. Eilends lief der Franzl zurück, die ausgeschütteten Rosseier zu holen – aber da lag weder Laub noch Staub von ihnen. Später erfuhr der Knecht, dass er den Schatzhüter leibhaftig gesehen, einen ehemals reichen Bauer, der seinen Reichtum vergraben habe und nun so lange geisten muss, bis einer denselben, scheinbar als ekelhaften Kot, nach Hause trägt. Dem gehört der Schatz, und dessen Hüter geht erlöst zur ewigen Ruhe ein. *(Alpenburg 1857, Nr. 62, S. 192)*

*

Eine ähnliche Begebenheit wird vom Schatzhüter am Rauschbrunnen erzählt. *(Mündlich)*

79 DAS MÄNNLEIN AM RAUSCHBRUNNEN

Über Hötting beim Bergfall hat man vor alten Zeiten am Rauschbrunnen auch ein Männlein angetroffen, welches dort eine heimische Goldwäsche hatte und den Goldsand auffing und von dannen trug. *(Alpenburg 1857, S. 321)*

80 DER SCHATZ AM HÖTTINGER BERG

Eine Taglöhnerin aus Hötting ging einst mit ihrem Töchterchen in den Wald hinauf, um Holz zu sammeln. Hinter dem Planötzenhofe trennten sie sich. Plötzlich gewahrte das Mädchen, welches ein Siebenmonatskind war und deshalb mehr sah als andere Leute, einen Geist vor sich, der beständig winkte, ihm zu folgen.

Wie von einer unsichtbaren Macht getrieben, lief es, was es laufen konnte, der Erscheinung nach, sodass dem Kinde der Schweiß nur so heruntertropfte. Endlich blieb der Geist oberhalb des Höttinger Bildes bei einem tiefen Loche im Boden stehen. Ringsumher war der Wald „liacht und roat", und das Mädchen blieb einen Augenblick verwundert stehen, dann lief es schnell zur Mutter zurück und bat, sie solle doch schauen, wie schön rot erleuchtet da oben der Wald sei. Als sie aber an jene Stelle kamen, sahen weder die Mutter noch das Mädchen etwas Besonderes mehr. Verwundert ging sie hierauf mit dem Töchterchen zu einem Kapuziner und ersuchte ihn um Auskunft, was dies wohl zu bedeuten gehabt habe. Der Pater sagte zu ihr, dass es ein Schatzblühen gewesen sei, und wenn das Kind den rechten Schuh ausgezogen und ihn ins Loch geworfen hätte, so wäre es in den Besitz des ganzen Schatzes gekommen, und die arme Seele, die ihn hütet, hätte damit ihre Erlösung gefunden. *(Dörler 1895, S. 51)*

81 DIE GLÜCKLICHEN MÄDCHEN

Vor siebzig Jahren ungefähr gingen zwei arme Mädchen auf Bergfall, Erdbeeren zu suchen; sie verirrten sich und kamen in eine ganz unbekannte Gegend. Da floss ein Bach, an dessen Rande hin und hin gelb glänzender Sand aus Körnern lag. Diese Körner gefielen ihnen so sehr, dass sie sich Körbchen, Säcke und Schürzen voll aufnahmen und weitereilten. Die Mädchen kamen auch bald wieder auf die bekannten Hügel und gingen nach Hause. Als sie ihren Eltern den Sand zeigten, der sehr schwer war und wie Gold glänzte, trugen ihn diese zu einem Goldschmied, der ihnen sagte, dass die Körner gediegen Gold seien, und zahlte ihnen so viel, dass sie in Hötting reiche Leute wurden. Als aber die Mädchen noch mal zum Goldbach wollten, fanden sie ihn nicht mehr, so sehr sie auch auf und ab suchten. *(Alpenburg 1861, Nr. 123)*

82 DAS FRÄULEIN AUF DER HOCHBURG

Bei Lans liegt die längst zerfallene Hochburg, in der heutzutage noch ein Schatz liegt. Ein Fräulein mit einem Schlüsselbund erscheint bisweilen dort und winkt freundlich, wenn der Schatz blüht. Als in einer Christnacht ein Mädchen mit ihrer Nahnl in einem nahe liegenden Hofe allein zu Hause wachte, löschte plötzlich das Licht aus. Da sie trotz allen Suchens das Feuerzeug nicht

Schloss Hohenburg liegt auf einer kleinen Anhöhe in Igls und wurde 1345 erstmals urkundlich erwähnt.

finden konnte und in der Asche auch kein Funke mehr glomm, sprach die Alte: „Geh zum Nachbar hinüber und hol in der Laterne Licht." Das Kind folgte, ging aufs Licht zu und kam ins Schloss, das wie neugebaut da stand. Verdutzt stieg es die Treppe hinauf und fand im Saale ein schönes Fräulein, das am Kamine saß, in dem viele Kohlen glühten. Das Fräulein winkte freundlich, nahm eine Schaufel voll Kohlen und wollte sie dem Mädchen in die Schürze schütten. Da rief das Kind voll Schrecken: „Mein Gott, Sie verbrennen mir ja das Fürtuch!" Augenblicklich war das Schloss verschwunden, und in der Tiefe jammerte und klingelte es. Das Mädchen ließ vor Schrecken die Kohlen fallen und lief atemlos nach Hause, wo sie alles der Nahnl erzählte.

„O du ungeschicktes Madl!", rief die Nahnl aus. „Hättest du die Kohlen genommen, wär' das Fräulein erlöst und der Schatz dein gewesen. Jetzt muss das arme Fräulein wieder hundert Jahre auf seine Erlösung warten und du bist keinen Kreuzer reicher." *(Zingerle 1891, Nr. 537, S. 302)*

*

Diese Schatzsage existiert auch vom Landgut Reichenau. *(Eppacher 1953, Nr. 8, S. 7)*

83 SCHATZ ZU BÜCHSENHAUSEN

Im Innsbruck ganz nahen Schlosse Büchsenhausen ruht ein Schatz von schweren Talern. Vor 140 Jahren blühte er ganz feurig unter einem Baume. Die Sache kam heraus, wurde überall besprochen und reizte die Habgier der Schatzgräber. Selbst der Sohn eines vornehmen Besitzers, ein Student, und ein Studiengenosse desselben gruben zur Nachtzeit fleißig nach, entblößten die Obstbaumwurzeln, sodass die Bäume in Gefahr kamen abzusterben, und es mussten förmlich Wachen gegen die unberufenen Schatzgräber aufgestellt werden, die planlos bald an diesem, bald an jenem Baume suchten. *(Alpenburg 1857, Nr. 13, S. 331)*

84 DIE SCHLANGE

Leute, die abends nach dem Betläuten an der Weiherburg vorübergingen, sahen eine glänzend grüne Schlange im Teiche, die einen goldenen Schlüssel im giftigen Munde trug. Sie soll auf denjenigen warten, der den Mut hätte, den Schlüssel ihr zu nehmen, den Schatz damit zu heben und sie dadurch zu erlösen. *(Zingerle 1891, Nr. 562, S. 323)*

Seerosenweiher im Botanischen Garten Innsbruck

85 WEIHERBURG

Dieses urkundlich älteste noch bestehende Schloss in der Umgebung Innsbrucks soll ein römisches Kastell gewesen sein. Kaiser Max I., der letzte Ritter, erhob die Burg zu seinem Jagdschlösschen und residierte auch dort. Der Thronhimmel ist heute noch im Saale vorhanden und zu sehen. In den Schlossgängen geht nächtlicherweile der Geist eines Ritters von Langenmantel um, eines Vorbesitzers der Weiherburg, und im Teiche vor dem Schlosse erscheint alle hundert Jahre einmal eine Natter mit einem goldenen Krönlein. Ludwig Schlechter erzählt, dass man zur rechten Zeit und rechten Stunde eine Schüssel voll warmer Milch der Schlange vorstellen soll. Dadurch wird man in den Stand gesetzt, ein geheimes „Kellerlein, nicht hoch, aber tief gelegen" [laut Urkunde] auszuforschen. Dort befindet sich der vergrabene Burgschatz. *(Greußing 1905, S. 28)*

> Krönlnatter: Das Motiv, einer Schlange eine Schüssel mit Milch vorzustellen, stammt aus dem bekannten Tiroler Märchen „Die Krönlnatter" von I. V. Zingerle. Das Bauernmädchen wird darin zum Dank für seine Furchtlosigkeit und Barmherzigkeit mit Reichtum belohnt.

86 DER SCHATZ IM WEIHERBURGTEICH

Im Weiherburgteich bei Innsbruck ruht ein goldener Schatz, welcher vor mehr denn 500 Jahren dort vergraben wurde und zu gewissen Zeiten in Form schöner Schlangen herumgeschwommen sein soll mit funkelndem Goldglanz. Dann wollte man einen Schatten, den ehemaligen Besitzer Langenmantel, um Mitternacht ächzend herumwandeln gesehen haben, einen Erlöser suchen, der ihm die lang gehoffte Ruhe geben könnte.

Im Jahre 1681 kam das Jesuiten-Kollegium zu Innsbruck in den Besitz des Schlosses und der Güter Weiherburg. Der Orden trat sehr energisch gegen Aberglauben, gegen Hexereien und dergleichen auf, sammelte die Zauberbücher und vernichtete sie zum Teil, daher konnte bald kein Mensch mehr Zauber

> Der Jesuitenorden oder die Gesellschaft Jesu hat sich der Mission verpflichtet und wurde vom heiligen Ignatius von Loyola (1491–1556) gegründet. Das Innsbrucker Jesuitenkolleg wurde 1562 von Petrus Canisius (1521–1597) ins Leben gerufen, dem Hofprediger von Erzherzog Ferdinand II. Da dem Orden die akademische Bildung schon immer wichtig war, geht auch die Gründung der Universität Innsbruck 1677 auf die Jesuiten zurück. Der heilige Petrus Canisius ist Patron der Diözese Innsbruck.

ausüben. Die Patres bannten den Geist des Langenmantel auf der Weiherburg und hoben seinen Schatz. *(Alpenburg 1857, Nr. 13, S. 330 gekürzt)*

87 DIE ERSTEN KUPFERMÜNZEN

Diese sind erst im Jahre 1760 unter der Kaiserin Maria Theresia nach Tirol gekommen, und zwar vorläufig als „Muster". Das Volk wollte sich mit dem neuen Gelde anfangs nicht recht anfreunden. Als aber die „Maria-Theresia-Kreuzer" in den Verdacht kamen, dass einige von ihnen mit einem Dukaten gespickt seien, bissen die Leute an, schnitten aber Hunderte dieser Münzen an, um den versteckten Goldfuchs zu entdecken. *(Schönherr 1902)*

> Der Maria-Theresien-Taler gehört zu den berühmtesten Silbermünzen der Welt und trägt das Bild der Kaiserin Maria Theresia (1717–1780). Seit 1741 geprägt, war er bis 1858 in Österreich gültiges Zahlungsmittel. Der Goldfuchs steht umgangssprachlich für den Golddukaten.

88 DIE KIRSCHKERNE

In der Pfarrgemeinde Mariahilf bei Innsbruck wollte vor 40 bis 50 Jahren der dortige Bäcker zur Weihnachtsmette gehen und erblickte vor dem Kirchgang in einem Winkel seinen großen Hafen aus Glockenspeise, den er zum Aufbewahren der Asche verwendete, voll Kirschkerne. Seine Frau schlief bereits, daher konnte er sie nicht ausgreinen, dass sie sich vermutlich ein delikates Kirschkompott gekocht, was seine Lieblingsspeise war, und ihm nichts davon vorgesetzt habe. Um die Frau am Morgen in der Früh zu überraschen, steckte er einige Kirschkerne ein, wollte sie ihr dann zeigen und sie fragen, ob die Kirschen recht gut geschmeckt hätten. Also war sein Erstes am Morgen, die Frau zu fragen: „Wie haben dir denn gestern die Kirschen geschmeckt?" Doch Frau und Magd meinten, der Meister Bäck spaße, und lachten. Da er aber die Sache ernsthaft nahm, sagten sie, dass sie weder Kirschen gesehen noch gekocht, noch genossen hätten. Nun fuhr der Bäck zornig mit der Hand in die Tasche, um ihnen die verräterischen Kirschkerne vorzuwerfen; aber als er diese aus dem Sacke zog, waren es nicht mehr Kirschkerne, sondern blanke, glänzende Dukaten. Nun eilte er schnell in die Backküche, um die anderen Kerne zu holen, aber kein einziger war mehr im Hafen, sondern Asche – eitel Asche. Und es kam die Reihe an die Frau, ihren Mann anzuzanken, dass er nicht mehr Kerne eingesteckt habe.

Einer von diesen Weihnachtsdukaten wurde im Bäckerhause zu Mariahilf noch vor 130 Jahren den Neugierigen gezeigt – und dabei wurde ihnen diese Geschichte erzählt. *(Alpenburg 1861, Nr. 119)*

89 DAS ALTE MESNERHAUS IN PRADL

Das alte Mesnerhaus in Pradl war vor alten Zeiten eine Räuberhöhle. Im Keller dieses Hauses, der ganz eigentümlich gebaut sein soll, liegt ein Schatz, den die Räuber dort vergruben.

Einmal sah man auch in diesen unterirdischen Räumen einen Wurm mit einem Krönlein auf dem Kopfe. Hätte man damals einen Rosenkranz oder einen Gnadenpfennig auf ihn geworfen, so hätte man den ganzen Schatz, welcher vom Wurme gehütet wurde, heben können. *(Dörler 1895, Nr. 58/11)*

90 DAS SUMMERGFRIER

Auf dem Wege, der vom Dorfe Vill bei Innsbruck zum Handlhof oder Talhaus führt, ragt aus dem Waldboden oberhalb der Kapelle am Bastlsbrunnen ein eigentümlich geformtes Konglomerat empor. Es hat das Aussehen einer kleinen Burgruine, und nicht weit davon steht ein grabsteinähnliches Gebilde, das ganz unvermittelt aus dem Waldboden herauszuwachsen scheint und auf den ersten Blick tatsächlich den Eindruck eines wirklichen Grabsteins macht.

Die Fantasie der Leute vermutete hier einen alten Ritterfriedhof, wo die Ritter der nahen, bis auf die Grundmauern zerfallenen Burg Straßfried ihre Ruhestätte fanden. Anfangs der Achtzigerjahre des vorigen Jahrhunderts verlegten sich hier die Tungerer Löter, Besenbinder aus Axams, aufs Schatzgraben, da sie unter dem von der Natur geformten Grabstein die Grabstätte alter Ritter suchten. Wie mir der Talander, Andrä Wegscheider vom Handlhof, erzählte, habe er als Knabe tatsächlich gesehen, wie alte Uniformen zum Vorschein kamen; einen Schatz haben sie nicht gefunden. Auch geistern soll es an dieser Stelle. Der alte Siegwein, Zimmermann von Igls, habe beim Nachhausegehen nach der Arbeit im Handlhof die alten Ritter dort fechten sehen. Da Siegwein dem Schnapse nicht abhold war, mögen ihm wohl die Schnapsgeister diese Rittergestalten vorgegaukelt haben. – Von den genannten Tungerer Lötern wird erzählt, dass ihrer fünf Brüder waren, von denen vier die Namen der vier Evangelisten trugen. Das Konglomerat, das im Walde aus dem Boden ragt, nennen die Leute Summergfrier, weil es auch im Sommer so fest gefügt aussieht, wie gefrorener Schotter im Winter. *(Schuler 1929, S. 94)*

91 DAS GERTRAUDIBÜCHLEIN

Im Dorfe Amras las einst eine Dirn andächtig in einem Gertraudibüchlein, denn sie hielt es für ein gewöhnliches Gebetbuch, und wusste nicht, dass es zum Schatzheben verwendet wird. Da kam die hl. Gertraudi in ihrem Klostergewand herein und sprach:

„Heb au 's Firtig!"

Die Dirn erkannte die Heilige nicht, gehorchte aber, worauf die Klosterfrau einen ganzen Haufen Hadern und Lumpen aus ihrer Schürze in die der Dirn schüttete. Das Mädchen aber meinte spitzig:

„I brauch deine Hadern nit!",

ging hinaus in den Abtritt und schüttete den ganzen Inhalt der Schürze hinab. Anstatt der Hadern fielen aber jetzt viele Hundert Taler klirrend und klingend hinunter. Hätte sie die Hadern nur ein paar Augenblicke länger im Schurze gelassen, so wäre sie von Stund an die Reichste im Dorfe gewesen.

*

Andere sagen, es sei eine Katze gekommen, die einen Geldsack herbeigezoldert habe. Da aber die Dirn der Katze den Sack nicht abgenommen habe, so sei sie wieder mit ihm zur Türe hinaus.

*

Die Gertraudibüchlein wurden ursprünglich zum Schutze der einst so hart bedrängten Christen geschrieben, damit sie sich selbst durch den Erwerb zeitlicher Güter etwas helfen könnten. Später wurde aber Missbrauch mit den Büchlein getrieben. Daher machte die Geistlichkeit Jagd auf sie und verbrannte, so viel sie deren nur erwischen konnte. Um wirksam zu sein, muss aber das Büchlein einmal ohne Wissen des Geistlichen unter das Altartuch geschoben werden, damit eine Messe darüber gelesen wird – wobei es dann freilich mit Messlesen nicht mehr recht vorwärtsgeht. *(Dörler 1898, S. 338)*

VON SPUK, GEISTERN UND UNHEIMLICHEN BEGEBENHEITEN

Schicksalhaftes hat sich überall ereignet, besonders aber auf Burgen und Schlössern, wo diese Ereignisse besonders gut dokumentiert sind. Und es gehört schon fast zum guten Ton, dass es auf jedem Schloss einen Schlossgeist gibt.

Rational unerklärliche Phänomene, Spuk und verborgene Geister begegnen uns auch in Innsbruck. Manche Orte sind uns nicht geheuer: Wir nennen diese Orte numinos – je nach Anlage mystischen Glaubens mehr oder weniger.

Unter Geister können alle namentlich nicht bekannten Dämonen bezeichnet werden. Geister können feurig, als Gerippe, in weißer Gestalt, ohne Kopf, in altertümlicher Tracht oder auch in Tiergestalt erscheinen, manchmal von unheimlicher Musik begleitet. Auch durch Klopfen, Poltern oder durch Donner machen sie auf sich aufmerksam. Man kann sie durch Gebet, durch Räucherungen oder mit dem Kreuz abwehren, auch mit Lärm, Glocken und Eisen, besonders aber durch Feuer und Licht. Geister können von Geistlichen und Zauberern in wenig zugängliche Räumlichkeiten gebannt werden, Auserwählte können Geister erlösen.

Der den Tirolern bekannte Putz- und Klammgeist gehört auch zu den büßenden Geistern. Er ist warnende Gestalt für die Lebenden, wie es einem nach dem Tod ergehen kann. Insbesondere für Wucherer, Kaufleute, Wirte und Metzger, welche die Leute betrogen, Religionsspötter und Beamte, welche nie die Kirche besuchten oder Missbrauch mit der Amtsgewalt trieben. Jene Toten, die aufgrund ihrer Taten als Klammgeist büßen müssen, erheben sich noch in ihren Alltagskleidern vom Totenbett und begeben sich in die Klamm. Die Bestraften müssen in der Klamm ein schauriges, nasses und kaltes Dasein fristen; sie heulen und klappern mit den Zähnen. Man hört sie mehr, als dass man sie sieht.

Ansitz Weiherburg, ursprünglich ein Wohnturm mit Kapelle, die der heiligen Anna geweiht ist. Um 1560 geht der Besitz an Veit Langenmantel über, darauf an Anna Welser, der Mutter von Philippine Welser. Deren Ehemann Erzherzog Ferdinand II. legte um das Anwesen einen Tiergarten an.

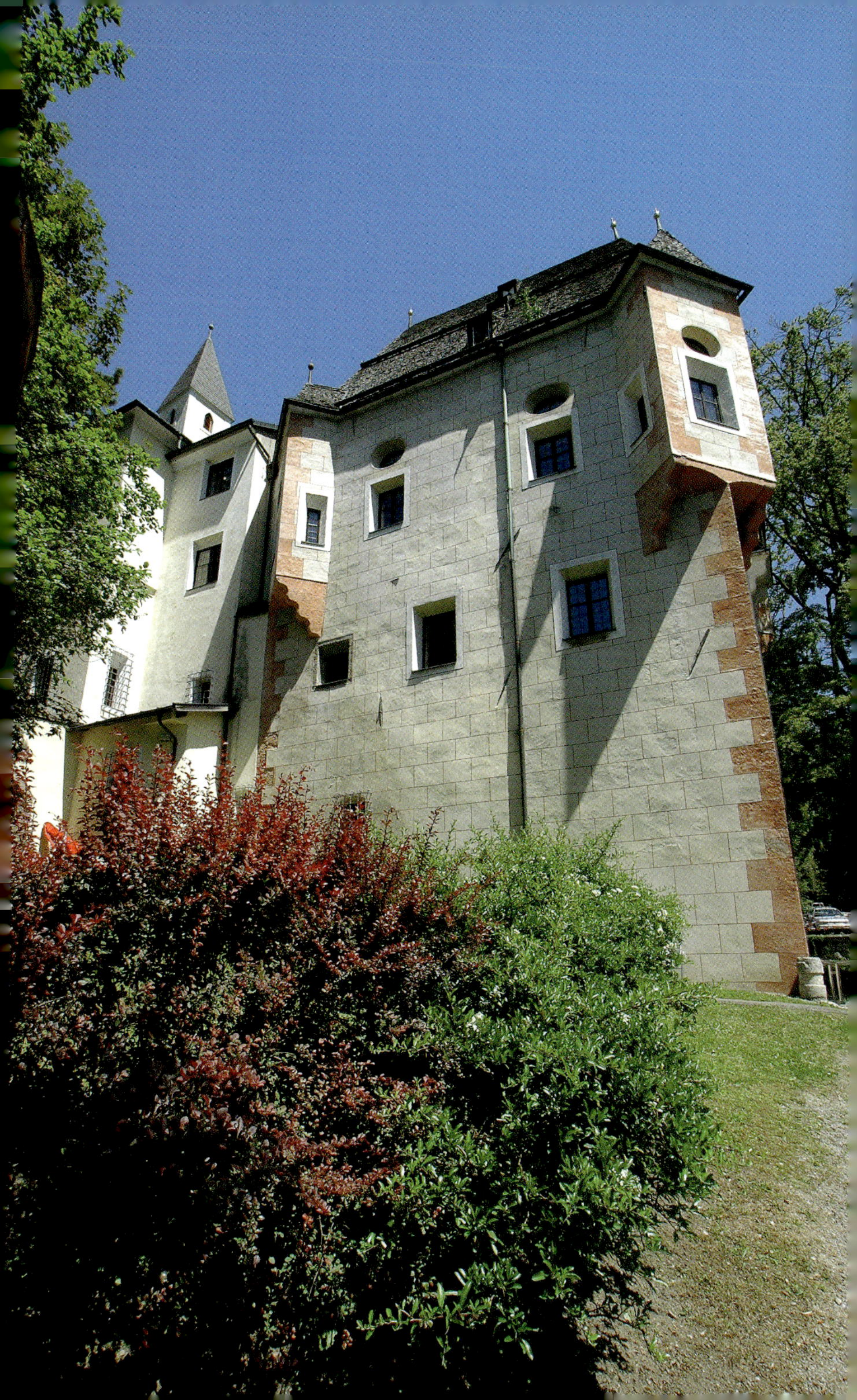

92 BIENER

Die Erzherzogin Claudia und die tirolische Landschaft bekamen öfters Streit mit den Hochstiften von Brixen und Trient wegen der Hofsteuer, die man beanspruchte. Als die Fürstbischöfe sich weigerten, diese zu entrichten, verfasste der erzherzogliche Rat und Kanzler, Wilhelm Biener, im Jahre 1639 eine heftige Schrift wider die beiden Hochstifte, bei deren Durchlesung der Weihbischof zu Brixen, Krosini, ausrief:

„Die Hand, die solches geschrieben, verdient abgehauen zu werden."

Dieser Ausspruch ging wirklich in Erfüllung. Denn nach dem Tode der Erzherzogin Claudia beschlossen Bieners Feinde, den offenen Mann zu verderben. Sie ließen ihn verhaften und schmiedeten eine Anklage gegen ihn, auf die hin er von zwei wälschen Richtern zum Tode verurteilt wurde. Er sollte zu Rattenberg vom Leben zum Tode gerichtet werden. Da sandte Biener eine Verteidigungsschrift an Erzherzog Ferdinand Karl, der darauf einen eigenen Boten mit der Begnadigung an den Kommandanten von Rattenberg schickte. Allein Präsident Schmaus, der Hauptfeind Bieners, hielt den Sendboten in Mühlau so auf, dass dieser erst um drei Uhr nachmittags in der Festung Rattenberg ankam, nachdem des Unglücklichen Haupt schon um zehn Uhr vormittags unter dem Schwerte des Henkers gefallen war. Unmittelbar vor der Hinrichtung soll Biener seine Unschuld beteuert und gesagt haben:

„So wahr ich aller mir vorgeworfenen Verbrechen ledig bin, ruf ich meinen Ankläger binnen Jahresfrist vor Gottes Gericht."

Als die Hinrichtung vollzogen war, lagen neben dem Haupte auch drei Finger seiner rechten Hand, ohne dass der Scharfrichter selbst wusste, wie dies geschehen war. Seine Forderung ging aber auch in Erfüllung; denn Schmaus starb, ehe drei Monate abgelaufen waren, eines jähen Todes. Bieners Frau fiel, als sie die Hinrichtung ihres Mannes vernahm, in Wahnsinn und stürzte sich von einem Felsen. Seitdem geht ihr Geist öfter in Büchsenhausen um, namentlich erscheint „das Bienerweibele", wenn jemand in der Familie des Schlosses stirbt. *(Zingerle 1891, Nr. 1003, S. 574)*

*

Vornehmlich in Notzeiten und bei bedrohlichen Gefahren für die Stadt Innsbruck habe man den Geist des Kanzlers gesichtet. In der Hofgasse, wo sich einst die Kanzleien befanden, die Biener unterstanden, sei er zutiefst niedergeschlagen herumgegangen, in schwarze Gewänder gekleidet, mit schmerzvoller Trauer im Gesicht. Eine an sich resolute Dame, sie war Kanzleivorsteherin einer angesehenen Innsbrucker Versicherungsgesellschaft, behauptete, den Kanzler zwei Tage vor dem ersten Bombenangriff auf Innsbruck – er erfolgte am 15. Dezember 1943 – in der Hofgasse gesehen zu haben. Mit erloschener Stimme habe er verkündet, der Stadt Innsbruck stehe Schlimmes bevor, sie werde in Schutt und Asche versinken. *(Zimmermann 2002, S. 39)*

93 DER GEIST DES GERICHTETEN

Die Sage geht, dass, als zu Rattenberg der gelehrte Hofkanzler der Erzherzogin Claudia, Wilhelm Biener, der vormalige Besitzer des Schlosses Büchsenhausen oberhalb von Innsbruck, durch Verrat und Schlechtigkeit seiner Feinde im Jahre 1651, am 16. Juli vormittags um 10 Uhr, mit dem Schwerte vom Leben zum Tode gebracht wurde, – zunächst dessen abgeschlagener Kopf am Boden eine furchtbar ernste und schreckliche Miene gemacht habe, dass manche der Zuschauer ganz entsetzt enteilten – sodann dass der Geist des Hingerichteten dem Priester, der am andern Morgen für Letzteren das heilige Messopfer vollzog, erschien und ihm auftrug, vor Gericht zu sagen, er [Biener] sei unschuldig gestorben. Und noch eins habe der Geist zu dem Priester gesagt: Künde den Männern des Rechtes und der Gerechtigkeit, dass es übergrausam sei, den Kopf eines Enthaupteten, statt ihn ruhig und sanft hinzustellen, auf die Erde zu werfen oder fallen zu lassen, denn das verursache den fürchterlichsten Schmerz, weil im Kopf noch auf eine Zeit lang der Geist oder die Seele mit vollem Bewusstsein lebe und in erhöhtem Maße empfinde. *(G. L. 1858, S. 419)*

> Die historische Notiz, dass ein Geistlicher nach Büchsenhausen gerufen wurde, um einen Geist zu bannen, wurde auch im Volkshumor verarbeitet:
> Im Waffensaale war keine Ruh mehr, ein früherer Schlossbesitzer bestellte deshalb einen Geistlichen, der die Geister bannen sollte. Nachdem Letzterer dem Schlossherrn eingeschärft hatte, er dürfe nur immer seine Worte nachsprechen, begann er den Exorzismus, und hinter den Waffen klang es mit hoher Stimme hervor:
> „Was willst du hier, heiliger Mann?"
> Der Geistliche erwiderte: „Noch bin ich es nicht, aber ich hoffe es zu werden."
> Der Geist: „Und du, Stoanesel?"
> Der Schlossherr zitterte: „Noch bin ich es nicht, aber ich hoffe es zu werden."
> Da erscholl dröhnendes Gelächter, und seitdem hat man von einem Geiste nichts mehr gehört.

94 DAS BIENERWEIBELE

Auf dem Schloss Büchsenhausen, das auf der unteren Talstufe der Nordkette dicht über Innsbruck gelegen ist, wandelt der Geist einer früheren Besitzerin dieses Ansitzes. Dasselbe kam im 16. Jahrhundert an den berühmten Erzgießer

Die Witwe Biener starb mit 73 Jahren; ihr Grabstein befindet sich bei der Alten Höttinger Kirche, links vom Seiteneingang. Gleich auf der anderen Seite liegt das Grabmal der Familie Lama, die das Schloss Büchsenhausen 1686 von den Töchtern Rudolf Bieners gekauft hatten. Gut 150 Jahre später gab eine der Töchter von diesem Schloss, Aloisia de Lama, dem bekannten Sagensammler Ritter Mahl-Schedl von Alpenburg das Jawort. Sie ließ den vorhandenen Karpfenteich in ein Schwimmbad umbauen und öffnete im Mai 1852 dessen Tore für die Öffentlichkeit.

Gregor Löffler, der ihm, weil er seine Büchsengießereistätte droben hatte, den Namen Büchsenhausen gab. Später ging das Gebäude an die Landesherrschaft über und kam durch die Erzherzogin Claudia an deren Hofkanzler Wilhelm von Biener, einen sehr freisinnigen Mann voll Begabung zur Satire in derber Form, deren Spitze er gegen die Stände des Adels und der höheren Geistlichkeit kehrte und sich dadurch auf den Tod verhasst machte. Aber die Gunst der Erzherzogin schützte den bedeutenden und ihr treu ergebenen Staatsmann.

Am 2. August 1648 starb die Erzherzogin, und nun regten sich die Feinde des Herrn von Biener gewaltig, bis es gelang, seine Amtsentsetzung und seine Verhaftung zu bewirken, welche am 28. August 1650 am Hofe stattfand. Eine kaiserliche Kommission, bestehend aus lauter Feinden Bieners, eilte nach Büchsenhausen und forderte von dessen Frau die Auslieferung seiner sämtlichen Schriften und Papiere. Unter diesen befanden sich auch Satiren, die den Gegnern ein hochwillkommener Fund waren. Es wurde ein Hochverratsprozess gegen Biener geführt, und da seine Feinde seine Ankläger und zugleich seine Richter waren, wurde er zum Tode verurteilt. Seine Gemahlin besuchte ihren Mann im Gefängnis, und er, der sich keines Verbrechens bewusst war, tröstete sie mit den Worten: „Es müsste ja kein Gott im Himmel sein, wenn man mich als Unschuldigen hinrichtete."

Am 17. Juli 1651 wurde der Herr von Biener zu Rattenberg öffentlich enthauptet. Das Richtschwert, durch welches sein Kopf fiel, hängt noch auf Büchsenhausen.

Bieners Gemahlin hatte durch einen Boten beim Kaiser um Gnade für ihren Mann gebeten, und der Kaiser hatte diese Gnade gewährt; aber einer von Bieners grimmigen Feinden, der Kammerpräsident Schmaus, hielt den Boten auf und die Hinrichtung erfolgte.

Wenige Tage später war dieser Schurke, der die Gnadenbotschaft aufhielt, durch Gottes Verhängnis eine Leiche. Frau von Biener wurde vom Wahnsinn ergriffen. Rast- und ruhelos irrte sie durch ihr ganzes Haus und schrie in einem fort: „Es ist kein Gott! Es ist kein Gott!" Endlich erklomm sie das Hochgebirge hinter der Martinswand und stürzte sich über senkrecht tiefe, schreckliche Felswände in eine noch schrecklichere Schlucht, aus der man sie nur noch als eine zerschmetterte Leiche trug und nach Hötting brachte. Dort erhielt die unzurechnungsfähige Unglückliche in der Kirche ein ehrliches Grab links vom Altar, auch einen Grabstein, aber ohne Schrift, nur ein Kreuz darauf gehauen.

Nachher ist diese Abgeschiedene des Öfteren in Büchsenhausen als ein wandelnder Geist erschienen; viele haben sie gesehen, und das Volk hat ihr den Namen „das Bienerweibele" beigelegt: Dunkel gekleidet, langsam und ernst schreitet der

Im Ansitz Büchsenhausen befand sich ehemals die Löffler'sche Gusshütte. Das Eingangsportal ist mit barocken Vasen, Wappenkartusche und einer Statue des heiligen Johannes Nepomuk geschmückt.

Geist durch alle Zimmer, geht durch fest verschlossene Türen, erscheint dem Hausherrn und der Hausfrau vor deren Ableben mit wunderbarer Tröstung, zeigt bevorstehende Todesfälle in der Familie an und tut niemandem, der nicht gegen sie frevelt, etwas zuleide. Ein solcher Frevler lag freilich, im Jahre 1720 geschah es, am Morgen mit umgedrehtem Kopf tot im Bett. Der Geist erscheint in einem schwarzen Sammetjöpplein, trägt auf dem Kopf ein Ohrenhäubchen, landesüblich „Hierinnen" genannt, mit schwarzen Spitzen, auf dem Hinterhaupt ein Juwelenkrönlein, das eine vergoldete Silbernadel im Zopfe festhält. Man sagt, dass die Erscheinung früher ganz schwarz gewesen sei, jetzt aber mehr grau, und dass sie immer heller und dann endlich erlöst werden wird. *(Alpenburg 1857, Nr. 83, S. 206)*

95 DER LANGENMANTEL

Der Herr Veit Langenmantel, der am 21. März 1569 das Schloss Weiherburg an Frau Anna Welserin aus Augsburg verkauft hat, geht im genannten Schlosse als Geist um. Er kommt zum Schranke, in dem die Urkunden aufbewahrt sind, öffnet denselben und erst beim Morgenläuten verschwindet der schwarze Mann. – In der Kapelle sieht man öfter ein blondhaariges Fräulein, das ein lichtblaues Seidenkleid trägt, im ersten Betstuhle knien. Es geht mit einem silbernen Leuchter gegen eine vermauerte Türe und verschwindet dort. Im Keller des Schlosses lag einst ein goldenes Kalb mit anderen Schätzen vergraben. Die Patres Jesuiten haben aber die Schätze vor 200 Jahren gehoben. *(Zingerle 1891, Nr. 447, S. 254)*

*

Die Bewohner des Schlosses nennen ihn Langenmantel, weil er mit einem schwarzen Mantel, der hinten nachschleppt, herumzugehen pflegt; sonst trägt er eine altväterliche Krause um den Hals, nebst einem hohen Hut und langen Bart, welcher bis über die Brust herunterreicht. Als die Bewohner zur Messe gingen, brachten die Meierin und die Kindermuhme die Weinhartischen und Schluderbachischen Kinder in das große Tafelzimmer und gaben ihnen allerlei Spielwerk nebst Früchten, damit ihnen bis zu ihrer Rückkehr die Zeit vergehen möge, womit auch die Kindergesellschaft sehr wohl zufrieden war. Sie nahmen darauf ihren Weg nach dem Dorfe, wo sie sich bis in die dritte Stunde verweilten; bei ihrer Rückkehr aber, als sie die Tafelstube öffneten, fanden sie die Kinder in vollem Spiel und mitten unter ihnen den Hausgeist Langenmantel, welcher die Kinder in all ihrem Spielwerk nachahmte. Die Kindermuhme, die diesen lieben Freund noch niemals gesehen hatte, erschrak über seinen Anblick so heftig, dass sie in Ohnmacht sank und die Meierin veranlasste, in die Küche zu laufen und ihr ein Gefäß mit Wasser ins Gesicht zu schütten. Sie drohte ihrem bekannten Hausgeist mit der Faust, der ihr wiederum eine Ohrfeige anbot, und mit den Kindern fortspielte, bis endlich die Meierin ein Kind nach dem andern in die nächste Stube rief, welche ihr auch alle gefolgt waren, ohne das Geringste von ihrem Mitgespielen zu wissen. Die Meierin schwieg daher stille, um den Kindern keinen Schrecken einzujagen. Sie glaubte aber bei dieser Begebenheit das größte Unglück zu haben; denn als sie sich mit der halbtoten Muhme bei den Kindern in der Stube befand, kam es ihr vor, als ob ihr ganzes Küchengeräte in tausend Trümmer ginge. Ihr Hausverwalter hatte aus Zorn auch gräulich zu wüten angefangen, weil sie ihn der Gesellschaft der Kinder, die ihn doch nicht gesehen hatten, nicht würdig geachtet haben. Als sie dann hinaus in die Küche ging, fand sie zwar alle Töpfe auf der Erde, jedoch ohne einzigen Schaden. Ihn selbst aber hörte sie droben im Saale laut lachen, wovon die Kinder gleichfalls nichts hörten. *(Petzoldt 1992, gekürzt)*

*

Im Jahre 1569 verkaufte besagter Herr Langenmantel seine Weiherburg an die Mutter der schönen Philippine Welserin. Frau Loxan, die Tante von Philippine, sollte in dem Gemäuer ihr Zuhause finden. Angeblich soll Herr Langenmantel Frau Welser bei diesem Kauf gewaltig übers Ohr gehauen haben, was seine Folgen hatte. Das Schicksal wollte, dass Herr Veit nach seinem Tod geistern musste. Die Legende berichtet, man hätte ihn gesehen, wie er bleich und von Unruhe getrieben durch die Räume der Burg geschritten sei, in alten Truhen und Kästen gewühlt habe, um die einstigen Kaufdokumente zu finden, die seinen Betrug ausweisen. Erst mit dem Klang der Morgenglocke verschwinde die unheimliche, in schwarze Gewänder gekleidete Gestalt. *(Zimmermann 2002, S. 93)*

*

Eine Viertelstunde höher über Schloss Büchsenhausen steht das Schloss Weiherburg, das ehemalige Jagdschloss des Kaisers Max, in dem der tirolische Blaubart lebte, der Ritter Veit Langenmantel, welcher seine fünf Frauen umgebracht hat. *(Renk 1905, S. 43)*

Blaubart ist ursprünglich eine französische Märchengestalt. In der Erzählung verbietet Blaubart seiner fünften Frau, in ein abgeschlossenes Zimmer zu schauen. Sie kann sich aber der Neugier nicht erwehren und entdeckt dort die vier ermordeten Frauen Blaubarts.

96 DER LANGENMANTEL KOMMT!

Ein Bursch sah in der Nähe der Weiherburg einen Weichselbaum über die Mauer ragen. Es war sehr früh, kein Mensch in der Nähe. Da ihn die Weichseln so anschauten, stieg er über die Mauer. Schon war er dran, Weichseln zu klauben, da kam plötzlich vom Schlosse her die Gestalt des Langenmantels in wallendem schwarzen Gewande. Der Bub hat Füße gekriegt! *(Heyl 1897, Nr. II / 10, S. 55)*

97 DER RITTER AUF SCHNEEBURG

Weit unter der Kirche zu Hötting ragt das Schloss Lichtenturm empor, welches im 16. Jahrhundert an die Freiherrn von Schneeburg kam und daher auch jetzt häufig Schneeburg genannt wird. Dort hat man des Öftern die Gestalt eines großen Ritters erblickt – vornehmlich um die Mitternachtsstunde –, dessen Helm dem aufgesperrten Rachen eines fürchterlichen Tieres glich; in der Hand trug er ein langes Schwert und wandelte aus einem Gewölbe der Burg bis zu einer Grube, die sich im Hofe befand. Bisweilen lehnte er auch am Fenster dieses Gewölbes und zeigte mit dem Schwerte hinein. Von seinen starken Fußtritten erbebte das ganze Schloss. Man vermutete allgemein, dass jener Ritter

Das Schneeburgschlössl oder Ansitz Lichtenthurn mit seinem ummauerten Garten und der charakteristischen „Lichtsäule"

eine Art Schatzhüter sein müsse, und einige beherzte Männer verabredeten sich mit dem Schlossaufseher, nach dem Schatze zu graben, wenn einmal die Herrschaft nicht auf Schneeburg sei. Dies geschah zur Zeit der Weinlese; da ritt die Herrschaft nach Meran und auf das Schloss Rubein. Sie gingen daher mit dem Aufseher – zusammen ihrer vier – versehen mit allem zur Schatzgräberei Nötigen, an ihr nächtliches Werk.

Nachdem sie mit vereinten Kräften und stillschweigend, nach der Hauptregel der Schatzgräber, gegraben hatten, schlug die Wünschelrute, und bald war eine Kiste sichtbar, deren Handhaben schon klapperten und klirrten.

Da schaute plötzlich die Gestalt einer wohlbekannten, ganz in der Nachbarschaft wohnenden alten und frommen Jungfrau durch das Fenster des Gewölbes, in welchem jene beschäftigt waren und in das der Geist des Ritters so oft mit seinem Schwerte gedeutet hatte, und fragte: „Habt's 'n schon?" – Auf diese Frage vergaß der eine der Arbeiter das Gebot des Schweigens und rief antwortend: „Ja, iazt hab'n wir ihn!" – Kling!, klirr!, fährt die Kiste wieder in die Tiefe, und jene standen und starrten einander an. Sie wollten die alte Jungfrau schelten, aber diese war verschwunden.

Am andern Morgen verfügten sich alle oder doch einige der Schatzgräber zu der alten Jungfrau und machten ihr Vorwürfe über ihre so ganz unnötige und nachtheilige Störung in der vorigen Nacht. Diese aber verstand lange gar nicht, was die Männer wollten. Sie sagte ihnen, dass sie um solche Zeit nicht im Schlosse herumzuwandeln pflege, sondern in ihrem Kämmerlein im Schutze Gottes und seiner lieben Heiligen ruhe, und zeigte ihnen mit höflichem Ernst die Türe. Da ahnten die Schatzgräber, dass jene Erscheinung nur eine Truggestalt gewesen, sie um den Schatz zu bringen, die der Ritter vielleicht selbst habe annehmen müssen, und wagten sich niemals wieder an das nächtliche Werk.

Der Ritter aber soll noch immer spuken, Türen auf- und zuwerfen und mit seinen Fußtritten, wenn er über den Hof schreitet, das Schloss erschüttern.
(Alpenburg 1861, Nr. 120)

98 DER RITTER UND DIE EDELFRAU AUF SCHLOSS AMBRAS

Bei Mondschein kurz nach Mitternacht kann man im Schloss Ambras ein Schlürfen im Sand hören, das aber auch dem Schleifen eines Schleppengewandes ähnelt. Sieh da, es ist ein Ritter und eine Frau, beide schon alt, aber von edler Statur. Er trägt Spitzenkragen, Waffenglast und Lederrock und ist gold gelockt. Sie hat einen Schwanenhals, wie Schnee so weiß, geziert von farbigen Edelsteinen und trägt ein Barett mit Feder. Ihr Blick sprüht wie ein Diamant. Die Köpfe aneinandergelehnt, spricht der Ritter:

„Zerstäubt wie Spreu im Flug der Zeit
ist Würde, Pracht und Herrlichkeit.
Nichts blieb, als nur wir zwei allein,
verklärt von unsrer Liebe Schein."

Stumm ziehen sie sich in die dunklen Gemächer zurück, der Mond versinkt und gähnend schaut zum alten Haus der Schlosswart nach dem Wetter aus. *(Nach Vogl 1852, S. 115)*

99 DAS SCHLOSS AUF DEM HÖTTINGER HÜGEL

Es war ein Bauer, der kam auf den Höttinger Bühel. Aber er fand alles verändert. Ein herrliches Schloss stand da, drin ging es lustig her. Ein altfränkischer Mann stand an der Pforte und hieß den Bauer hinaufgehen. Der ließ sich das nicht zweimal sagen, ging hinauf und fand alles herrlich und lustig, wie auch allerlei Personen in verschiedenen Trachten. Er aß und trank und ließ sich alles wohl schmecken. Da entschlüpfte ihm in seinem Staunen das Wort „Jesus!" – Plötzlich war alles verschwunden, und der gute Bauer lag in der Dornenhecke. *(Zingerle 1891, Nr. 741, S. 419)*

100 SCHEIBENSCHÜTZEN- UND SCHEIBENSCHLAGER-STÜCKLEIN

Das Schießen nach Scheiben und das Scheibenschlagen sind nationale Lieblingsvergnügungen der Tiroler Jugend und auch reiferer Männer. Auch das geht nicht ab ohne sympathetische oder sonstige Geheimkunst, und auch die Sage nimmt ihren Anteil an diesem Volksvergnügen.

Johann Pair, der Sohn eines Leistschneiders [Bruchschneiders] zu Innsbruck, ein Büchsenmacher, ließ sich an jedem Vorabend, bevor er zu einem großen Schießen ging, tüchtig zur Ader, um sich „ruhiges Blut zu machen", wie er sagte. Da er nun im Jahreslaufe jedem gehaltenen großen Schießen beiwohnte, so konnte es nicht fehlen, dass der Mann sich ruinierte, aber sein Zentrum traf er, wie kein anderer, das musste schlechthin sein. Er hat das große Hall- und Schalljahr 1848 nicht erlebt, sondern ist bereits 1847 gestorben.

*

Ein anderer Innsbrucker Büchsenmacher, mit Namen Schlegl, kehrte stets um, wenn er zu einem Schießen ging und ihm eine Katze begegnete. Dasselbe tat der berühmte Schütze Meggendorfer zu Innsbruck, sobald ihm beim Ausgang ein altes Weib entgegenkam, und ging in sein Haus zurück. Dort verweilte er eine Zeit lang und ging dann von Neuem aus.

*

Der Schlossermeister Bergmann trägt, wie auch viele andere Schützen, sooft er zum Schießen geht, eine „Allermannsharnischwurzel" bei sich und schießt

> Amulette oder Talismane sind kleine, am Körper getragene Gegenstände, die dem Träger magische Kräfte verleihen oder magischen Schutz bieten. Das Amulett wird gezielt gefahrenabwehrend gegen Bedrohungen getragen; der Talisman ist ein Glücksbringer.
> Die Allermannsharnischwurzel (Allium victorialis), auch Sieglauch genannt, besitzt die Kraft, wenn sie als Amulett getragen wird, den Träger siegreich hervorgehen zu lassen. Die Zwiebelhaut ist netz- oder kettenhemdartig beschaffen und erinnert entfernt an einen Harnisch.

dann ausgezeichnet. Ohne diesen magischen Talisman trifft er nichts. Tut es nun das Bewusstsein oder tut es die Wurzel? Wer kann das wissen. *(Alpenburg 1857, S. 355)*

101 SELTSAME ANMELDUNG

Vor dem Bundesschießen in Innsbruck im Jahre 1885 übte sich ein Lechtaler auf der Wiese und erschoss dabei seinen Knaben, der ihm Zieler machte. Der Bauer dachte sich beim Losdrücken: „Das wird ein guter Schuss, mitten ins Schwarze." In dem Augenblick, als dieses Unglück geschah, sah eine Verwandte, welche in der Küche hantierte, Blutstropfen auf die Herdspäne fallen. *(Heyl 1897, Nr. I / 14, S. 18)*

102 ENTFÜHRT WERDEN

Ums Entführtwerden ist's eine kuriose Sache. Kinder von zwei bis drei Jahren finden manchmal zu Hause keinen Frieden und wollen um jeden Preis ins Freie. Dann lasse man sie ja nicht aus dem Hause, besonders wenn sie ungewaschen und ungekämmt sind, denn sie werden leicht auf immer verlockt.

Am meisten müssen sich unaufgesegnete Wöchnerinnen hüten, allein aus dem Hause zu gehen, denn diese werden am leichtesten entführt. Vor etwa zwanzig Jahren trieb es eine Wöchnerin zu Amras so ins Freie, dass sie im Hemde bei großer Kälte in den Wald lief und dort zwei oder drei Tage irregelockt wurde. Endlich fand man sie in elendem Zustande. Von dieser merkwürdigen Tatsache gibt eine Votivtafel auf dem Tummelplatz Zeugnis. *(Zingerle 1891, Nr. 505, S. 282)*

103 DER AMRASER MESNER

Einmal bestellte der junge Mesner zu Amras zwei Innsbrucker zu einem Gang auf den Tummelplatz. Um zwei Uhr morgens hörte er es vor dem Fenster pfeifen und wispern, sodass er nicht daran zweifelte, es seien die zwei Bekannten, und an das Fenster ging. Da vernahm er ganz deutlich ihre Stimmen und wollte sich nun ankleiden. Sein Vater sagte aber, er solle es bleiben lassen, denn die Kameraden seien gewiss nicht auf. Der Sohn folgte – und endlich verzog sich der Lärm. Als die anderen um vier Uhr morgens kamen, wussten sie von der ganzen Sache nichts. Es lag nun hell am Tage, dass der Mesnersohn verlockt worden wäre, wenn er dem Rate des Vaters nicht gefolgt hätte. *(Zingerle 1891, Nr. 511, S. 284)*

104 EIN MÜHLAUER WIRT ALS FEIERABENDSCHÄNDER

Ein Fall von Feiertagsschändung, dem gleich die Strafe des Himmels auf dem Fuße folgt, sollte sich am 24. März, dem Vorabend von Mariä Verkündigung, des Jahres 1614 in Mühlau ereignet haben. Victor Söll, Wirt zu Müllen, ließ die Feldarbeit am Abend nicht einstellen und sein Knecht musste sogar noch Dünger auf das Feld führen. Dabei seien nun – und dies war die wunderbare Strafe – auf einem harten, steinigen Acker und Boden die Rosse so tief eingesunken, dass man sie nur mit großer Mühe an Seilen wieder herausziehen konnte. *(Nach Schadelbauer 1956, S. 11)*

105 BAUERN IN DER HÖLLE

Ein alter Kapuzinerpater in Innsbruck war auch einmal höllischer Torwartler gewesen und erzählte oft, es seien während jener Zeit allerdings auch viele Bauern verdammt worden, aber es habe ihnen zur Seligkeit so wenig gefehlt, dass sie mit ihren Stotzenhüten beinahe am Himmel angestoßen wären. *(Dörler 1899, S. 371)*

106 KLAUBAUF KURBUR

Im Dorfe Hötting spukt der Klaubauf, wird aber dort vom Volke nicht anders als Kurbur genannt. Er wohnt in der „Höttinger Klamm", welche ein furchtbares Felsgeklüft ist. An einer Stelle neigen sich die Felsen über den zwischen ihnen hindurchziehenden Weg im Bogen gegeneinander, wie ein gotisches Gewölbe, sodass der Weg ganz dunkel wird. Dieser Engpass führt den seltsamen Namen „die Hundskirche". Der Klaubauf ist dort außerordentlich gefürchtet, besonders von der Kinderwelt, die einen Reim auf ihn hat, der sein Wesen und Wirken in schlagender Kürze bezeichnet. Dieser Reim lautet:

„Kurbur aus der Klamm
frisst d' Bub'n und d' Madl
z'samm."
(Alpenburg 1857, Nr. 18, S. 75)

*

Der Klaubauf Kurbur wurde auch Klaubauf Ruxbux genannt, der Reim lautete dementsprechend:

„Ruxbux aus der Klamm
frisst d' Bub'n und d' Madel
z'samm."
(Alpenburg 1857, S. 75)

> Der Klaubauf ist eine Gestalt der Tiroler Sage, mit langem Bart, langer Nase und langen Fingern. Er trägt eine „Urtierhaut" und auf dem Kopf ein riesiges Hörnerpaar. Er starrt wandelnd auf den Weg, mit zusammengebissenen Lippen, und manchmal redet er zähneknirschend mit sich selbst – er „klaubt auf", was er so am Weg findet und für nützlich hält. Am liebsten sind ihm unfolgsame, herumstreunende Kinder. Mit Ketten und Stricken werden Kinder, versoffene Bauersleut oder zänkische Weiber gefangen und in den Sack gesteckt – keiner ist je zurückgekehrt.
> Als Knecht begleitet der Klaubauf im christlichen Brauchtum den heiligen Nikolaus und trägt ihm die Rute, mit der die unfolgsamen Kinder gezüchtigt werden, die unartigsten Kinder steckt er in den großen Sack.

107 LETTENMANDL UND LETTENWEIBELE

Wenn die Kinder in Arzl nicht brav waren, drohte man ihnen früher damit, dass sie das Lettenmandl oder das Lettenweibele holen werde. Diese hausten im Letten [Lehm] südlich des Kalvarienberges bzw. des Schusterbichls. *(Slamik, mündlich, bei Feil 2003)*

108 VON DER „HUNDSKIRCHE" UND DEN GEISTERN DER KRANEBITTER KLAMM

Als das Heidentum von den christlichen Gemeinden hineingedrängt wurde in unwohnliche Einöden und Klüfte, errichteten „die Wilden Mander" im engsten Teil unserer Schlucht eine Kultstätte. Weil sie heidnisch war, entstand der Name „Hundskirche". Wucherer wurden nach ihrem Tode in diese Wildnis gebannt und müssen dort die „kalte Pein" leiden. Über und über glühend stehen sie im Bachwasser, und trotz der Glut beutelt sie die Kälte.

Gesehen habe ich den „Klammelegeist" nicht, aber ich hörte ihn heulen, wenn ich mich auf einsamer Wanderung im Solsteingebiet verspätet hatte und der Südwind verworrenes Getön in den Tobeln nachrief. Böse Geister lauern oben im Geschröfe und werfen Steine auf den Wanderer. Wer im Übermut den Klammgeist höhnt, dem springt er auf den Rücken, und er muss ihn, der immer schwerer wird, so lange buckelkraxen tragen, bis er tot unter der Last zusammenbricht. Hoch oben in den Waldhängen hört man manchmal nach dem Betläuten „Holz hacken". Das rührt von den Geistern der Holzdiebe her.

Wenn die Sage recht hat, war hier wirklich einmal eine Kirche. Der alte Kerschbucher wusste es genau. In alter Zeit war heidnisches Volk in unserem Tale. Unter heiligen Bäumen baute es Altäre und goss Götzen aus Gold und Silber. Da zogen Mönche mit langen Bärten und wallenden Gewändern durch Auen und Wälder und zertrümmerten die Götterbilder und verkündeten das Evangelium. Alte Männer und Waldfrauen, die aus kräftigen Kräutern Wundertränklein brauten, trauten nicht den wuchtigen Worten der Mönche, flohen vor Wort und Schwert in einsame Bergschründe und dienten dort den Götzen, zu denen ihre Väter beteten. Solches Volk war einst in dieser Schlucht, die seither „Hundskirche" heißt. Einmal zogen die Bauern aus, drangen in die Klamm ein und erschlugen Männer und Frauen während eines Opfers. Aus dem silbernen Götzenbilde aber, das man fand, wurde eine Glocke gegossen. Ihr heller Ton rief vom Turm in Hötting aus die Gläubigen zum Dienste des einen gewaltigen Gottes, der Herr ist über Welt und Leben.

> Die Bezeichnung „Hundskirche" ist im Alpenraum nicht selten, wie zum Beispiel in Paternion (Kärnten) und St. Stefan ob Leoben (Steiermark). Doch wie kam es zu diesem eigentümlichen Namen? Das Wort „Hund" steht in unserem Sprachgebrauch auch für „Schatz", man denke nur an die Redewendung: „Da liegt der Hund begraben". Das zweite Wort „Kirche" könnte sich von „Circus" ableiten und weist damit auf die Kreisform, die bei kultischen Riten seit je eine große Rolle gespielt hat.

Ich halte gute Freundschaft mit ihnen [den Geistern], denn ich brauche sie in meiner Einsamkeit, und sie brauchen mich, weil sie einen Freund suchen, der sie versteht. Jetzt klang es wie leises Singen, dann wie Seufzen und Heulen. Dort stöhnte ein hageres Männlein in seinen langen weißen Bart hinein. Den schwarzen Rock hat es zugeknöpft, der weite Schlapphut hängt ihm über die Stirn. Schon seit hundert Jahren steht es frierend im Bachwasser und büßt für schwere Schuld. Menschen, die nicht verzeihen können, raubten ihm die Grabesruhe und bannten den armen Teufel in die Schlucht, dass er zähneklappernd die „kalte Pein" leide bis zum Jüngsten Tag. Jäger und Holzfäller hören ihn heulen und können ihm nicht helfen. Gar mancher neckt ihn aus der Ferne durch „Nachantern" seiner Klagen, aber das ging nicht gut aus. Die Klammgeister haben zu gewissen Zeiten Urlaub und dürfen die Schlucht verlassen. Da wissen sie dann die Spötter gar wohl zu finden, springen ihnen auf den Rücken, und der Betroffene muss den Alp buckelkraxen tragen, bis er unter der Last tot zusammenbricht. Daher hat wohl der unheimliche Büßer den Namen „Rucksbux". Für die Kinder ist er ein Klaubauf. *(Pöll 1940, S. 11, 100 ff., gekürzt)*

*

Ein Wanderer berichtet – absolut glaubwürdig –, dass schuldbeladene Innsbrucker in der Kranebitter Klamm büßen müssten. Sie sammelten Kräuter und brauten daraus heilkräftige Arzneien, und wenn mutige Leute diese in Empfang nähmen, verschwänden selbst die hartnäckigsten Leiden sofort, und – eine erfreuliche Nebenerscheinung – der Geist sei erlöst. *(Zimmermann 2002, S. 96)*

109 DER GEBANNTE GEIST IN DER KRANEBITTER KLAMM

Als von einem Hause in Natters dessen Besitzer gestorben war, fing es darinnen bei Nacht gräulich zu spuken an. Einmal ging die Haushälterin in den Keller, um ein „G'süf" zu holen. Da sah sie, o Graus, in einem düstern Winkel den ehemaligen Hausherrn sitzen. Entsetzt warf sie den Krug weg, eilte so schnell sie konnte die Stiege hinauf und stürzte windelweiß im Gesichte in die Stube. Halb bewusstlos sank sie auf eine Bank und stammelte nur mühsam, der Geist sitze im Keller. Nachdem sie sich vom ersten Schrecken erholt hatte, erklärte sie, keinen Tag mehr länger im Dienste zu bleiben, packte ihre Sachen zusammen und verließ das Haus.

Endlich entschloss man sich, die hochwürdigen Patres Jesuiten um Abhilfe zu ersuchen. Zwei von ihnen erklärten sich dazu bereit, und es gelang ihnen auch, den Geist in ihre Gewalt zu bringen. Darauf gingen sie mit ihm zur Kranebitter Klamm, jedoch so, dass ein Pater vorausschritt, dann etwa ein Kilometer hinter ihm der Geist folgte, und der andere Pater wieder in derselben Entfernung hinter dem Geiste herging. Da begegnete dem Vorausgehenden ein Weber aus Inzing, der frühmorgens auf die Stör ging und sein „Zuig" auf dem Rücken trug. Diesen warnte der Priester dringend, dem Ersten, der ihm begegne, eine Antwort zu geben, da es ein Geist sei, den sie in die Kranebitter Klamm bannen wollten. Bald kam ihm auch ein Herr entgegen, der ihn etwas so Dringendes fragte, dass sich der Weber beinah den Mund zuhalten musste, um ihm keine Antwort geben zu können. Jetzt hatte der Geist keine Aussicht mehr zu entrinnen und wurde in die Klamm gebannt, wo man ihn manchmal heulen hört, dass es einen Stein erweichen könnt. *(Dörler 1895, Nr. 35/2)*

110 DER MÜHLENGEIST ZU AMRAS

Nahe dem Dorfe Amras steht, vom Schloss- oder Schmiedbach getrieben, die Schlossmühle. In dieser saß ein Müller, der ein arger Wucherer war und in einer sehr teuren Zeit alles Getreide aufkaufte und dem armen Volke das ohnehin schlechte Mehl noch verteuerte. Oft machte ihm deshalb sein gutes und frommes Weib Vorwürfe, welche jedoch nichts fruchteten. Indessen hat der allgerechte Gott gegen den schändlichen Kornwucher eine züchtigende Geißel in die Hand der Allmutter Natur gelegt – das ist der Kornwurm –, und eines schönen Tages zog es aus des Müllers Bodenloch [nämlich aus dem Estrich, den er als Getreidemagazin benützte] wie Dampfwolken, und davon flog in Gestalt von Millionen kleiner Rüsselkäferchen das liebe Korn: Denn des Käfers Weibchen kommt und bohrt ein Löchlein in jedes Korn und legt ein Ei hinein, das wird darin lebendig, und dann fliegt der helle Haufen aus. Ein Weibchen legt über 6000 Eier.

Der Müller sah sich zugrunde gerichtet und griff nach dem letzten Mittel für gottverlassene Feiglinge, nach dem Strick, und hängte sich in seiner Wohnung mit eigenen Händen auf. Fortan musste der Müller als Kornputz geistern, und so erschien er wiederholt einem verwaisten Knaben, der erst die Schafe und Geißen der Gemeinde hütete und sich nebenbei mit Holzschnitzerei beschäftigte, dann aber von der Gemeinde zur verwitweten Müllerin in die Lehre getan wurde. Mehrmals lief der Seppele, das war des Knaben Name, auf und davon, wenn er den Mühlputz erblickte, der in einem grauen Mantel und in einem das ganze Gesicht verdeckenden Hute erschien – endlich aber fasste sich Seppele ein Herz, den Putz zu besprechen, nachdem ihn sein Beichtvater dazu ermuntert hatte. Und nun sagte der Putz, Seppele könnte ihn erlösen, wenn er so viel Kreuzer zusammengebettelt habe, um eine Wallfahrt nach Absam zu machen, um dort drei heilige Messen für ihn lesen lassen zu können. Von der Stunde dieser Erscheinung an wurde der Lehrbub stumm, verließ das Werk und bettelte fast zwei Jahre, ehe er die Kreuzerzahl beisammen hatte, mit denen er alsbald nach Absam ging, die Messen lesen ließ und am Seitenaltare vor dem wundertätigen Muttergottesbilde selbst kniete und inbrünstig betete. Als er die Kirche verlassen wollte, vertrat ihm der Geist den Weg, führte ihn zum Altar zurück und hieß ihn weiterbeten, was er zum dritten Male wiederholte, obgleich dem armen Seppl, der noch nichts gefrühstückt hatte, dabei fast die Ohnmacht ankam. Auf einmal stand der Mühlgeist ganz weiß vor Seppl und sprach: „Nun bin ich erlöst, habe Dank! Verkünd es allen Leuten, und ich will bei Gott um eine selige Sterbestunde für dich bitten." Hernach hat der Seppl ein Votivbild in die Kirche zu Absam gestiftet, darauf dargestellt ist, wie er betet und der Geist erscheint. Später musste selbiger Seppl mit in den Krieg und kam bis nach Neapel, wo er erkrankte und selig in dem Herrn entschlief. An seinem Sterbebette erschien ihm noch einmal der Mühlputz in lichter Glorie vollbrachter Läuterung. *(Alpenburg 1861, Nr. 129)*

111 DAS GESPENST IN DER ALTSTADT

Im Jahre 1585, drei Jahre nach der Vermählung Erzherzog Ferdinands II. mit Anna Katharina von Mantua, wurde unser altes Innsbruck durch von Mund zu Mund gehende Gespenstergeschichten in eine nicht geringe Aufregung versetzt. Man erzählte von einem Geist, der in mitternächtlicher Zeit regelmäßig die Wächter und die Bürger, so sie sich noch spät auf der Straße sehen ließen, erschreckte.

Das Gerede nahm solchen Umfang an, dass der ehrsame Rat beschloss, der Sache auf den Grund zu gehen und den Stadtrichter Reichart, der nebenbei ein wohlbestallter Gastwirt war, zu beauftragen, die Nachtwächter hierüber protokollarisch einzuvernehmen.

Damals war die Stadt in der Nacht in Dunkel gehüllt – nur bei besonderen Anlässen oder Feuersbrünsten steckte man Pechfackeln an bestimmte Häuserecken. Für gewöhnlich behalf sich der Bürger, wenn er spät die Gassen durchwanderte, mit einem blechernen Baumwolllämpchen.

Solcher Lämpchen bedienten sich auch die Stadtwächter, deren je zwei das Vorstadttor, Pickentor, Inntor und Saggentor bewachten und einen bestimmten Weg zu durchwandern hatten, wobei sie sich nicht aus der Hörweite ihrer Kameraden entfernen durften. Die Wächter riefen die Stunden aus. Das bekannte „Hört, ihr Herren, lasst euch sagen!" hat auch bei uns durch die Jahrhunderte geklungen.

Der Richter lud also befehlsgemäß am 15. Juli 1585 sämtliche Nachtwächter und Aufleger aufs Rathaus in seine Amtsstube, um von jedem Einzelnen über das „Ungeheuer" – wie er es nannte –, das dem Gerede nach in der Altstadt regelmäßig erschien, Näheres zu erfahren. Was dann die fantasiereichen Wächter ausgesagt haben, hat er getreulich niedergeschrieben und das

Blick vom Stadtturm auf das Trautsonhaus. An Stelle des Brunnens befand sich ursprünglich ein „Visch-Kalter", ein mit Frischwasser versorgter Fischbehälter.

Der Innsbrucker Stadtturm und seine Uhren: Sonnenuhr (16. Jh.), Turmuhr (1603)

Schriftstück hernach seiner Behörde, dem ehrsamen Rate, vorgelegt. Von dort ist es ins Archiv gekommen, wo es bis heute wohlgeborgen ruht.

Der Aufleger Sailer, der Erste der Vernommenen, gab zu Protokoll, er habe am letzten Samstag nach Mitternacht beim Spezger Jakob Stemmer unter den Lauben eine etwas seltsame Gestalt erblickt: lang, kohlschwarz, den linken Fuß etwas nachziehend, worüber er sich entsetzte und eine allzu große Annäherung vermied. Der zweite Zeuge, Paul Schröfferl, der eine ähnliche Erscheinung hatte, vermeinte bei genauerem Hinsehen ein Schwein mit großem rundem Kopfe zu erblicken, das sich schließlich an ihn herandrängte, wobei er sogar die harten Borsten fühlte. Ein andermal war ihm, als hätte sich das Schwein in einen großen Hund verwandelt, der auf einem der „neun Stösseln" saß.

Diese „neun Stösseln" oder auch Kögel genannt – kegelförmige, oben abgerundete Steine –, von denen kein Mensch weiß, was sie eigentlich bedeuten, standen bis zum Ende des 18. Jahrhunderts unter dem Bogen des Trautsonhauses. Also der Paul Schröferl schlich sich zu den neun Stösseln hin, worauf die hündische Gestalt aufs holprige Straßenpflaster und von dort in die Ritschen, die offen durch die Altstadt floss, sprang und wie ein Kind „rearte".

War der Geist bisher immer nur einem Wächter erschienen, beim Lang und beim Leiwieser wich er von seiner Gewohnheit ab und kam beiden in einer

Form, die sie nicht zu erkennen vermochten, brausend entgegen. Beinahe hätte der Geist die beiden Angsthasen mitgenommen.

Der Wächter Verono erwies sich als etwas mutiger, denn als ihm das Gespenst erschien, ging er ihm beherzt entgegen. Diesmal war es ein großer schwarzer Pudel, der aus den Gewölben herauskam und nun um das Narrenhäusel, das sich an den Platzturm anlehnte, strich. Der Pudel sprang in die Ritsche, wo er zu plantschen begann, nahm etwas später die Gestalt einer schwarzen Katze mit feurigen Augen an, vom Wächter des Wappenturms bis tief in das Stallgässel vergeblich verfolgt. Konrad Egger aber sah ursprünglich ein großes Kalb, das sich bei seinem Nähertreten in ein Schwein verwandelte und ein „Gschmachl" hinterließ, von dem der Wächter fast krank geworden.

Der Leitner vermochte die tierische Gestalt, in der ihm der Geist erschien, nicht näher zu beschreiben. Er glaubte ein Untier gesehen zu haben, das sich unter dem Sarntheinbogen, mit Respekt zu sagen, auf den hinteren Teil setzte – das Originalwort des Protokolls ist schwer wiederzugeben – und die lange rote Zunge herausstreckte, welche Ungezogenheit den Leitner zum Rückzug bewog.

Als Andrä Weingartner in ernster Erfassung seines Dienstes bei den „steinernen Kögeln" ein kleines Schläfchen wagte, wurde er durch einen großen Hund geweckt, der seine Pfote auf des Wächters Schafpelz legte. Dabei habe Weingartner sich nicht anders zu helfen gewusst, als das Zeichen des Kreuzes zu schlagen, worauf sich das Getier, dessen großen Kopf er erst im letzten Augenblick bemerkte, langsam verzog.

Ein weiterer Zeuge gestand bei einiger Nachhilfe ein, seinen Kopf ein wenig an die Wand gelegt zu haben, worauf ein schwarzer Mann zu ihm gekommen, ihm einen Renner gegeben und auf die Gasse hinausgedrängt habe, dass er eine ganze Stunde „nicht zum Zeug [Besinnung] gekommen".

Der letzte Zeuge, Jörg Wiesenheil, der auch mit dem Gespenst zusammentraf, erkannte deutlich die Umrisse eines schwarzen Mannes, von dem ein schwaches Leuchten, wie aus „fauligem" Holze, ausging. Der Wächter hatte tatsächlich den Mut gehabt, die Erscheinung mit den Worten zu stellen: „Ist dir zu helfen, so enthebe dich im Namen Gottes!" Dieser Spruch hat aber nicht helfen wollen, sodass er zu stärkeren Mitteln greifen musste. Erst als er ihn mit „Achitz! So geh in all Teufels Namen fort!" beschwörte, hat sich die Erscheinung verzogen. Darnach habe es ein Uhr geschlagen und er sei ganz nass in die Wachstube gekommen und habe sich „nicht verwisst", wer ihn in die Ritschen hineingestoßen. Mit dieser Auslage beschloss der Richter das Protokoll.

Stadtrichter Reichart, ein gewissenhafter Mann, gab sich damit jedoch nicht zufrieden, er wollte sich mit eigenen Augen von dem Ungeheuer überzeugen, das bald schwarz, bald grau gewesen, bald die Form einer Katze, eines Hundes, Kalbes oder eines Schweines annahm, das feurige Augen, eine lange rote

Zunge und einen hinkenden Fuß aufwies, das sich aber im Grunde gar nicht so schlimm betrug, als höchstens die paar Mal, wo es den geruhigen Schlaf der Nachtwächter störte, und das eine Mal, wo es ein „Gschmachl" hinterließ.

Der Stadtrichter, in Begleitung seiner Gerichtsdiener, alle bis auf die Zähne bewaffnet, wachten nun durch mehrere Tage der nächsten Wochen, aber sie hatten kein Glück; das Ungeheuer wollte offenbar mit dem Stadtrichter nichts zu tun haben, vielleicht hatte schon Jörg Wiesenheil mit seiner Beschwörung: „Achitz! So geh in all Teufels Namen fort!" das Richtige getroffen und das Gespenst ein für alle Mal verscheucht, denn seit jener Stunde hat sich der „Achitz" in Alt-Innsbruck nicht mehr blicken lassen. *(Hörtnagel 1932, S. 44)*

112 DER GEIST IM STADTTURM

Eines Tages wurde beim Frühstücke beschlossen, auf den Stadtturm hinaufzusteigen und bei dem herrlichen Frühsommerwetter die prächtige Rundschau zu genießen. Wir drei betraten circa um halb zehn Uhr vormittags die Turmstiegen. Papa voraus, dann ich, und Onkel machte den Schluss. Als wir so ungefähr in der Mitte bzw. in der halben Höhe waren, kam ein junger schlanker Mann mit dunklen Augen und ebensolchem Krauskopfe langsam die Treppe herab. Da er gemächlich ging, hatten wir drei Gelegenheit, seine sonderbare Tracht zu bestaunen. Er trug kurze Beinkleider, weiße Leinenstrümpfe und ein enges Wams – aber die eine Hälfte rot, die andere Hälfte dunkelgelb. Der Mann sagte kein Wort, machte aber ein freundliches Gesicht. Oben angekommen, frug Papa, was dies doch für ein sonderbar gekleideter Mann sei. Ob dies eine Maskerade oder für eine Theatervorstellung sei. Der Türmer machte ein ebenso ärgerliches wie ängstliches Gesicht und sagte: „Oh, der kimb schon öfter!" Mehr war aus dem Wächter nicht herauszubringen.

Hierüber wurden mehrere Innsbrucker Herren befragt, die aber nichts Zusammenhängendes darüber wussten, wogegen Herr Ivo von Stadler, Edler zu Gstirner*), hierüber Folgendes mitteilte:

Im Jahre 1510 schickte Erzbischof Leonhard von Keutschach von Salzburg seinen Kanzler, einen Domherrn, zwei Feldweibel und zwei Soldaten seiner Garde nach Innsbruck, und zwar zum regierenden Abte von Wilten. Kanzler und Domherr hatten länger daselbst zu tun, wohnten dort, während die zwei Feldweibel und Gardisten sich in der Stadt aufhielten. In einer Schenke hatten sie erfahren, dass das „Resele" vom Turmwächter das schönste, aber auch spröödeste Mädchen von ganz Innsbruck sei. Daraufhin meinte der jüngere der beiden Feldweibel, Matthias Mairginter, ein hübscher Dreißiger, das wäre doch merkwürdig, wenn ihm ein Mädel widerstehen würde. Letzterer erfuhr, wann das „Resele" die bescheidenen Einkäufe für die Küche besorgte, und ging ihr nach. Das erste Mal hatte er auf seine schmeichelhafte Anrede keine Antwort bekommen, wogegen er anderentags schon einen freundlichen Blick bekam. Resele erlaubte dann, dass er sie begleite und am Abend auf Besuch in den Turm hinaufkommen dürfe. Matthias Mairginter hatte die bessere Montur angelegt und sich sonst recht herausgeputzt und ging mit ein paar Rosen zum „Resele". Diese ging, vom hübschen Salzburger bezaubert, ihm entgegen und traf mit demselben zusammen – dort, wo die Stiege anfängt, schmal zu werden. Dem Vater Reseles war es bange um das einzige Kind; er ging schauen, und was er da sah, reizte den jähzornigen Mann so, dass er sein Messer bis ans Heft dem Matthias Mairginter in den Rücken stieß und ihn damit tötete. Den Leichnam sollen die Eltern dann stückweise verbrannt haben. Resele ging in ein Nonnenkloster am Niederrhein. Mairginters arme Seele zeigte sich jahrhundertelang in den Quatemberzeiten.

*) Ivo von Stadler, Edler zu Gstirner, Tiroler und Kärntner Landmann, k. k. Statthaltereioffizial i. P., gestorben in seiner Wohnung, Colingasse, am 13. September 1889 im 83. Lebensjahre. *(Feuerstein 1935, S. 47)*

113 SPUKENDE NONNEN

Auch im Regelhause zu Innsbruck, das von Kaiser Joseph II. aufgehoben und später in eine Kaserne verwandelt wurde, ging es nicht geheuer zu. Eine der Klosterfrauen erschien bei Quatemberzeiten und verscheuchte die Soldaten von ihren Wachtposten in den Gängen. Sie fügte keinem ein Leid zu, gab aber dem ein oder anderen „Prahlhans" starke Maulschellen. *(Zingerle 1891, Nr. 465, S. 262; siehe auch „Die spukende Nonne auf dem SOWI-Areal", Seite 176)*

*

1851 schreibt zum Beispiel das „Innsbrucker Tag-Blatt" einen Beitrag zur Geschichte des Gespenstes in der hiesigen Klosterkaserne. „Es war ein Weib in schwarzer Nonnentracht, kein weißes Fleckchen war an ihr zu sehen; die Arme trug sie über Kreuz, Gesicht und Hände waren gleichfalls schwarz; die Augen waren tief eingefallen und starrten stier und ausdruckslos vor sich hin." Die Erklärung für das Verhalten der Nonne wurde manchmal in der unrechtmäßigen Verwendung kirchlicher Gebäude für weltliche Zwecke gesehen. Manchmal wurde jedoch an die Zeiten des bestehenden Regelhauses erinnert, hinter dessen Pforten ein wunderbarer und großer Überfluss an Vorräten geherrscht haben soll. Diese Pforten seien in Teuerungszeiten für die Not leidende Bevölkerung jedoch fest verschlossen geblieben, auch wenn die Vorräte verdarben und warme Decken zerfressen wurden. Deshalb sei es nur natürlich, dass dort jemand umgehen müsse. *(E-Mail-Zusendung)*

114 SPUK IM ADAMBRÄU

Und so spukt es denn auch im Wohntrakt des jetzigen Innsbrucker Adambräus, dem vormaligen Palais des Grafen Stachelburg zu Hauzenstein und Falkenfrei. Diese, einem Vinschgauer Bauerngeschlecht entstammende, adelige Familie erwarb um das Ende des 17. und 18. Jahrhunderts den Ansitz Windegg, der heute, durch allerhand Zubauten und Betriebsanlagen wesentlich erweitert, den ansehnlichen Komplex des Adambräus bildet.

Der Letzte dieser Stachelburg nun soll, wie die mündliche Überlieferung der Bewohner dieses einstigen feudalen Besitzes berichtet, im Jahre 1809 als Landsturmoffizier gegen die napoleonischen Truppen gekämpft, zugleich aber auch den im Lande befindlichen bayrischen Kommandos, allerdings nur zum Schein, Kundschafterdienste angeboten haben.

Als ihn die Bayern seiner nur scheinbar für sie, tatsächlich aber gegen sie gerichteten Tätigkeit überführen konnten, soll er auf den Höhen von Natters kriegsrechtlich erschossen und auch dort begraben worden sein. Da er sich aber schuldlos gefühlt, seine gewaltsame Tötung somit als eine Willkür des Krieges empfunden habe, könne sein Geist keine Ruhe finden und kehre auch jetzt noch, immer wieder seine Mörder anklagend, in das Haus seiner Väter zurück.

Und nun, da ich selbst in diesem Hause wohne, konnte ich erst so ganz wahrnehmen, wie stark der Glaube an das Wandeln dieses Schattenphänomens im Hause lebt. So erzählte mir ein einstiger Angestellter des Brauhauses, der täglich um 2 Uhr morgens zur Kesselheizung in den Betrieb kam, der Schlossgeist habe ihn jedes Mal auf seinem Weg in das Kesselhaus begleitet. Anfangs habe er sich vor ihm gefürchtet und die Türe hinter sich versperrt. Doch sei der Schatten, eine hohe Erscheinung im Offizierskleid, die immer auf die gleiche Stelle seiner Brust hinwies, dennoch gewesen. Dann, als er wusste, dass ihm nichts geschehe, habe er die Türe offen gelassen, ja sogar versucht, mit dem Geist zu „diskutieren". Dies sei keine Einbildung, er glaube an den Adamgeist.

*

Ein junges Mädchen, im Dienst einer seit 1916 im 2. Stocke, also in den einstmals von den Stachelburgs selbst bewohnten Räumen, eingemieteten Beamtenfamilie, hatte sich bei seinem Ausgang verspätet und den Hausschlüssel vergessen. Sie wagte nicht zu läuten und hoffte auf die zufällige Rückkehr eines Hausbewohners. Da es immer später wurde und sie der möglichen Folgen ihres Versäumnisses wegen in große Angst geriet, rief sie alle guten Geister um Hilfe an – selbst wenn es der Adamgeist wäre! Kaum hatte sie das gedacht, als sie deutlich Schritte im Hausflur und kurz darauf das Schloss knarren hörte. Schon wollte sie, als sie eintrat, ein herzliches „Vergelt's Gott" sagen, als es ihr eiskalt durch die Glieder fuhr. Niemand war da, der ihr geöffnet haben könnte. Durch die Glasfüllung des Windfanges aber sah sie den Schatten eines großen Mannes mit Säbel und Federhut stehen, der sich dann die Stiege aufwärts bewegte. Lange Zeit sei sie wie gelähmt im Hausflur gestanden, bevor sie es wagte, die gleiche Stiege hinaufzulaufen.

*

Die kleine Heilandskapelle in der Adamgasse, die eine Ecke an der Gartenmauer gegenüber dem Wohnhause ausfüllt, gehört, wie der Garten, gleichfalls zum Brauhauskomplex. Sie wird jeden Abend bei einbrechender Dunkelheit durch ein rotes Licht erleuchtet. Der Volksmund behauptet nun, dass immer, wenn dieses Licht aus irgendeinem Grund nicht brenne, der Schlossgeist „am Wege sei".

*

In meinem Zimmer befinden sich zwei vermauerte Türen. An eine davon wurde einmal, früh am Morgen, derart stark gepocht, dass ich aus dem Schlaf auffuhr. Da auf meine Frage, was denn los sei, keine Antwort kam, sah ich durchs Fenster, ob etwa jemand beim Haustor steht. Aber auch das nicht. Still und leer lag noch die dämmernde Straße. Eben wollte ich mich wieder zur Ruhe begeben, als sich der Tisch, der in der Mitte des Zimmers steht und an dem ich gar nicht vorbeikam, mit beträchtlichem Geklirr seiner Decke samt allem, was darauf stand, entledigte. Heimlich war dieses ganze nächtliche Geschehen zwar nicht. Da ich jedoch außer meinem eigenen keinen zweiten Schatten im Raum bemerken konnte und die Hähne bereits den anbrechenden Tag kündeten, konnte ich annehmen, dass das eventuelle Treiben eines Foppgeistes bald sein Ende nehmen müsse. Die vielen Scherben aber, die um den Tisch herumlagen, waren ein Beweis, dass ich nicht „nur geträumt" hatte.

An gewissen vorauszusehenden Tagen und Stunden sind allerdings die wunderbaren, ganz eigenartigen Klänge einer bestimmt sehr alten Spieluhr zu vernehmen, die selbst von den am längsten im Hause wohnenden Parteien nie gesehen, sondern nur gehört wurden. Ihr fein gestimmtes Spielwerk klingt nachts oft so reintönig durchs Haus, dass ihm jedermann, vielleicht etwas befangen, aber gerne lauschen würde. *(Innsbrucker Nachrichten 1934, Nr. 147, 30. Juni, S. 6, gekürzt)*

*

Die Chronik des Servitenordens an der Volderer Brücke berichtet, dass in der Nacht vom 25. auf den 26. Mai 1723 der in seinem Wiltener Palais Windegg verstorbene Herr der gefreiten Hofmark Mariastein usw., der Geheime Rat Stachelburg, in Begleitung seines Neffen, des hochwürdigen Pfarrers von Wilten, Johann Franz Grafen von Stachelburg, aus Windegg nach Volders überführt und nach Mitternacht in der von ihm gestifteten St.-Anna-Kapelle [einer

Seitenkapelle der Klosterkirche an der Volderer Brücke] beigesetzt wurde. Den Leichenzug soll ein Ritter in schwarzer Rüstung eröffnet, die gesamte gräfliche Dienerschaft, in lange weiße Gewänder gehüllt, Fackel tragend flankiert haben. Ihm folgten auf schwarz verhängten Pferden die näheren und weiteren Mitglieder der weitverzweigten Familie.

Einer der Sargträger des Leichenzuges soll nämlich, trotz der ihm drohenden Gefahr der Verfemung, verraten haben, dass der Sarg, der den Verstorbenen bergen sollte, leer gewesen sei. Der Graf, in dessen Totenkleid der Schlüssel zu einem Geheimfach eingenäht war, das in einer der Wände von Windegg eingemauert sein soll, sei nicht, wie er es gewünscht, nach Volders übertragen, sondern heimlich in den großen Kellerräumen des Wiltener Palais beigesetzt worden. Der Verräter soll dann geflüchtet, wenige Tage nachher aber mit zerschmettertem Kopf in der Sillschlucht aufgefunden worden sein.

Deshalb also, weil man des Grafen Wunsch, an geweihter Stätte in Volders bestattet zu werden, nicht befolgte, könne sein Geist keine Ruhe finden und irre nachts in seinem einstigen Wohnhaus umher. Seine Nachkommen aber, welche sich aus Habsucht dieses Treuebruches schuldig gemacht, wären verdammt, ruhelos und vergebens nach dem Geheimfach, in dem sie einen Schatz vermuteten, im Haus zu suchen.

Das revitalisierte „Adambräu" (1929/31), Sudschiff und Kühlhaus, ist ein Bau von Lois Welzenbacher. Die großen Fenster boten den Passanten Einblick in die Produktion und seit 1958 gab es im Adambräu die erste Dosenbierabfüllung Österreichs.

Lois Welzenbacher (1889–1955) hatte von 1918 bis 1930 seinen Wohnsitz in Innsbruck und gehört zu den überragenden Persönlichkeiten der Zwischenkriegszeit. Als international anerkannter Architekt veränderte er das Innsbrucker Stadtbild nachhaltig. Er schuf 1928 das erste Hochhaus Innsbrucks in der Salurner Straße.

Die meisten von Welzenbachers Bauten sind nicht mehr original erhalten, doch mit der Revitalisierung des ehemaligen Industriebaus haben sich die Innsbrucker ein Stück Architekturgeschichte gerettet. Das Adambräu beherbergt seit 2005, nach einer „subtilen Transformation" des Gebäudes, das Architekturarchiv der Leopold-Franzens-Universität Innsbruck und den gemeinnützigen Verein des Architekturforums Tirol „aut. Architektur und Tirol".

*

Es sei eines Nachts, kurz vor Allerheiligen, gewesen, als er und seine beiden Geschwister, die gemeinsam in einem Zimmer schliefen, das neben der damals schon aufgelassenen Hauskapelle lag, durch ein lauten Knarren der immer versperrten und doppelt verriegelten Tür zur Kapelle aus dem Schlafe geschreckt wurden. Unmittelbar darauf sahen sie im Lichte des Mondes, das hell in den Raum schien, eine alte, vornehme Dame, die Reifröcke und viel Schmuck trug, im Zimmer stehen. Die Gestalt bewegte sich dann in Richtung der gegenüberliegenden Tür, die auf den Korridor führt, blieb dort stehen, klopfte und neigte sich zugleich wie horchend gegen die anschließende Mauer. Im gleichen Moment erschien an dieser Tür der Schatten einer Offiziersgestalt mit Federhut und Säbel, der so lange deutlich sichtbar blieb, bis sich die Erscheinung der alten Dame, immer kleiner werdend, wieder in ein Nichts auflöste. „Wir drei", so erzählte der Beamte, „saßen wie gelähmt in unseren Betten und wagten uns nicht zu rühren. Doch als der Spuk vorbei war, stürmten wir alle Hals über Kopf in das Schlafzimmer unserer Eltern und weigerten uns, jemals wieder in dieses Zimmer zurückzukehren."

In der späteren Weihnachtswoche habe sich – so erzählte er weiter – der älteste der Brüder, der Einjährig-Freiwilliger bei den Kaiserjägern war, erbötig gemacht, während seiner Urlaubstage in diesem Zimmer zu schlafen. Denn er verlachte die Gespensterfurcht seiner jüngeren Geschwister. Aber auch er habe eines Morgens erklärt, lieber in der Kaserne als in diesem Raum schlafen zu wollen, in dem es umgehe.

So erstand in der Familie der Glaube, in dem Gemäuer müsse ein Schatz verborgen sein, dessen Hebung die Stachelburg'schen Ahnen einander nicht gönnten. *(Hohenhorst 1934, gekürzt)*

115 DER FURCHTSAME GEIST

Es ist bekannt, dass manche Geister den Menschen in gleicher Weise fürchten wie manche Menschen die Geister.

Dies zeigte sich besonders bei einem Putze, der des Nachts mitten in einem Dorfe umgehen musste. Als nämlich ein Bursche etwas angeheitert nach Hause ging, hörte er rufen:

„Tua pfeif'n oder singen,
nor kunn i mi entrinnen!"

Der Bursche aber gab in seinem „Blos'l" gar keinen Laut von sich und wäre deshalb in der finsteren Nacht bald mit dem furchtsamen Geiste zusammengestoßen. *(Dörler 1895, S. 32)*

116 KLOPFGEIST

Ein Bauer aus Rinn, der sich im Jahre 1721 gegen einen Widumumbau eingesetzt und seiner Gemeinde dadurch die eigene Seelsorge verhindert hatte, soll heute noch als Klopfgeist im Stift Wilten umgehen. *(Hochenegg 1950, S. 60)*

117 TOTE WOLLEN IHR RECHT

Auf dem Hause Nr. 12 in Amras musste der Besitzer jährlich vier Gulden für Seelenmessen gemäß der Hartlerischen Stiftung bezahlen. Eine Besitzerin, die das Geld lieber hatte als das Recht, unterließ dies. Da war es um die Ruhe des Hauses geschehen. Der alte Hartler ging bei helllichtem Tage um und erschien gerne beim Türkenauspratschen, ohne jemandem ein Leid zuzufügen. Als die Wirtin sich zum zweiten Male verehelicht hatte, erschien der Geist ihrem Mann am Wandkasten, wo auch Schriften lagen. Der Wirt schaute dort nach, fand den Stiftungsbrief, ließ die Messen lesen und seitdem war der Geist nicht mehr sichtbar. *(Zingerle 1891, S. 279)*

118 GEISTERSTIMMEN

Im Sommer 1938 ist eine nächtliche Kreuzschändung in der Adamgasse zu vermerken, von Geisterstimmen wird berichtet. *(Hochenegg 1950, S. 61)*

119 TODESGESPENST

Zu Schwaz und Innsbruck in Tirol lässt sich zur Sterbenszeit ein Gespenst sehen, bald klein, bald groß wie ein Haus. Zu welchem Fenster es hineinschaut, aus demselben Hause sterben die Leute. *(Grimm 1816/18, Nr. 266)*

120 DAS GOLDENE REH

Um einen der Höttinger Hügel bei Innsbruck sah man ein goldenes Reh laufen, das dann plötzlich verschwand. Man glaubte, es sei in den Hügel hineingeschlüpft und grub nach, fand aber nichts. *(Dörler 1898, S. 233)*

121 DIE SPINNE IM OTTERNLOCH

In dieser Höttinger Klamm saß im Otternloch eine dämonische Spinne, die spann einst siebzehn Geißen auf einmal ein und saugte deren Blut aus. *(Alpenburg 1857, S. 75)*

122 SPINNEN, FLIEGEN UND HEUSCHRECKEN

„Alle Tiere sind dem Menschen zu einem Nutzen erschaffen."

Das wollte einer, der die Spinnen und Fliegen nicht leiden konnte, von diesen nicht glauben. Der Mann hatte einen Feind. Einmal schlief er auf dem Felde, als eine Fliege ihn stach. Er erwachte, sah seinen Feind kommen und konnte noch entfliehen. Da floh er in eine Höhle, und eine Spinne spann ihr Netz davor. Der Feind kam, sah das Spinnennetz, dachte, da ist niemand drin und ging vorüber. Seitdem wusste der Mann, dass auch Fliegen und Spinnen zu einem Nutzen da sind.

Wie nützlich einzelne Tiere sind, sprach jener starke Bauer, der Hoch-Gnainer, aus, der den Riesen in Wildau bei Innsbruck bezwungen hatte. Befragt, woher er die Kraft habe, antwortete er: „Von Kuhpech und den Heusdirecklern, die über den Zaun hupfen – von Kuhbutter und den Hirschen." *(Rehsener 1900, S. 48)*

123 VON SCHLANGEN

Wenn der tirolische Bauer außerhalb des Hauses eine Schlange antrifft, so schlägt er sie meistens tot; dagegen vergreift er sich niemals an einer sogenannten Hausotter, denn dieses Tier ist sozusagen heilig, und wo ihm ein Leid angetan wird, da folgt das Unglück auf dem Fuße. Auch auf dem Grillhof in Vill wohnte eine solche Hausotter, und wir hörten oft ihr leises, zischendes Pfeifen. *(Neugebauer 1934, S. 351, Erzähler: Hugo Tschurtschenthaler)*

124 DER RIEDER HUND

„Die Höttinger Ried" heißt eine Viertelstunde lange Häuserreihe, welche vom Fallbach bei Büchsenhausen hinüber bis zum Dorfe Hötting sich zieht. An der kleinen Rieder Kapelle und einem Gottesacker, der Pestfriedhof genannt, geht der Weg vorbei. Diesen Weg sperrt nachts ein großer schwarzer Hund, der an einer klirrenden Eisenkette angefesselt liegt und nur einen ganz kleinen Wegraum frei lassen muss, dass einer notdürftig sich vorbeidrücken kann, weil über den ganzen Weg die Kette nicht reicht.

Vor etlichen und zwanzig Jahren ging einmal die Leichen-Ansagerin Creszenz Summerin nachts diesen Weg, sah den schrecklichen Hund und sank vor Schrecken wie tot nieder, blieb auch lange krank und konnte den Schreck und die Angst, die sie ausgestanden, lange nicht verwinden. *(Alpenburg 1857, Nr. 6, S. 212)*

125 DER GEISTENDE HUND

Beim Sternbach'schen Schloss in Mühlau sieht man oft in dem engen Gässchen einen großen schwarzen Hund mit feurigen Augen in der Frühe vor dem Betläuten umherschleichen. *(Dörler 1895, S. 44)*

126 DIE VILLER MOOSFACK

Im Viller Moos ging vor Jahren nächtlicherweile eine unerlöste Seele in Gestalt eines feurigen Schweines um. Wahrscheinlich war es ein Irrlicht. *(Neugebauer 1934, S. 350, Erzähler: Tschurtschenthaler)*

VON TOD, PEST UND FRIEDHOF

Die Pest ist im Zeitraum von 1512 bis 1634 in acht Wellen über Innsbruck gekommen, wobei 1512 in Innsbruck und Umgebung etwa 700 Menschen starben. 1543 war das ganze Inntal betroffen. Im Juni 1611 war die Familie des Orgelmachers Georg Gemelich in Innsbruck das erste Opfer der Pest. Über die Ansteckungsgefahr war man sich im Klaren – Gemelichs Nachbar rief ihm deshalb auch die Weisungen des Stadtrates aus gebührender Distanz zu. Professor Weinhard organisierte die Krankenbehandlung in der Stadt und richtete zwischen Sillkanal und Sill „Ventulierhütten", also Quarantänestationen, ein. Trotz sofortiger Todesstrafe dürften Einbrüche in die Häuser von Kranken, Diebstähle von Kleinodien, vor allem aber Betten und Kleider von Kranken die Pest verbreitet haben. Die ausgebrochene Infektion erfüllte die Stadt mit Furcht und Schrecken, und man gelobte, die Dreiheiligenkirche zu errichten. An der Pestepidemie 1611 starben den Akten nach 222 Innsbrucker. Eine kleinere Epidemie, möglicherweise auch eine Typhus-Variante, betraf Hötting im Jahr 1625 mit etwa ein Dutzend Opfern.

127 DER TOD UND DIE TODIN

Zur Zeit der großen Sterb, als die „Höttinger Ried" ganz ausgestorben war, wovon noch jetzt der „Pestfriedhof" auf einem Hügel zu sehen ist und als Wallfahrt besucht wird, kam in der Regel gegen Mitternacht der Tod mit einer Sense über die Achsel und eine Todin mit einem Rechen und einem Besen in der Hand auf dem Platzl vorm „Stamser" zusammen. Er kam von Kranebitten über die Allerheiligenhöfe und die Höttinger Seite dahin, sie aber kam von Weiherburg, Büchsenhausen und Ried. Der Tod fragte nun die Todin aus, und sie gab Rechenschaft über ihr Vernichtungswerk. Es schien, dass sie ihm untertänig war.

Einst kam die Todin auch, und der Tod fragte sie:

„Häscht d' toll ausköhrscht?" [Hast du viele ausgekehrt?]

Darauf sagte sie:

„Ausköhrscht han i heint nöt, g'rad alls z'sammg'recht."

Da zeigte sich der Tod zufrieden und grunte sie nicht an, wie ein Bär, wie er es sonst zu tun pflegte. Die Leute meinen, dass sie an diesem Tage so viel tötete, dass sie keine Zeit zum Kehren hatte, sondern den Rechen hernehmen musste. *(Alpenburg 1857, S. 347)*

Gleich beim Auftreten der Pest im September 1625 wurde das Dorf Hötting von der Stadt Innsbruck abgesperrt, um eine Verbreitung zu verhindern. Das Kerschental und das Höttinger Ried waren zu diesem Zeitpunkt nicht befallen und wurden auch zum übrigen Hötting abgesperrt. Die Bewohner vom Höttinger Ried verlobten aus Dankbarkeit eine Wallfahrt zum Kranebitter Kirchlein und ließen im Jahr 1693 eine Gedenktafel an die Pest im Jahr 1625 errichten, weil ihre Vorfahren im Jahr 1625, zur Zeit eines „großen Sterbens", von einer siebenwöchigen Absperrung befreit worden waren. Jahrzehnte später dann lag die Vermutung nahe, dass der Ortsteil Höttinger Ried stärker als andere Ortsteile von der Pest heimgesucht worden sei, zumal sich dort der Pestfriedhof befindet.

128 VON DER HÖTTINGER PEST

Die Pest wütete in Hötting so stark, dass nur zehn Personen verschont geblieben sind. Diese zehn Überlebenden sind auf der Votivtafel im Kranebitter Kirchlein abgebildet.

*

Die Pest im Jahre 1625 ist zuerst im Höttinger Ried aufgetreten, und zwar bei zwei ledigen Näherinnen. *(Klaar 1939, S. 169)*

129 STEINEWERFER AM PESTFRIEDHOF

Auf dem Wege von der Rieder Kapelle zum nahen Pestgottesacker zu Hötting wird derjenige, der um Mitternacht dort geht, nicht selten mit Sand beworfen, und geht er nicht sogleich weiter, so fliegen wohl auch Steine auf ihn.

Daher ist dieser Weg zur nächtlichen Wanderung nicht beliebt, und wer vorbei muss, eilt, was er kann, vorbeizukommen.

Der Pestfriedhof liegt über dem Rieder Weg beim „Venusacker"; dort wird nachts ein Seelenlicht gebrannt vor dem Christusbilde.

Der Weber in der Nachbarschaft, genannt der „heilige Weber", ging vor einigen Jahren später als sonst dorthin und zündete das Seelenlicht an. Wie er hinuntergeht, fliegt ihm eine Menge Sand und Stein zu. Er stutzt erst – meint, es seien Buben, die ihn necken wollen, und geht zum Pestfriedhof zurück und lauert. Da war aber alles ruhig; daher ging er abermals hinunter, und wieder flogen Steine und Sand vor ihm und hinter ihm, ohne dass er getroffen worden wäre. *(Alpenburg 1857, S. 348)*

130 DIE PESTSÄULE VON LEITHEN

Am Ortsrand von Leithen Richtung Reith [bei Seefeld] steht eine Säule, von den Einheimischen auch „dicker Turm" genannt, auf der Bilder der Schmerzhaften Muttergottes, der Kreuzigung und von Pestheiligen zu erkennen sind. Sie erinnert an die Zeit des Dreißigjährigen Krieges, in der durchziehende Truppen die Pest ins Land gebracht hatten, die dann ganze drei Jahre weitum fürchterlich hauste. Die auf der Säule abgebildeten Personen, sechs Männer und sieben Frauen, sind nicht die Überlebenden von Leithen, wie manchmal erzählt wird. Das kirchliche Gedenkbuch vermerkt:

„Am 6. Oktober 1637 wurde auf dem Wege nach Scharnitz die Gedenksäule, die der ehrsam und gestreng Nikolaus Haller aus Innsbruck in Pestilenzgefahr gelobet, den Pestheiligen [hlg. pestilenciae patronis] geweiht."

Die Überlieferung weiß dazu: Dieser Nikolaus Haller war ein wohlhabender Geschäftsmann, flüchtete mit seiner Familie vor der Pest aus Innsbruck und fand in Leithen bei einem Bauern, der ihm zu Dienste verpflichtet war, Zuflucht. Um der Geschäfte willen fuhr Haller zwischendurch nach Innsbruck und kam von solch einer Fahrt schwer krank nach Leithen zurück. Voll Angst, dass er sich nun doch die Pest geholt habe, gelobte er für den Fall der Genesung, einen Bildstock zu errichten, und zwar an der Stelle in Leithen, von der aus man das Geläute der Glocken aus dem Inntal am besten hören könne. Unter der Säule habe er einen mit Gold gefüllten Stiefel vergraben. [Es soll dies einer der Stiefel sein, die ihn nach Innsbruck getragen haben, gefüllt mit all dem Gold, das ihn in die Stadt gelockt hat und das des Teufels ist. Nach D.G. 1931] Bei der Straßenverbreiterung im Jahre 1940 wurde der Bildstock zum ersten Mal talwärts verschoben. *(Schermer 1985, S. 71)*

Pestsäule in Leithen. „Gestiftet von Nikolaus Haller, der mit seiner Frau von Innsbruck nach Leithen flüchtete und so vor der Seuche verschont blieb. Gew. 6.10.1637."

131 DER SCHIMMEL IN ARZL

Wohl den meisten der Leser sind der Pestfriedhof von Arzl und die nicht weit von ihm an der Straße gelegene Kapelle bekannt. Zwischen dieser Letzteren und dem Dorfe Arzl trabte nächtlicherweile ein Schimmel hin und her, dessen Hufschläge man weit in der Runde hörte, und sein Wiehern schnitt dem nächtlichen Lauscher durch Mark und Bein. Nicht lange dauerte es, und auch in Arzl war die Pest ausgebrochen. Der Totengräber hatte einen Schimmel, mit

> In der Mythologie und der Volkspoesie hat das Pferd ganz unterschiedliche Funktionen und Bedeutungen inne. Der Schimmel ist der Träger von Lichtgestalten und trägt im Märchen die Guten – der Rappen ist der Träger der bösen Geister. In der griechisch-römischen Welt ist das Ross ein Totenführer; ebenso bei den Germanen.
> Im Volksaberglauben vermag das Pferd den Tod vorauszusagen; es sehe Leichenzüge und sei damit spuksichtig. Sieht jemand im Traum einen Schimmel, so sei sein baldiger Tod gewiss.
> Auch in Sprichwörtern begegnen wir der Thematik Pferd – Tod: „Das weiße Pferd hat ihn mit dem Hufe geschlagen", sagt man, wenn jemand plötzlich verstorben ist.

dem führte er auf einem Karren nach und nach alle Arzler hinaus auf den einsamen Pestfriedhof. Nur er, der so viele auf ihrer letzten Fahrt begleitet und ihnen ein stilles Plätzchen im Erdreich ausgeschaufelt hatte, blieb am Leben. So ging also auch diese Vorbedeutung in Erfüllung. *(Dörler 1896)*

132 EINE SCHLACHT GEGEN SACHSEN?

„Wir wollen hier auch einer in Arzl heute noch lebendigen Überlieferung gedenken, die möglicherweise den Hinweis auf ein altes Gräberfeld enthalten kann. In der Flur Saxnach, so erzählt man, sei vor Zeiten eine Schlacht geschlagen worden. Dass die Überlieferung gerade Sachsen an diesem Kampfe teilnehmen lässt, mag seinen Grund in dem mit Sachs zusammengesetzten Flurnamen haben, der möglicherweise nach Finsterwalder das romanische Wort ‚saxu' [Stein] enthält. Die Toten seien gleich an Ort und Stelle, also im Saxnach, beerdigt worden, wo sich noch heute ihre Gräber befänden ..." *(Bachmann 1966, S. 8)*

133 DIE LEICHE

Ein alter Mann sollte einmal bei einem Bauern Leichenwache halten. Nun verabredeten zwei Burschen, dem Menschen einen tüchtigen Schrecken einzujagen. Sie bohrten deshalb in die Wand, welche die Küche von der Stube, wo der Tote aufgebahrt war, trennte, ein Loch, legten dem Leichnam einen starken Bindfaden um den Hals und richteten es so, dass sie in der Küche nur zu ziehen brauchten, um beim Toten eine Bewegung des Kopfes zu veranlassen.

Als der Alte in die Stube trat, war alles fertig, und die Burschen warteten nur noch auf einen günstigen Augenblick. Der Mann mochte etwa eine Stunde dagesessen haben, da nickte die Leiche. Zuerst glaubte er, sich getäuscht zu haben. Als sich aber diese Bewegung wiederholte, dachte er bei sich:

„So hin ist dear amol nit"

und schritt auf den Leichnam zu. Da bewegte dieser zum dritten Mal den Kopf, erhob sich aber auch und lief eilig, ohne den Wächter zu beachten, in die Küche hinaus, um die beiden „oz'magg'n". Hierauf ging er in die Stube zurück und legte sich wieder ruhig auf das Rechbrett. *(Pradl, Dörler 1895, Nr. 121/2)*

134 DIE TOTENGLOCKE ZU AMRAS

Auch Glockengeläute gibt sich bisweilen als Vorweisung oder Ahnung kund. Es wechselt dasselbe vom grausam schrillenden Misston bis zum zarten himmlischen Klang. Bekanntlich ist in manchen Städten Europas die Sage von Totenglocken heimisch, welche, ohne von Menschenhand gezogen zu werden, dennoch große Trauerereignisse vorahnend läutend verkünden. Dass man an stillen Wintertagen manchmal zu allen Stunden von fern her schallende Glockentöne, ohne zu wissen, woher es schallt, vernehmen kann, steht außer aller Frage.

In der Pfarrkirche zu Amras ist auch ein Glockengeläute, das schon des Öftern ganz von selbst angeschlagen hat, wenn ein Unglück sich ereignen wollte. In Besonderheit war dies einmal in einer Christnacht der Fall, als drei Geschwister, arme Kinder, zur Christmette gegangen waren, in der kalten Winternacht und im Schnee den Weg nach Hause nicht fanden und erfrieren mussten. *(Alpenburg 1857, S. 344)*

135 DER FRIEDHOF ZU ALLERSEELEN

In den Zwanzigerjahren geschah es, dass der Herr Pfarrer zu St. Nikolaus bei Innsbruck zwischen dem Allerheiligen- und dem Allerseelentage mitternachts erwachte. Er blickte vom Fenster nah zum Gottesacker hinüber; da sah er auf jedem Grabe Lichter brennen, auf manchen sogar deren mehrere, und sah auch Leute dort herumgehen. Damals war das Widum in dem Hause, das jetzt der Kaufmann Handl besitzt – daher heißt man es noch heute „das Alte Widum", von wo aus man, wie jedermann weiß, sehr gut in den Gottesacker sieht.

Der Pfarrer weckte die Häuserin und schalt sie aus, dass sie ihn nicht früher geweckt habe; es sei schon alles aufgezündet und bereit zum Umzug auf den Gräbern; denn er glaubte, er habe verschlafen.

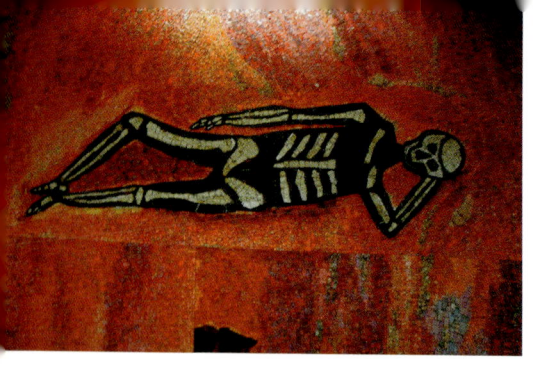

Wandmosaik (1984) von Hubert Schmalix an der Universität Innsbruck

Die Häuserin schaute auch beim Fenster hinaus, sieht – und wundert sich – und sagt:

„Es ist ja erst zwölf Uhr nachts!"

Aber der Geistliche geht bald, sich anzuziehen, und in die Sakristei, zu der durch den Gottesacker der Weg führte. Wie er nun auf diesen kommt, ist alles finster.

Da hat ihn ein Schauder überfallen; er betete, und da schlägt es just zwölf Uhr. Dann kam der Nachtwächter vorbei und sagte zum Geistlichen: „Das war eine merkwürdige, schöne Allerseelenbeleuchtung auf dem Gottesacker." – Er hatte es auch gesehen. Hierauf betete auch er einige Vaterunser für die armen Seelen. *(Alpenburg 1857, S. 340)*

136   DER TOTENREARER

Neuester Zeit ist der große schwarze Hund vom Matthias Hechenblaikner, Pächter der Büchsenhauserischen Oekonomiegüter, Sultan genannt, in Verruf der Totenrearerei gekommen, sonst ein guter Hund, doch war's ihm in der Nacht manches Mal wirklich so, als ob er ein Putz wäre. So schlich er in die Bauernhöfe oder Häuser von Ried und Hötting und machte die entsetzlichste Totenmusik.

Als er dreimal hintereinander die Totenfälle erraten hatte, wurde er mit Steinhagel und Schuss verjagt; da er aber kugel- und steinfest zu sein schien, wurde er im vorigen Jahr vergiftet, denn der Prophet gilt einmal nichts im Vaterlande. *(Alpenburg 1857, S. 342)*

VON DER KAISERFAMILIE UND BERÜHMTEN TIROLERN

Der Prunkharnisch von Kaiser Maximilian I.

Die Sagen in diesem Kapitel werden als historische Sagen bezeichnet – es ist die historische Persönlichkeit oder ein historisches Ereignis, das im Mittelpunkt steht. Aus der Sicht der Sagenforschung geht es hier um die Art der Tradierung und weniger um den Wahrheitsanspruch. Der Erzähler einer historischen Sage wählt die „Tatsachen" aus, die ihm wichtig und sinnvoll erscheinen: Seine Glaubenshaltung und sein Weltbild fließen direkt in die Sage mit ein.

137 ERZHERZOG SIGMUND DER MÜNZREICHE

Als Erzherzog Sigmund der Münzreiche im Sterben lag, soll er sich noch einmal gewünscht haben, mit den Händen in „Silber greifen" zu können. Ihm wurden sofort drei Becken gefüllt mit Silbermünzen an das Sterbebett gebracht – doch das Geld gehörte den Pfandleihern. Das geschah in einem Raum des heutigen Dachl-Gebäudes. *(Mündliche Erzählung)*

138 VON DER „ROTEN MARTER"

Bei der Stapfen-Kapelle in Wilten befindet sich die „Rote Marter", eine gotische Wegsäule mit dem Kreuzigungsbild. „Marx Getzner errichtete sie 1418", wie man sagt, „aus Dankbarkeit für die glückliche Heimkehr seines verbannten Landesfürsten Friedl." *(Hochenegg 1935, S. 28)*

> Die Sagen um Herzog Friedrich IV., genannt „mit der leeren Tasche", ranken sich meist um seinen Beinamen, bedingt durch die Auferlegung des Kirchenbannes und die Wiedererlangung seines Thrones, wobei ihm der Tiroler Bauernstand half.
> Die „Getzner-Säule" befand sich am Wetterherrenweg und ist heute unter den Arkaden beim Restaurant auf Schloss Ambras untergebracht.

139 HERZOG HEINRICH VON BAYERN

Eine hervorragende Rolle spielte Ambras zur Zeit der großen Fehde des Bayernherzogs Heinrich des Stolzen mit dem Bischof Heinrich von Regensburg, eines Bruders des Grafen Otto von Wolfershausen. Das Schloss fiel erst nach

> Durch den Angriff des Bayernherzogs Heinrich und mit der Zerstörung ihrer Burg mussten sich die Andechser Herzöge einen neuen Wohnsitz suchen. Von den Wiltener Chorherren konnten sie das Gebiet auf der linken Seite des Inns erwerben, den heutigen Stadtteil St. Nikolaus. Um aber auf die andere Seite des Inns zu gelangen, den heutigen Bezirk der Innsbrucker Altstadt, bedurfte es einer Fähre, die wiederum im Besitz des Stiftes Wilten war. Die Andechser bauten daher die Brücke über den Inn, die Innsbruck ihren Namen geben sollte; desgleichen war das Geschlecht der Andechser maßgeblich an der Stadtentwicklung Innsbrucks beteiligt. Als Gegenleistung für den zugesprochenen Grund stifteten die Andechser den berühmten Wiltener Kelch, ein romanisches Werk einer niedersächsischen Goldschmiedewerkstatt.

mehrmonatlicher Belagerung und nach hartnäckigstem Widerstand in die Hände des erzürnten Bayernherzogs, der es ausbrennen ließ. Die Volkssage erzählt, dass während der Belagerung von Ambras der Herzog Heinrich in höchste Lebensgefahr geriet und nur durch die Treue eines seiner Mannen, der im Gefecht Helm und Streitross mit dem Herzog tauschte, gerettet werden konnte. *(Achleitner, Abl 1895, S. 94)*

140   MAXIMILIAN IN DER MARTINSWAND

Es gipfelt sich an der Landstraße von Augsburg nach Innsbruck ein jäher überhoher Felsen die Wolken hinauf, der nach dem anliegenden Dorf Zirl der Zirler Berg, auch nach der nächsten Kirche St. Martin, und weil er gleich einer gemauerten Wand emporstrebt, St.-Martins-Wand genannt wird. In dieser Wand verstieg sich Maximilian in seiner Jugend, als er den Gämsen nachkletterte, sodass er weder vorwärts- noch zurücksteigen konnte. Wie ihm damals zumute gewesen sein muss, ist leichtlich zu vermerken: Wo er sich hinwandte, hatte er den Tod vor Augen; sah er über sich, drohten ihm die überhängenden Felsen, welche sich abreißen und sein Leichenstein werden konnten; sah er unter sich, erschreckte ihn eine grausame Tiefe von mehr als hundert Klaftern, die ihm sein Grab zeigte; sah er sich um, war er von Felsen umgeben, welche viel zu hart waren, um sich seiner erbarmen zu können; mit einem Seil oder anderem Werkzeug zu ihm zu kommen hätten alle Steinbrecher in Monatsfrist nicht vermocht. Er sah zwar, wie sich seine Hofdiener unten im Grund in neugeborener Kinder Größe über sein Unglück krümmten und wanden, aber Menschen konnten hier nicht helfen. Er hoffte zwei Tage und Nächte und sah sich in jedem Augenblick um, ob nirgendwo eine Hilfe kommen möge, aber er konnte nichts erhoffen. Endlich erkannte er, dass dieser ungeheure Fels ein Rachen des Todes ist, der ihn zu verschlingen drohte, und sah sich schon, gleich dem Propheten Jonas, in einem steinernen Walfisch begraben. Der Rückweg zur Erde war zwar seinem Leib verschlossen, nicht aber seiner Seele das Seufzen gegen den Himmel, dem er sich damals näher befand und der über ihm offen stand. Er konnte sich trösten, dass er wie Moses auf einen hohen Berg gestiegen war, um in dem Schoß des Allerhöchsten begraben zu werden; und weil für seinen Leib keine Speise vorhanden war, das irdische Leben zu fristen, begann er also nach Speise für seine Seele zu trachten, damit er mit Reisezehrung zum himmlischen Leben versehen sein möge. Demzufolge rief er, so stark er konnte, und befahl den Seinigen, dass man die Priester mit dem heiligsten Sakrament kommen lasse, die ihm dasselbe zeigen sollten, auf dass er dann seinen Geist mit der allerheiligsten Speise der Unsterblichkeit, die sein Mund nicht erlangen könnte, sättige und sich hierauf zum Sterben rüsten könne.

Inzwischen erschallte die betrübte Nachricht von diesem Unfall durch das ganze Land, und in allen Kirchen wurde zur göttlichen Allmacht um Rettung gefleht, welche auch das Gebet erhörte und nicht zuließ, dass die hochlöblichste erzfürstliche Familie in diesem ihren allervortrefflichsten Stammzweig also erbärmlich verderben sollte.

Dann am dritten Tag, als der fromme Herr einzig noch mit dem Sterbensgedanken umging, hörte er in der Nähe ein Geräusch; und nachdem er sich nach selbiger Seite gewendet hatte, sah er einen Jüngling in Bauernkleidern daherkriechen und einen Weg in den Felsen machen. Als dieser zu ihm gelangte, bot er ihm die Hand und sagte: „Seid getrost, gnädiger Herr, Gott lebt noch, der Euch retten kann und will, folget mir und fürchtet Euch nicht, ich will Euch dem Tod entführen." Also trat Maximilian seinem Führer nach, den man nachmals nirgendwo finden konnte und den man daher für einen Hilfsboten und Engel Gottes achten müsste. Man labte Maximilian erstlich mit Speise und Trank, dann hoben sie den ganz Ermatteten auf ein Pferd und brachten ihn so wieder nach Innsbruck, wo ihn sein Vetter, Erzherzog Sigismund, fröhlich begrüßte und ein großes Dankesfest veranstaltete.

Kaiser Maximilian ließ nach einiger Zeit ein Geviert am Ort des Geschehens aus der Wand aushauen und zum Gedächtnis an die göttliche Gnadenhilfe ein hölzernes Kruzifix, bei 40 Schuh hoch [welches von unten wegen der Höhe etwa 2 Schuh zu haben scheint] samt dem Bildnis der Mutter Gottes und Sankt Johannes dahin setzen. *(Lebenwald 1693)*

*

In den Schluchten der Martinswand wohnen Unken, Eulen und Wildkatzen, und selbst der Höllenfürst hatte hier sein Haus. Er rollte Lawinen in das Tal, blies im Sturm die Berge kahl, erschreckte Wanderer von früh bis spät; und als sich der Kaiser Maximilian in der Martinswand verirrte, und vergeblich auf Rettung hoffte, da sprach er zu ihm:

„Kein Mensch mehr kann
dir helfen. Stürz dich drum hinab,
so findest du ein rasches Grab."
(Nach Angermayer)

*

Da kam ganz unverhofft ein sehr geschickter Gämsenjäger namens Zips, der einer Gämse nachjagte, die immens steile Felsen hinaufkletterte. Da er nun am äußersten Rande des Felsens eine Menschengestalt erblickte, fuhr er erschrocken zurück und schrie: „Holla! Was machst du hier?" – Der Kaiser antwortete: „Ich lauer." Nun da war der Kaiser getrost und erzählte dem geschickten Felsensteiger seine Todesgefahr und zeigte ihm das Hochwürdigste, womit man ihm den letzten Abschiedssegen erteilte. Der Jäger sagte: „Da, nun muss ich doch auch wieder hinabglitschen, ohne sogleich sterben oder hinabglitschend mich zu Tode fallen zu müssen. Komm also mit." Er setzt dem Kaiser einige Klitscheisen an, nahm ihn sehr sorgfältig unter den Arm, und brachte ihn glücklich unter die Versammlung der Andächtigen, welche das Hochwürdigste begleiteten. Als sich nun der Kaiser vom Tode gerettet fand, dankte er Gott und seinem Retter für diese Befreiung. Er beschenkte ihn sehr reichlich und sagte: „Zum ewigen Gedächtnis meiner Befreiung wirst du nicht mehr Zips, sondern Hollauer heißen, um das Anrufen ‚Holla', das du an mich getan, und um meine Antwort, die ich dir gegeben, ‚Ich lauer', in stetem Angedenken zu behalten. Und weil nun diese hohen Felsen meine Grabstätte hätten sein sollen, wenn du mich nicht gerettet hättest, so sei dir das adelige Ehrenwort von Hohenfelsen auf immer samt Siegel beigegeben. Dies magst du für deine Kinder, Enkel und alle übrigen Nachkömmlinge zu deinem Ruhm und zu deiner Ehre behalten; du magst in diesem Namen schreiben und unterschreiben und es an allen Orten öffentlich gebrauchen." *(Krezdorn 1969, S. 43, gekürzt)*

Blick von der Maximiliansgrotte in der Martinswand auf das Inntal

*

Der Retter von Kaiser Maximilian in der Martinswand war kein himmlisches Engelswesen, sondern ein Hirtenbub, der gut „kraxeln" konnte und mit Namen Engel hieß. *(Mündliche Erzählung)*

*

Eine weitere Volksüberlieferung meldet uns, dass drei Bauernhäuser im Weiler Durrenau, zwischen Holzgau und Hägerau, im oberen Lechtal, lange Zeit das Privilegium der Steuerfreiheit genossen haben sollen, das den Besitzern unter Kaiser Max I. eingeräumt worden war. Als dieser sich nämlich in der Martinswand verstiegen hatte und durch Boten im ganzen Land zu seiner Rettung aufgefordert wurde, stiegen auch drei erfahrene Gämsenschützen von Durrenau in Eilmärschen über das Joch, dem Inntal zu. Sie kamen aber zu spät, denn inzwischen wurde der Kaiser auf wunderbare Weise gerettet, aber dennoch wurden die drei für ihre Hilfsbereitschaft belohnt. Die Steuerfreiheit soll später beim Absterben ihres Geschlechts erloschen sein. *(Trisanna 1935, S. 427)*

> Die Sagen über Kaiser Maximilian handeln zum Großteil von der Jagd. Eine den Innsbruckern sehr bekannte Ansicht soll sogar vom Kaiser selbst entdeckt worden sein – „der Falkner" an der Innsbrucker Nordkette, von Bartholomäus Del-Pero in einem Gedicht verfasst. Der Falkner liegt am Rumer Joch rechts von der Arzler Scharte und gehört zu den sogenannten „Ausaperungsbildern", die sich, bedingt durch die Schneeschmelze, ergeben. Der Falkner gehört zu den sichersten Frühlingsboten Innsbrucks.
>
> *
>
> Das Geschehen fand auch Eingang in die Kunst. So wurde Kaiser Maximilian in der Martinswand in der Barockzeit als Wunder des Altarsakraments verherrlicht, wie zum Beispiel in der Pfarrkirche Scheppach (bei Heilbronn) und in Mühldorf am Inn (Oberbayern).

141 HANS WEISS, DER SCHMIED DES KAISERS MAX

Hans Weiß war einst der Dorfschmied in Mühlau, der in weitem Umkreis für die Qualität seiner geschmiedeten Eisen berühmt war. Seine Hufeisen machten die Rösser zu den flinkesten weitum, seine Schwerter waren schärfer als der Tod. Kaiser Maximilian hörte von der Gabe dieses Schmiedes und ließ sich von Hans Weiß Steigeisen schmieden, damit er leichter und freier den steilen Berg hinankäme.

Als Hans Weiß hörte, dass Kaiser Maximilian sich in der Martinswand verstiegen hatte, wurde ihm bewusst, dass er Teufelsworte und dunkle Zaubersprüche beim Schmieden der Steigeisen gesprochen hatte. Daraufhin schleuderte er seinen Schmiedehammer weit weg, weinte und lachte, denn sein Geist wurde vom Wahnsinn ergriffen. *(Nach Del-Pero 1906)*

142 DIE AUFFINDUNG DES MAXIMILIAN-BADES

Vor ungefähr fünfhundert Jahren war die Gegend am Fallbache dichte Waldung, in der zahlreiches Wild lebte. Die Ritter liebten es, dort mit Jägern und Hunden zu jagen. Einmal wurde ein Hirsch verwundet. Er floh durch den Wald abwärts, von Jägern verfolgt. Da fanden sie ihn, nachdem sie schon lange gesucht, in einer Quelle sich baden. Dieses Wasser bei der sogenannten Laimgrube ist nun die viel besuchte Badquelle am Venusberg. Sie ist durch den Hirsch erst entdeckt worden. *(Zingerle 1891, Nr. 288, S. 174)*

Das 1496 begründete Badhaus am Fallbach, seit dem Ende des 16. Jahrhunderts als das „Bad am Venusberg" bezeichnet, wurde mit Trinkwasser aus dem „Venusberger Geleit" versorgt. Die ursprüngliche Bezeichnung lautete „Yegerprunnen", sprich „Jägerbrunnen", denn er versorgte das landesfürstliche Jägerhaus an der unteren Anbruggen mit Trinkwasser.
Das Maximilian-Venus-Bad bestand von 1496 bis 1957. Badhäuser waren im Allgemeinen sehr beliebt, da es keine privaten Badezimmer im heutigen Sinn gab.

143 DER UNHOLDSHOF

Zu Kaiser Maximilians I. Zeiten diente ein Jäger am Kaiserhofe; das war ein wahrer Unhold und Unband, von schier übermenschlicher Leibeskraft, sodass er als ein Riese galt. Nach des Kaisers Tode zog dieser Jäger mit seinem einzigen Sohne, der ganz nach seinem Schlage geartet war, und ohne alle weitere Familie in die Kreither Gegend, die eine halbe Stunde umfasst, zu einem ländlichen Gehöfte, das reich und reinlich erbaut und gehalten ist, sogar eine Kapelle umfasst und dabei doch einen höchst verrufenen Namen führt: Es ist der „Unhold" oder „Unholdenhof". Hier an dieser Stelle war es, wo jene Jäger sich ansiedelten, welche auf lange Zeit ein Schreck und Abscheu der ganzen Gebirgsgegend wurden und teils öffentlich, teils noch mehr im Geheimen die mannigfaltigsten Frevel übten, sodass ihre Natur und ihr Wesen völlig dämonisch sich artete. Vieles weiß der noch lebende Hohlenbauer zu Mutters vom Unholdenhof zu erzählen, unter anderem, dass der Unholdenhofbauer alte pergamentene Lehnbriefe über sein Gehöft in seiner Dummheit an einen Kindertrommelmacher zu Innsbruck verkaufte; dieser soll mit Bimsstein die Schrift abgerieben und mit dem Pergament die Trömmelchen überzogen haben. *(Alpenburg 1857, Nr. 23, S. 79, gekürzt)*

144 ERZHERZOG MAXIMILIAN DER DEUTSCHMEISTER

In das Kapuzinerkloster zog sich zeitweise Erzherzog Maximilian der Deutschmeister zurück, um sich frommen Betrachtungen hinzugeben. In der stillen Beschaulichkeit dieses Klosters arbeitete sich der Erzherzog auch sein Bett selbst und schnitzte sich ein Tintenfass. *(Nach Achleitner, Abl 1895, S. 92)*

> Der Deutsche Orden ist einer der drei großen Ritterorden des Mittelalters, der 1198 in einen geistlichen Ritterorden umgewandelt wurde. Die Betreuung der Kreuzritter und die Verteidigung des Glaubens hatten sie sich zur Aufgabe gemacht. Der Orden gewann großen Einfluss in Osteuropa.
> In der Hofgasse befindet sich das Deutschordenshaus – es diente als Quartier bei der Durchreise; in Lana (Südtirol) befindet sich noch heute eine Tiroler Niederlassung. Erzherzog Maximilian III. stand als Deutschmeister dem Orden vor, sein kunstvolles Grabmal befindet sich im Innsbrucker Dom, bestattet ist er jedoch vor dem Hochaltar.
> Maximilian III. der Deutschmeister ließ sich am Kapuzinerkloster eine Einsiedelei (Eremitage) mit eigenem Zugang errichten. Diese kann nach Anmeldung besichtigt werden.

145 DER TOD DER PHILIPPINE WELSER

Wie man sagt, ist diese schöne Fürstin nicht eines natürlichen Todes gestorben. Ihre Schwiegermutter konnte es ihr nie verzeihen, dass ihr erlauchter Sohn eine gemeine Bürgerstochter geheiratet hat, und hätte sie lieber tot als lebendig gesehen. Deshalb wurden der schönen Philippine, als sie einst im Bade lag, die Adern geöffnet, dass sie verbluten musste. Noch zeigt man im Schlosse Ambras das Badezimmer, in dem dieses geschehen sein soll. *(Zingerle 1891, Nr. 992, S. 569)*

Erzherzog Ferdinand II. (1529–1595) konnte die schöne Kaufmannstochter Philippine Welser (1527–1580) nicht offiziell heiraten, da die Standesunterschiede zu gravierend waren. Aus diesem Grund kam auch eine gemeinsame Bestattung in der Grablege der Tiroler Landesfürsten in Stams nicht infrage. So wurde der Hofbaumeister Giovanni Lucchese mit einer Grabkapelle als Anbau der Hofkirche betraut, der Silbernen Kapelle. Das Grabmal mit der Figur der liegenden Philippine Welser wurde von Alexander Colin aus Mechelen geschaffen; er führte damit das Nischengrab ein.

Badeszene in der Badestube der Philippine Welser auf Schloss Ambras

146 WEITERE SAGEN UM PHILIPPINE WELSER

Philippine soll durch ihre ungemeine Schönheit und anderen historischen Tugenden auf dem Augsburger Reichstage die Liebe des Erzherzogs Ferdinand II. gewonnen haben.

*

Sie hatte eine so zarte Kehle, dass man ihr den roten Wein hinunterlaufen sah, wenn sie trank.

*

Am 24. April 1550 wurden sie in der Stadt Innsbruck heimlich vermählt, denn dort war der gewöhnliche Aufenthaltsort.

Die Aussöhnung mit dem kaiserlichen Vater bewirkte Philippine, als sie sich im achten Jahre der Ehe dem Schwiegervater in der Verkleidung einer Pilgerin als eine Bittstellerin in Ambras darstellte und ihn so einnahm, dass er verzieh.

*

Zu ihrem Tode existieren die Varianten, dass sie durch Opium betäubt im Bade ertrank, bevor ihr die Adern geöffnet wurden. Andere berichten von einer bestellten Überheizung.

*

Auch über die Täterschaft weiß die Sage einiges zu berichten. Da durch die nicht standesgemäße Ehe kein Erbfolger hervorgehen konnte, waren es das Kaiserhaus, die Tiroler Landstände und in manchen Versionen war es ihr Gatte Erzherzog Ferdinand II. selbst, der sie töten ließ. *(Alle Varianten nach Hirn 1889, S. 52)*

147 ERZHERZOG FERDINAND UND DER SCHMIED

Erzherzog Ferdinand, der Gemahl der schönen Philippine Welser, soll einen sechsspännigen Wagen im vollen Laufe, nur an der Speiche eines Rades, aufgehalten haben. Auch konnte er zwei aneinandergefügte Taler mit den Händen zerbrechen. *(Nach Fritschen 1713, S. 163)*

*

Einmal kam er zu einem Schmied, ein Hufeisen ausbessern zu lassen. Als die Arbeit getan war, nahm er das Eisen und zerbrach es mit den Händen. Darauf warf er ihm die Stücke und einen Taler hin mit den Worten: „Deine Arbeit taugt nichts!" Der Schmied nahm gelassen den Taler, brach ihn ebenfalls mit den Händen in zwei Stücke und meinte, dass die Taler seiner Fürstlichen Gnaden gerade auch nichts Ausgestochenes wären! *(Martinus Meier, in: Zingerle 1850, S. 97)*

148 DER ROSSSPRUNG

Auf einem Amraser Felde am Wege von Herrn von Eggers Landhaus in Pradl gegen den Amraser See zu sind nahe an der Straße zwei große Denksteine eingesetzt, und die Wiesen, auf welchen sie stehen, heißen die Rosssprungwiesen, welche Herrn Gärbermeister Nußbaumer in der Kohlstatt eigen sind. Der Raum von dem einen bis zu dem anderen Stein misst 6 Klafter 2 Schuh; so weit ist ein reitender Bote mit seinem Pferd in einem Satz gesprungen. Der zweite Stein, gegen die Stadt Innsbruck zu, hat nach der Straße eine fast unleserliche Inschrift, und rückwärts ist ein Kreuz eingehauen, zum Zeichen dass hier ein Mensch verunglückte.

Als Erzherzog Ferdinands schöne Gemahlin Philippine im Schlosse Ambras einen Prinzen gebar, da wurden zwei Edelknaben zu Pferd mit dieser er-

Die Steine, welche die Weite des Rosssprunges bezeichnen, stehen noch heute; auch der Straßenname wurde nach dem Ereignis oder der Sage benannt. Die älteste schriftliche Aufzeichnung der Sage steht im Tiroler Landesreim von Georg Rösch 1557 und gibt die letztere Erzählung wieder. Herzog Sigmund war ein Liebhaber großer starker Hengste und hatte sieben Rennerknaben, die für das Zureiten der Pferde zuständig waren.

Auf dem lebensgroßen Bildnis im Spanischen Saal auf Schloss Ambras lässt sich Erzherzog Ferdinand II. mit Löwenhelm und Keule als Gott Herkules darstellen. Herkules stieg durch die Bewältigung von 12 Arbeiten in die Welt der unsterblichen Götter auf und wurde durch Petrarca, den italienischen Humanisten, Dichter und Wegbereiter der Neuzeit, zum perfekten Fürstenideal erhoben. Herkules vereint Weisheit und Tatkraft.

freulichen Nachricht nach Innsbruck gesendet. Jeder der edlen Boten wollte der Schnellere sein, daher sprengten sie in Sturmeseile hinab vom Schloss, und weil damals an jener Stelle, wo die beschriebenen Steine stehen, ein großer Kanal durchging, welcher das Wasser vom Amraser See weiterleitete und mit einer Brücke versehen war, die ein wenig abseits lag, so sprengte der eine der Reiter direkt über den Kanal, um dem andern, der über die Brücke ritt, die Zeit abzugewinnen; er kam auch richtig hinüber, aber drüben fielen Reiter und Pferd tot zu Boden. Der Edelknabe wurde freilich feierlich beerdigt, aber tot war tot, er ist verscharrt und niemand weiß seinen Namen; nur das Pferd ist unsterblich geblieben; denn es wurde ausgebalgt und ist in der Schatzkammer im Schlosse Ambras ausgestellt und noch heute zu bewundern. *(Alpenburg 1861, Nr. 128)*

*

Etwas anders erzählt den Sprung der gelehrte Patrizier Philipp Heinhofer, der 1628 das Ambraser Schloss besuchte. Unter den Merkwürdigkeiten des Schlosses erwähnt Heinhofer ein ausgestopftes Pferd des Herzogs Sigmund mit der Figur des edlen Knaben Sternberg, in seinen echten Kleidern darob', und fügt hinzu, dass Pferd und Knabe unten im Feld einen Sprung von 21 Schritten vollführten, wobei beide, Pferd und Knabe, verunglückten und zum Gedächtnis hieran zwei Steine im Felde zu sehen sind. *(Nach Delago 1932)*

149 DER NARRENSTREIT ZU AMBRAS

Am Hofe Erzherzog Ferdinands auf Schloss Ambras herrschte ein reges Hofleben mit Turnieren, Jagd und Minne sowie mit fröhlichen Festen. Die Ritter waren zwar „schwertgewaltig", dafür nicht gerade redegewandt, sodass der Erzherzog zwei Diener hatte, die mit allerlei Spott und lustigem Schimpf die Junkerschaft zum Lachen bringen sollten. Der eine war ein ungeschlachter Riese und hieß Stachius; er maß von Kopf bis Fuß sechs Ellen und trug einen strähnigen Bart und struppiges Haar. Der andere war ein winziges Wichtlein mit rundem Kopf und glattem Gesichtlein; er maß zwölf Daumen und nannte sich Veit. Er war so gescheit wie der Burgpfaff und verstand viel vom Leben – sie hießen ihn auch den kleinen Lateiner. Noch dazu hatte er eine sehr scharfe Zunge und verstand sich darauf, den Riesen Stachius bei jeder Gelegenheit zu blamieren. So grüßte er ihn zumeist mit dem argen Gruß: „Willkommen, Herr gigas asinus!" Und eines Tages stellt sich der Riese hinter das Wichtlein und „pschiah!", das breite Maul weit offen, niest er nieder auf Veitchens Genick. Und „patsch!" lag dieser auf der Nase mit Quack und mit Quick, so als hätt' ihn der himmlische Donner getroffen.

Die tafelnden Ritter hielten sich die Bäuche vor Lachen und riefen:

„Herr Veit, lasst ab vom Latein,
sonst bricht's euch dereinst noch Hals und Bein!"

Schnell wie ein Gämslein und mit hochrotem Kopf klopft sich der Veit den Staub aus den Hosen, ballt die Faust und weist sie dem Riesen:

„Du sollst es mir büßen dein tölpisches Niesen!
'ne Ohrfeig kriegst du mir sicher dafür,
du großer Gauch, das schwör' ich dir."

Der Riese Stachius lacht sich eines in den wilden Bart:

„'ne Ohrfeig – mir – der Purzelwicht –
und reicht mir an den Schenkel nicht!
Am Knie, da hab' ich keine Ohren,
die Mühe, Herr Veit, die geht euch verloren."

Und während Zwerg und Riese so stritten, fällt dem Ritter nebst dem Riesen das Tellertuch auf den Boden. „Ja auf, willst du dem edlen Ritter nicht dienen, du langer Lümmel!", schalt ihn das Zwerglein bitter und scharf. Dieser kratzt sich den Kopf und bückt sich unter den Tisch. Da – klitsch, klatsch! schallt es durch den Saal, wie Ohrfeigenton und Maulschellenklang. Verwundert schaut die Ritterschaft unter den Tisch, der kleine Veit ruft siegesstolz und laut:

„So halt' ich den Schwur, so lös' ich mein Wort!
Kein hohler Schädel sitzt so hoch,
ein kluges Fäustchen ohrfeigt ihn doch –
zu rechter Zeit, am rechten Ort."
(Nach Vintler 1870, S. 153)

*

> Das Burgriesenhaus (1490) in der Hofgasse Nr. 12 wurde von Niclas Türing dem Älteren, dem Erbauer des Goldenen Dachls, für Herzog Sigmunds Leibriesen Niclas Haidl erbaut. In einer Nische an der Hausfassade stand eine Plastik des Riesen, die derzeit im Stadtturm zu sehen ist (siehe Abb. Seite 146). Der Burgriese Haidl, er war etwa 2,22 m groß, konnte sich nicht lange an seinem Haus mit den erhöhten Raummaßen erfreuen; er starb kurz darauf in einem Alter von 35 bis 40 Jahren. Sein Skelett ist im Anatomiemuseum der Medizinischen Universität Innsbruck ausgestellt. Direkt neben dem Burgriesenhaus befindet sich eine Abbildung vom Hofzwerg Thomele, der mindestens 70 Jahre später am Hofe Ferdinands II. lebte.
> In der Rüstkammer auf Schloss Ambras wird jedoch die 2,60 m große Rüstung des Bartlmä Bon aus Riva gezeigt, umgeben von Kinderrüstungen, die dagegen wie Zwerge wirken.

Sonst ist von diesem Landesfürsten noch anzumerken, dass er an seinem Hofe einen Trabanten hatte, namens Nikolaus Haidl, dessen Maß 10 großer Mannsschuhe war: Sigmund ließ ihm nach dem Bericht des Freiherrn von Ceschi ein eigenes Haus bauen, das sogenannte Riesenhaus an der Hofgasse, wo noch heutigentags dessen Bildnis in Stein gehauen zu sehen ist. Dieser Riese ist auch im Schloss Ambras in seiner ganzen Rüstung zu sehen, neben ihm ein Zwerg, von dem man erzählt, dass er gewettet habe, jenem eine Ohrfeige zu geben: Unbemerkt habe er ihm die Schuhriemen aufgelöst, und da sich nun der Riese bückte, habe er einen Sprung in die Höhe vorgenommen und mit einer Ohrfeige die Wette gewonnen. *(Merian Innsbruck, 28. Jg., H. 10, S. 92)*

150 ANDREAS HOFER IN INNSBRUCK

Als Andreas Hofer nach siegreicher Schlacht im Gasthaus „Zur Krippe" in der Seilergasse weilte, wollten die Bürger ihren Helden lauthals feiern. Als seine Männer ihn ermahnten, sich doch der Menge zu zeigen, sprang er mit funkelnden Augen auf und schrie:

> „Ich bin der Wirt vom Sand, nit vom Pranger!"

Skulptur der beiden Helden „anno neun" vor der Ottoburg, von Christian Plattner 1910 in Bronze gegossen

Da die Menge voller Begeisterung weiter wartete, zeigte er sich schließlich doch am Fenster und rief zur Ruhe und zum Gebet. In diesem Augenblick soll der Abendstern über ihnen aufgegangen sein. *(Zingerle 1850, S. 80)*

151 HASPINGER IN DER HOFKIRCHE ZU INNSBRUCK

In der Nacht des 12. Januars 1858 bewegt sich in der Hofkirche zu Innsbruck ein steinerner Sargdeckel. Es erhebt sich aus des Marmors Tiefe der alte Wirt vom Sand und begibt sich in die Mitte des Kirchenraumes und ruft ein Kommandowort. Sogleich bewegen sich die anderen Sargdeckel und verblichene Gestalten steigen aus ihren Gräbern; es sind viele Tausend wackere Tiroler, alle eines Schlags. Einer schwingt die alte Fahn' mit kräftiger Leichenhand und ein toter Knabe weckt der Trommel dumpfen Ton. Die Kompanie steht in Reih und Glied vor ihrem Anführer, der nun endlich spricht:

„Heute, Männer, kommt zu uns ein wohlbekannter Gast,
darum hab' ich euch aus tiefem Todestraum geweckt!" –

Still warten die toten Geister und starren gebannt auf die geschlossenen Türen. Plötzlich sprengen die Tore rasselnd auf und herein schreitet in Mönchsgewand eine alte hagere Gestalt mit Bart. Um die Schultern hängt das Schwert, in der Rechten trägt er ein Kreuz – es kennen ihn alle, es ist der alte Feldkaplan.

„Still durchschreitet er die Reihen, reichet rings die Hand
und begrüßt den alten Freund, den alten Kommandant.
Wieder steigt hinab zur Ruh die tote Heldenschar,
und der alte Hofer teilt mit Haspinger das Grab."
(Nach Schwarz 1858, S. 129)

> Pater Bruno Haspinger ist am 12. Jänner in Salzburg gestorben, und noch heute erinnert ein Gedenkstein im Schloss Mirabell an seinen Tod. Die Beisetzung in der Innsbrucker Hofkirche fand vier Tage später statt.

152 MEISTER WILHELM

Meister Wilhelm von Innsbruck wird in einem alten Sakristei-Buche zu Pisa als der Erbauer des dortigen Schiefen Turms genannt. Dieser weltberühmte Turm steht ganz frei, hat eine runde Form und einen Säulengang, der sich vom Fuße bis zum dachlosen Giebel in dorischer Ordnung hinaufwindet. Die zahlreichen Säulen tragen und decken die bis zur obersten Galerie führende Marmortreppe von 195 Stufen. Die Abweichung des Turmfußes von dem untersten Punkte der Vertikallinie, die sich nach einem von der Zinne des Turms herabgesenkten Blei ergibt, beträgt 15°. Die Idee und die Grundlage dieses schauerlich in die Lüfte ragenden Bauwerkes, vor dessen Vollendung Meister Wilhelm gestorben sein soll, gehörte hiernach einem Innsbrucker an. Schade, dass man nichts Näheres von diesem kunsterfahrenen Manne bisher zu ermitteln vermochte. *(Staffler 1847, S. 469)*

> Der Schiefe Turm von Pisa, der frei stehende Glockenturm des Doms, wurde zum Wahrzeichen von Pisa und gehört zum Weltkulturerbe. Bereits 1173 fand die Grundsteinlegung statt und bis heute ist die Frage um den Baumeister nicht geklärt.

WAHRZEICHEN UND BAULEGENDEN

Auch die Überlieferungen in diesem Kapitel gehören zu den historischen Sagen. Im Laufe der Jahre gerieten historische Fakten in Vergessenheit, auch Aufzeichnungen waren nicht frei zugänglich, so übermittelt das Bild der Volkserzählung oft spannende und überraschende Erklärungen.

Bei vielen Bau- und Kunstwerken konnte man sich deren Herstellung nicht recht erklären. Sei es wegen der gediegenen Schönheit oder sei es wegen der Schnelligkeit, in der sie vollbracht wurden – mit einer Lösung aber lag man immer richtig: Da konnte nur der Teufel seine Finger im Spiel gehabt haben. Und so, wie jede Burg eine Geistersage besitzt, so verhält es sich auch mit den unterirdischen Gängen.

153 BAULEGENDEN AUS INNSBRUCK

Der Höttinger Kirchturm der alten Pfarrkirche rührt noch aus heidnischen Zeiten her. *(Nach Zingerle 1891, Nr. 935, S. 538)*

*

Der Kirchturm der alten Höttinger Pfarrkirche sei der Bergfried einer verfallenen Burg. *(Nach Hochenegg 1949, S. 132)*

*

Hötting selbst wird als römische Mansion angesehen, wofür die zahlreichen Ausgrabungen von römischen Münzen und Gerätschaften sprechen. *(Achleitner, Abl 1895, S. 94)*

*

Der Riese Haymon gründete das Kloster Wilten und verstärkte die Innbrück, „weshalb sich viele fremde Leute unter ihn begaben". Der Wiltener Kelch, auf dem die Passion abgebildet ist, wurde beim Bau der Klosterfundamente vor gut elfhundert Jahren gefunden – er stammt aber aus der Zeit von Christi Himmelfahrt. *(Nach Grimm 1816/18, Nr. 139)*

*

Das alte Bartholomäuskirchlein in Wilten dürfte eines der ältesten Gotteshäuser unserer Gegend sein, nach der Volkssage ist es aber ein alter Heidentempel. *(Hochenegg 1924, S. 56)*

St. Bartlmä mit seiner charakteristischen Rundform wird in seinen Anfängen um das Jahr 800 datiert. Im Zweiten Weltkrieg wurde es zerstört; nach fachgerechter Restaurierung können heute wieder Messen darin gefeiert werden.

Der Tag des heiligen Bartholomäus (24. August) war früher ein Feiertag: seine Bedeutung als „Lostag" ist bis zum heutigen Tage geblieben. Mannigfache Wetterregeln sind bis dato bekannt:

Wie Bartholomäitag sich hält,
so ist der ganze Herbst bestellt.

*

Regen an St. Bartholomä
tut den Reben bitter weh.

Einige Historiografen behaupten [von Schloss Ambras], es sei an derselben Stelle einst ein römisches Kastell gestanden und der Name des Schlosses könne abgeleitet werden von dem lateinischen Ausdruck: ad umbras. *(Waldfreund 1858, S. 313)*

*

Das Geburtsjahr der Stadt Innsbruck, nämlich 1234, ist auch an der Ottoburg, dem ältesten Gebäude der Stadt, auf einer Tafel eingemeißelt. Die Ottoburg, die vom Gründer Otto I. den Namen hat, bildet mit ihrem festungsähnlichen Bau gewissermaßen den Eckstein der Altstadt und wurde aus Pietät auch bisher vom Abbruch verschont, obwohl sie die Einfahrt in die Stadt von der Innbrücke aus etwas hemmt. *(Nach Hörmann 1877, S. 39)*

*

Der Schlosser, der das Gitter zum Maximiliansgrabe in der Hofkirche schmiedete, verschrieb sich dem Teufel, um sein Kunstwerk zustande zu bringen. *(Nach Hochenegg 1949, S. 132)*

*

Im Mittelalter stand auf dem Kalvarienberg eine Burg, worin die Edlen von Arzel gehaust. Aber jenes ritterliche Geschlecht und ihre Veste sind längst schon spurlos verschwunden. *(Waldfreund 1858, S. 312)*

*

Die Annasäule wurde nach dem Volksmund als Denkmal an den Rückzug der Schweden errichtet:

„Bis hierher und nicht weiter
kamen die Schwedischen Reiter."
(Nach Hörmann 1877, S. 38)

*

Die Weiherburg war ursprünglich ein Wachturm aus der Römerzeit; dies kann man gut an den massiven Quadersteinen der Schauseite erkennen. *(Nach Staffler 1847, S. 551)*

154   DIE „SCHWARZEN MANDER"

Die ehernen Standbilder in der Hofkirche zu Innsbruck werden vom Volk her die „Schwarzen Mander" genannt. Nach dem Glauben des Volkes waren sie von wirklichem Leben erfüllt. In der Umgebung von Brixen erzählt man noch

> Für sein Grabmal engagierte Kaiser Maximilian I. nur erfahrene Künstler ihres Fachs. Diese arbeiteten vielleicht nicht unbedingt zügig, lieferten aber Figuren, die bis heute durch ihre Detailliertheit, Porträttreue und Lebendigkeit bestechen. Die überlebensgroßen „Schwarzen Mander" sind um das leere Kaisergrabmal (Kenotaph) angeordnet und sind sicherlich mehrere Betrachtungen wert.
>
> *
>
> Um das Herz des Kaisers gibt es zahlreiche Mutmaßungen. Die romantischste Version ist die, dass sein Herz mit dem seiner ersten Frau und großen Liebe, Maria von Burgund, vereint in der Liebfrauenkirche in Brügge bestattet sei. Tatsache ist, dass er am 27. Jänner 1519 in der Wiener Neustädter St.-Georgs-Kapelle unter den zum Hochaltar führenden Stufen bestattet wurde.

heute, dass die „Schwarzen Mander" zu gewissen Stunden am Abend den Kopf gewendet hätten, wenn ein Beter die Kirche betrat. Alle zusammen hätten sie ernst auf den Ankömmling geschaut; ihre Rüstung hätte geklirrt. Gleich hernach hätten sie den Kopf wieder nach vorn gewandt und wären dann starr und still geblieben.

Die frommen Beter hätten sich dann so gefürchtet, dass ein Geistlicher diese unheimlichen Wächter für immer zur Ruhe bannen musste.

Als Totenwächter bewachen sie das leere Grabmal ihres Kaisers Maximilian. In den Händen tragen sie – bei feierlichen Anlässen – flammende Fackeln. *(Holzmann 1959, S. 95)*

155 DER ALTE SAKRISTAN

Als der alte Sakristan wie allabendlich beim Zusperren der Hofkirche war, hörte er zwei feindliche Krieger im Vorbeigehen sagen: „Morgen holen wir für unsere Kanonen Metall da raus. Die ehernen Bilder haben lange genug des Kaisers Grab bewacht und werden von ihrer Ehrenwache erlöst." Als die Stimmen im Dunkel verschwanden, huschte der Sakristan in die Kirche und kniete am Hochaltar nieder und flehte: „Oh wende Du von uns den Spott!" Ganz versunken blieb er dort, die ehernen Heldenbilder standen als stumme Wächter um ihn herum.

Da braust herbei wie fernes Ungewitter, schon naht sich das Schlachtgeschrei und krachend bricht das Tor entzwei. Des Feindes Rotte stürmt die Halle, schon rütteln sie an des Grabes Gitter – da flammt die Lampe hell und klar und riesenmächtig erhebt sich der Wächter Schar. Sie ordnen sich in engen Reihen, Rudolf voran und Gottfried von Bouillon. Ihre ehernen Glieder dröhnen laut, und schnell wie Schatten flieht der Feind davon. Darauf war alles wieder ruhig und still. *(Nach Pichler 1852, S. 106)*

So wird auch berichtet, dass der kniende Kaiser Max von seinem Grab hinabgestiegen ist, um Andreas Hofer zu wecken. Zusammen mit vier weiteren Kaiserjägerschützen schreiten sie vorwärts, doch da erklingt ein Jägerhorn und nichts ist mehr zu sehen. *(Nach Alpenburg 1877, S. 112)*

156 VOM KENOTAPH IN DER HOFKIRCHE

In der Überlieferung wird berichtet, dass Maximilians Leiche das Herz entnommen und in einer Urne nach Errichtung des Innsbrucker Kenotaphs in der Hofkirche bestattet wurde. *(Tiroler Tageszeitung, 19.09.2003)*

157 KÖNIG RUDOLF IN DER HOFKIRCHE

Es wird erzählt, dass so mancher bei Kinderlosigkeit in die Hofkirche gepilgert sei. Die Erzfigur Rudolfs von Habsburg soll durch Berührung schon manchem geholfen haben. *(Nach Hochenegg 1950, S. 64)*

158 DAS GOLDENE DACHL

Als Herzog Friedrich in beklemmter Lage war, brachte ihm der Adel, der nebst der hohen Geistlichkeit an Herzog Ernst hing, den Spottnamen Friedel mit der leeren Tasche auf. Da er dies erfuhr, bemerkte er: „Ich will meine leere Tasche wohl noch füllen!" und hat später sein Wort auch gehalten. Denn durch weise Sparsamkeit brachte er es dahin, dass er sich ei-

König Rudolf von Habsburg (1218–1291) gilt als der Stammvater des Hauses Habsburg.

Eine der 24 Historien aus dem Leben Kaiser Maximilians I. an dessen Kenotaph in der Hofburg. Die Marmorreliefs umkleiden das Hochgrab und wurden von Alexander Colin aus Mechelen geschaffen (1566).

nen bedeutenden Schatz zusammenhäufte. Als er seine leere Tasche so gefüllt hatte, ließ er zur Beschämung der adeligen Spötter an seiner Residenz zu Innsbruck das Dächlein mit im Feuer dicht vergoldeten Kupferplatten decken. *(Zingerle 1891, Nr. 975, S. 557)*

*

Für das Goldene Dachl hat Herzog Friedrich IV. 200.000 Gulden aufgewendet. *(Nach Kompatscher 1995, S. 114)*

159 SANKT JAKOB IN DER AU

In der Zeit, als Karl der Große mit mächtiger Hand in Deutschland regierte, begab es sich, dass an einem Sommertage drei Pilger, die nach Rom zu wallfahren auf dem Wege waren, durch das Inntal von Kranebitten her gegen Hötting zogen.

Rauschend, plätschernd und gurgelnd zog der Strom seine Bahn. Die sommerliche Wärme, die den Schnee in allen Hochtälern schmolz, hatte den Inn weit über seine Ufer getrieben. Mit bangen Mienen blickten die Wallfahrer auf das tosende Bergwasser – den Söhnen der Ebene waren solch reißende

Gewässer fremd. Doch keine Gefahr darf den Pilger hindern, sein Gelübde zu erfüllen. So stiegen die frommen Waller bedächtig in den Kahn, den der alte Kuonrad mit geübter Hand vom Ufer stieß. Wild brach sich das Wasser am Kiel des grob gezimmerten Bootes.

Wie ein Spielzeug hob und senkte sich das Schifflein auf den Wellen, und die Strömung trug es, trotz der kräftigen Ruderschläge des Alten, weit talab. Einer der Pilger begann das Evangelium vom Sturme auf dem See Genesareth zu lesen, die anderen knieten nieder, den heiligen Jakob, den Schutzpatron der Pilger, anzuflehen. Beinahe am Ufer, erfasste nochmals ein Wirbel das Boot. Der Kahn neigte sich, und erschreckt sprangen die Pilger auf die andere Seite des Nachens; das Schiff kippte um und seine Insassen stürzten in die reißenden Fluten.

> Als erstes Kirchlein innerhalb der Stadtmauern Innsbrucks wird St. Jakob in der Au urkundlich erwähnt. Bis heute konnte sein Standort nicht ausfindig gemacht werden. St. Jakob in der Au ist nicht der Vorgängerbau des heutigen Doms St. Jakob.

Doch das Unglück wurde an beiden Ufern gesehen, und sogleich machten sich Menschen zur Rettung auf, sodass alle wohlbehalten aus den Fluten geborgen wurden.

Betend warfen sich die Pilger auf die Knie und dankten Gott. Der Älteste von ihnen holte ein Buch aus seinen durchnässten Kleidern, nahm ein Bild des heiligen Pilgervaters Jacobus major heraus und hängte es an einen Baum in der Au, zu ewigem Gedenken und dauerndem Danke für die Errettung aus der Wassernot. *(Metzler 1930, S. 17, gekürzt)*

160 DER ASAMSTURZ

Vergessen darf ich nicht, eine Geschichte mitzuteilen, welche mir von einem Manne, der mich in den Kirchen herumführte, ganz zuverlässig erzählt wurde. Als Damianus Asam mit der Ausmalung der Kuppel beschäftigt war und gerade die Hand des heiligen Johannes vollendet hatte, trat er auf seinem Gerüste zurück, um sich des Effektes zu versichern, und stürzte hinab. Allein zum Erstaunen der erschrockenen Zuschauer streckten sich Arm und Hand des Heiligen aus dem Gemäuer hervor, ergriffen den glücklichen Asam und geleiteten ihn sanft auf den Fußboden, sodass ihm kein Härchen gekrümmt wurde. *(Hochenegg 1950, S. 153)*

161 NOTAUSGÄNGE DER WEIHERBURG

Kaiser Maxens Lustschloss besaß zwei unterirdische Ausgänge. Einer führte an den Tag neben dem kleinen Wasserfall des „Guggenbichl" an der Reichsstraße. Der Eingang hier ist seit langem versperrt, weil die Kinder der im Landhaus Guggenbichl wohnenden Parteien spielend sich in dieses Loch versteckten. Der andere Notausgang mündete in das Felsufer des Inn, rechts am Bach, der neben dem Wirtshaus „Heimgarten" in den Inn fließt. Dieser Gang war gut zwei Meter hoch, einen Meter breit und in den Felsen getrieben. Einmal lockte es mich, diesem Weg weiter hinein zu folgen. Eine kurze Strecke ging's gut, dann aber hinderte mich am Weitergehen das herabtröpfelnde Wasser und der teilweise eingefallene Gang.

Nun ist von diesem Ausgang nichts mehr zu sehen. Bei der vor mehreren Jahrzehnten durchgeführten Regulierung dieses seligen Ufers durch das Straßenärar wurde der Fluchtweg zugemauert. Der Sage nach soll er ursprünglich, unter dem Inn weiterführend, die Weiherburg mit dem Ambraser Schloss verbunden haben. *(D. 1930, S. 55, gekürzt)*

> Im 16. Jahrhundert gab es „am Hohen Weg ober Mühlau" zwei Bergbaugruben, die eine hieß St. Maximilian, die andere St. Nikolaus. Einer dieser Stollen soll im Jahr 1540 eine Länge von über 600 Meter gehabt haben.

162 UNTERIRDISCHER GANG NACH SCHLOSS AMBRAS

Von einem Bauernhaus bei der Thaurer Pfarrkirche führt vom Keller aus ein unterirdischer Gang nach Schloss Ambras. Meine Mutter hat mir darum immer verboten, zu dem besagten Hof zum Spielen zu gehen. *(Mündliche Mitteilung)*

163 DIE AMBRASER SAMMLUNG

Die Ambraser Sammlung barg auch einen Teil des Strickes, womit Judas Ischariot sich erhängte, sowie einige Silberlinge, um die derselbe seinen Meister [Jesus Christus] verkaufte. Einige alte obszöne Gemälde schreibt man noch dem wollüstigen Hofe Neronis [Neros] zu. *(Hirn 1889, S. 63)*

164 VOM INNSBRUCKER BIER

Das Bier war billig und gut. Die Hofnarren „Christl und Jaggele" mit dem fürstlichen Stallknechte Wolf ließen sich zwölf Maß Braunbier schmecken. Das Büchsenhausnerbier wanderte überall hin, ins Unterinntal und über den Brenner; die Weinbauern jenseits des Brenners fürchteten sogar die Konkurrenz des Biers für ihren Südtiroler Wein. *(Karner 1924, S. 15)*

> Die früheste schriftliche Quelle, die uns vom Bierbrauen in Innsbruck berichtet, führt uns ins Kloster Wilten. Das Urbarium erwähnt die Herstellung von Bier, allerdings nur zum Eigenbedarf und zur Pilgerverköstigung, bereits 1305. Die erste Brauerei wurde in der Tat von Wilhelm Biener gegründet, der 1641 das Schloss Büchsenhausen erwarb und diese im östlichen Teil des Baukomplexes ansiedelte. Pro Jahr wurden durchschnittlich 600 Eimer Braunbier und 1200 Eimer Märzenbier produziert (1 Eimer = 96 Maß oder Liter). Da bot es sich auch an, vor Ort aufzuschenken; der Hauptanteil des Bieres aber wurde ins Unterinntal, Eisack- und Etschtal exportiert. Doch kann von einer Konkurrenzangst sicher nicht die Rede sein – auf der Rückfahrt wurde die hundertfache Menge an Wein nach Innsbruck importiert.

165 DIE HÖTTINGER NUDEL

Einmal kam ein Höttinger aus dem Welschland zurück, wo er die Maurerei gelernt hatte und brachte ein Sackl Makkaroninudeln mit. „Dös isch wos Guats", sagte er zu seinen Bekannten. „Dös müasst's amol probiarn." Sie probierten und es schmeckte ihnen ausgezeichnet. Aber dabei wurden die Nudeln fertig, und guter Rat war teuer. „Muasst halt nui hol'n gian", sagten sie zu ihrem Welschlandreisenden. Und er brachte abermals ein Sackl voll Makkaroni. Aber diesmal aßen sie sie nicht mehr auf, sondern dachten sich, die werden schon wachsen wie die Bohnen und Erbsen und setzten sie im Garten ein. Lange, lange warteten sie, aber die Nudeln gingen nicht auf, und die Höttinger hatten zum Schaden auch noch den Spott und heißen seit dieser Zeit „Die Nudeln". *(Moritz 1948, S. 84)*

166 WIE DIE HUNGERBURG ZU IHREM NAMEN KAM

Unter den im Volksmunde geläufigen Erklärungsversuchen über den Namen „Hungerburg" ist wohl am bekanntesten jene Erklärung, nach der Adolf Pichler in seinem Unmute über die mangelhafte Bewirtung, die er einmal im dortigen Gasthaus [Seehof] fand, den Namen „Hungerburg" aufgebracht habe.

Kein Hungerturm – der noch heute erhaltene Aussichtsturm der Vergnügungsanlage Seehof auf der Hungerburg

Der Name soll bei dem Neubau oder einem Umbau des burgähnlichen Hauses, das ein Herr von Attlmayr in den Vierzigerjahren aufführte, entstanden sein. Die dabei beschäftigten Maurer aus Hötting waren dabei so schlecht mit Lebensmitteln versorgt, dass ihre Weiber dem Bau den Schimpfnamen Hungerburg gaben.

Nach anderen habe der Pächter des Attlmayrgutes wegen der geringen Ertragsfähigkeit des „Hungerbodens" niemals den Pachtzins zusammengebracht und so den Anlass zur boshaften Namensbildung gegeben. Wieder andere wollen wissen, dass der Name Hungerburg davon komme, dass die Pächter da oben im Winter oft wegen des vielen Schnees lange Zeit von allem Verkehr abgesperrt und dem Hunger preisgegeben waren. Eine weitere Fassung der Volksmäre geht dahin, dass ein Knecht, der einem geizigen Pächter wegen der schlechten Verköstigung davongelaufen war, in allen Wirtshäusern herumgeschrien habe, dass da oben „die reinste Hungerburg" sei. *(Sinwel 1935, S. 423, gekürzt)*

> Auf dem Areal der Hungerburg hat es in den Jahren 1912 bis 1937 einen Vergnügungspark gegeben, der mit seinem 3500 m² großen Badesee auch nach heutigen Maßstäben beeindruckend war. Neben dem Gasthaus „Seehof" gab es verschiedenste Ruheflächen und Restaurantgärten, und von einer Felsenhöhle am Rande des Ufers führte ein beleuchteter Fahrstuhl auf den uns heute noch bekannten Aussichtsturm.

*

Zum Namen Mariabrunn erzählt man sich, dass der Erbauer des Hauses in seiner Not mit der Wasserversorgung die Muttergottes um Hilfe angerufen und darauf wirklich eine ausgiebige Quelle entdeckt habe, die ihm die Anlage eines Brunnens gestattete. *(ebenda, S. 426)*

*

Manchem Innsbrucker Kind wurde vor dem noch erhaltenen Turm des Seehofes erzählt, dass dort Gefangene eingesperrt waren, die man vor Hunger laut schreien hörte. *(Mündliche Erzählung)*

KIRCHEN, GNADENBILDER, FROMME MENSCHEN

Amraser Gnadenmutter sei unser Schutz!

Manche der folgenden Erzählungen dokumentieren Erzählstoffe, die sich sowohl in der christlichen Legende als auch in Sagensammlungen finden. Eine Wertung ist nicht bezweckt, der Fokus liegt auf der Sammlung von traditionellen Erzählungen.

167 DAS GNADENBILD IN AMRAS

Vor langer Zeit trug es sich einmal zu, dass ein Fürst auf dem Schlosse Ambras herbergte. Da wurde ihm zu Ehren im Schlosshof viel Kurzweil getrieben, und des Fürsten Knäblein sah von einem Fenster des zweiten Stockwerkes zu. Plötzlich verlor es das Gleichgewicht und stürzte kopfüber in den Hof. Im Fallen war es ihm, als ob die Muttergottes unten stehe und ihn in ihren Armen auffange. Daher geschah ihm vom Falle kein Leid. Als seine Eltern davon Kunde bekamen, ließen sie von einem Künstler die Muttergottes schnitzen und das Christuskind dazu, so als ob sie es mit ihren Armen auffange. Dieses Bild wurde der Kirche in Amras geschenkt und steht dort noch heute auf dem Hochaltar. Das Volk gewann alsbald große Andacht zu der Gnadenmutter, und viele fanden in Gefahr und Trübsal Hilfe und Erhörung.

Mit der Zeit war aber die Welt immer lauter und sündhafter geworden, und wegen der großen Frevel, die geschahen, kehrte sich auf einmal das Christkind in Amras in den Armen seiner seligen Mutter um, sodass sein Antlitz von den Menschen abgewendet blieb.

Da lebte einmal in Bayern ein offener Sünder, der diente der Welt und dem bösen Geiste viele Jahre lang ohne Reue und Beicht und war des wilden Herzens. Da ihn aber der allmächtige Gott um seiner Barmherzigkeit willen nicht wollte verloren sein lassen, darum hieß Gott den bösen Feind zurückstehen und machte, dass der Sünder Reue gewann über seine Sünden. Da begegnete er einem Priester und fragte ihn, was an Arbeit er auf sich nehmen müsste, um für seine Sünden rechte Buße zu wirken. Und der Priester sagte: „Nun bitt Gott mit Ernst für dich deiner Sünden wegen!" Darauf erwiderte der Sünder: „Wie soll ich Gott für mich bitten und kann doch kein Gebet?" Da sprach jener: „In der Kirche zu Amras in Tirol steht Unsrer Frauen Bild; die hat ihr liebes Kind auf dem Arm, und zu dem bet' also: „Minniglicher Herr der Barmherzigkeit, du bist um der Sünder willen Mensch geworden, also erbarme dich über mich armen Sünder!" Da war der Sünder von seinen Worten froh, pilgerte nach Amras in die Kirche und betete mit großem Ernst das Gebet. Aber das Christusbild kehrte sich auf einmal von ihm weg zu seiner Mutter, weil es sein Bitten verschmähte, und sprach: „Hörst du, meine allerliebste Mutter, das wunderliche Ding, dass mich der große Sünder um Gnade bittet, und hat mir doch in seinem Leben keinen Dienst getan?" Da sprach Unsre Liebe Frau: „Mein allerliebster Sohn, dass dir der Sünder keinen Dienst getan hat, ist ihm nicht zu verweisen, denn er wurde gar schier seiner Eltern beraubt, die sollten ihm Beten gelehrt." Aber das göttliche Kind sprach dawider: „Du meine allerliebste Mutter, du sollst mich nicht für den Sünder bitten, denn er hat mir manche Seele entfremdet; darum hab' ich kein Erbarmen mit ihm." Da sagte die Liebe Frau zu ihrem Kind: „Es steht geschrieben, dass niemand, so er mit Sünden beladen ist, der Ablass versagt werde, denn deine Barmherzigkeit soll größer sein als aller Menschen Sünde. Darum, mein geliebtester Sohn, so bitte ich dich, dass du es durch meinen Willen tust und durch deines guten Freundes Willen, der ihn hergewiesen hat." Da sprach aber das Kind: „Allerliebste Mutter mein, es stünde mir unziemlich, wollte ich dir ein Ding versagen, das du mich durch deinen Willen bittest. Was du mich gebeten hast, des sei gewährt!"

Und weil der Sünder noch vor dem Altare kniete und eine herzliche Reue hatte, da stieg die Muttergottes samt dem Kindlein vom Altar herab zu ihm. Das Kindlein aber stand auf und wandte seinen Kopf, sodass sein Antlitz dem Sünder

Während die Häuser der Innsbrucker Altstadt vermehrt unter den Schutz von Maria-Hilf gestellt werden, vertrauen die Amraser auf die Gnadenmutter ihrer Pfarrkirche.

zugekehrt war, und die Hilfreiche Mutter erzählte ihm, dass ihr allerliebster Sohn seine Sünden verziehen habe, nur dass er sie fürbass nimmer tun sollte. Zum Zeichen dafür legte sie ihre Hand auf den Kopf des Sünders. Seitdem verblieb des Kindleins Kopf ein wenig erhoben und wieder dem Volke zugekehrt.

Darauf lief der Sünder wieder zu dem Priester und schrie ihn an: „Steh eine Weile still!" Das tat er und hörte sein Wort. Da erzählte der Sünder alles, was ihm in der Kirche zu Amras widerfahren war, beichtete ihm hierauf mit großem Fleiß seine Sünden und diente fürbass Gott mit Ernst und mit Andacht. Aus Dankbarkeit ließ er ein Bild malen, auf dem die Muttergottes samt dem Kindlein so dargestellt ist, wie sie vom Altar herab zu ihm gekommen war, und hängte es in der Kirche zu Amras unter der Kanzel auf. Daselbst ist es noch zu sehen. *(Heyl 1897, Nr. II / 1, S. 42)*

*

Dieselbe Sage existiert auch in etwas geänderter Form und wie sich Sagen meist an berühmte Namen hängen, so hat die landläufige Überlieferung erzählt, der junge Wallenstein habe als Edelknabe Erzherzog Ferdinands II. diesen gefährlichen Fenstersturz glücklich überstanden. Dies stimmt natürlich nicht, denn erstens war Wallenstein nach historischen Zeugnissen niemals auf Schloss Ambras, zweitens muss sich das der Sage zugrunde liegende Ereignis um ein paar Jahrhunderte früher abgespielt haben, da die Statue noch aus der gotischen Zeit herstammt. *(Hochenegg 1924, S. 65)*

168 DIE HUNDSKAPELLE

Die Stelle, wo sich die Kranebitter Klamm am engsten zusammenzieht, heißt die Hundskapelle. Sie hat diesen Namen daher, weil die Heiden nach Einführung des Christentums in dieser Schlucht heimlich ihren Göttern opferten. Als dies bekannt wurde, kamen die Christen von oben durch die Klamm herab und warfen den ganzen heidnischen Plunder zusammen. *(Zingerle 1891, Nr. 935, S. 538)*

169 EIN VERSCHOLLENES VOTIVBILD UND SEINE LEGENDE

In der Mariahilfkapelle [Arzl] befanden sich früher zahlreiche Votivbilder, darunter eines, um welches sich eine bemerkenswerte Legende rankt:

„Vor dem Kriege befand sich in der Kapelle noch eine beachtenswerte Tafel mit der Legende von einer vornehmen Frau, die einer Taglöhnerin wegen ihrer vielen Kinder Vorwürfe machte und zur Strafe dafür so viele Kinder tot zur Welt brachte, als das Jahr Tage zählt. Auch andernorts, zum Beispiel in Thierberg bei Kufstein, trifft man solche Überlieferungen an als Zeugen der im Volke lebendigen Überzeugung, wie Gott begangene Frevel straft." *(Hochenegg 1935, S. 47)*

170 HEILSAMES ÖL

Die Kirchenlampen von Mariastein, Stams und Wilten bringen heilsames Öl hervor. *(Nach Hochenegg 1950, S. 63)*

> Auch aus dem Grabe des Wiltener Abtes Wernher († 1331), der für heilig gehalten wurde, sei „gar heilsames Öl" geflossen. Seit dem Neubau 1639 wurden die Gebeine Wernhers gemeinsam mit denen vom ersten Propst des Stiftes Marquard († 1142), der ebenfalls im Ruf der Heiligkeit stand, hinter dem Hochaltar beigesetzt.

171 DAS FRAUENKLOSTER IN ALTENSTADT

Auf dem Petersfelde zu Altenstadt [Feldkirch] war – wie nach einer alten Rankweiler Chronik früher in einem pergamentenen Briefe zu lesen gewesen – ein kleiner Bildstock Unsrer Lieben Frau. Dort trafen sich öfter zwei Mägde im Gebete, und endlich beschlossen sie, daneben eine Klause zu erbauen, um daselbst stets in frommem Vereine und Andacht verweilen zu können. – Dies ist der Ursprung des Klosters Altenstadt.

Das Klösterlein war aber gar arm, denn kein mächtiger Herr hatte ihm Habe und Gut verliehen. Und als eine Hungersnot ins Land kam, gerieten die frommen Frauen in bittere Drangsal. Sie hatten keine andere Speise mehr als Wurzen und Kraut, sofern sie es fanden. Da geschah es, dass die Oberin, nachdem sie eine halbe Nacht betend zugebracht hatte, von tiefem Schlafe umfangen wurde und in diesem eine Stimme vernahm: „Steh auf und geh über Wege und Straßen, bis du an den Arlberg kommst, wo der heilige Christoffel steht, und von dort weiter bis in die große Stadt. Dort wird dir ein Engel begegnen, der

Das gezeigte Christkindl aus Wachs stammt aus der Kunstkammer des Servitenordens. Der Brauch des „Kindlwiegens" wurde ursprünglich in Frauenklöstern praktiziert, wo die „Fatschenkinder" auch als Klosterarbeiten hergestellt wurden. Später entwickelten sich die „Krippelen" daraus – die ersten wurden in Innsbruck 1608 in der Jesuiten- und der Hofkirche errichtet.

> Die Zwanzigerjahre des 17. Jahrhunderts waren für das bereits bestehende Kloster Altenstadt in Feldkirch sehr leidvolle Jahre, bedingt durch Pest, Ernteausfälle und politisch-religiöse Unruhen. Die Priorin schickte nun die Schwestern in die Schweiz und in den Bregenzerwald zum Almosensammeln. Vielleicht wurden auch aus diesem Grund im Herbst 1633 die beiden Schwestern Anna Maria Finer und Elisabeth Pappus nach Innsbruck gesandt, wo sie von der „Gräfin Bemelburg" [Anna Constantia geb. Gräfin Fürstenberg] empfangen wurden. Doch die Gräfin hatte an diesem Tag noch einen anderen Gast, die jung verwitwete Anna Marle [Märlin]. Anna Märlin wollte sich gleich und ohne Verzug aufmachen, mit den Schwestern ins Kloster zu reisen, hatte sie doch gleich nach dem Tod ihres Mannes das Gelübde abgelegt, in ein Dominikanerinnenkloster einzutreten und ihr ganzes Vermögen dafür zu verwenden. Und als Witwe des Caspar Bissinger, Kommandant der Sperrfestung Scharnitz und Vormundschaftsrat der Kinder des Erzherzogs Leopold, dürfte es nicht wenig gewesen sein.
>
> Doch die Schwestern dachten an die bittere Armut und die schlechte Ausstattung des Klosters und versuchten sie davon abzubringen. Anna Bissinger ließ sich jedoch von nichts aufhalten. Sie reiste mit den Schwestern nach Vorarlberg, und ein Jahr später legte sie den Grundstein für den neuen Klosterbau.

euch Hilfe bringt und Trost!" Alsogleich stand die Oberin auf und machte sich mit einer Schwester auf den Weg. Sie gingen über Berg und Tal in großer Schwäche und Armseligkeit, bis sich die Türme von Innsbruck am Himmel abzeichneten. Als sie dort auf die Brücke kamen, die über den Fluss führt, trat ihnen eine Frau entgegen in schwarzem Kleide und Witwenschleier, die fragte, woher sie kämen so voller Trübsal. Und wie sie Rede und Antwort gaben und von ihrem Elend und Mangel erzählten und die Frau darauf erwiderte, sie hätte schon lange gewünscht, in ein armes Klösterlein einzutreten, erkannte die Oberin, dass diese Frau der Engel sei, von dem ihr die nächtliche Stimme gesprochen.

Miteinander kehrten sie um und die trauernde Wittib war eine reiche Gräfin. Nun hatte der bittere Mangel der Nonnen ein Ende und auch noch alles Volk im Umkreise genoss Guttat und Gaben. Die fromme, reiche Frau aber nahm nur Wasser als Trank und „ruch häbrin und gerstin Brot" als Speise und übte die Armut nach Christi Rat bis zu ihrem Tode.

Das von ihr neu aufgebaute Kloster aber besteht heute noch und lehnt sich an die alte Pfarrkirche, von der herüber die Glocke hallt mit der alten Inschrift:

„Ave Maria, Gottes Zelle,
Hab' in Hut, was ich überschelle!"
(Hensler 1936, S. 10)

172 DIE GALGENBICHL-SAGE BEI INNSBRUCK

Die alte Nockerin, ein neunzigjähriges Mütterl, erzählte öfter nachfolgende Sage. [Zur Erläuterung muss vorab erwähnt werden, dass am Wege von Hötting nach dem Kerschbuchhof, ungefähr auf halbem Wege, sich linker Hand ein Hügel befindet, den heute ein Feldkreuz mit einer Opferbüchse ziert. Früher stand dort, circa fünfzig Schritte davon entfernt, eine sehr alte, hölzerne Kapelle. Sie soll bei einem Hochgewitter, durch einen Blitz entzündet, verbrannt sein. Und auf diesem Bichl, anstelle des heutigen Kreuzes, stand früher ein Galgen, und in der vorerwähnten Kapelle konnte der zum Tod Geführte seine letzte Beichte und seine Gebete verrichten.]

Einmal nun wurde ein unschuldig Verurteilter zur Richtstätte gebracht, und ebenso durfte er in der nahen Kapelle seine Beichte verrichten. Auch dem Pater beteuerte der Unglückliche seine Unschuld und

Kruzifix auf dem Richtplatz am Galgenbichl in Allerheiligen

bat ihn flehentlich, dass er ihn vor dem schimpflichen Tod errette. Der fromme Pater kam zu der Überzeugung, dass sein Beichter wirklich unschuldig sei, und kurz entschlossen schnitt er ihm die Fesseln entzwei und wies ihm zur Flucht das Fenster im Hintergrund der Kapelle, das in den Wald und das Gestrüpp hinaus mündete. Der Fesseln ledig, ergriff dieser die Flucht, das Messer, das ein Beweis gegen den Pater, seinen Retter, hätte sein können, mit sich nehmend. Nach langem Warten drangen die Schergen in die Kapelle, um ihr Opfer zur Richtstätte zu holen. Dort aber fanden sie den Pater, in tiefem Gebete versunken, allein vor. Auf die Frage nach dem Verurteilten antwortete er, der Gesuchte sei plötzlich verschwunden. An ein Wunder glaubend, zogen die Henkersknechte ab.

Nach vielen Jahren reiste der Pater in die Schweiz. Dort kehrte er in einem Dorfwirtshause ein und bat um ein Mittagessen. Lange Zeit musterte ihn der Wirt gar eindringlich; dann ging er zu einem Kasten und holte dort ein wohlverwahrtes Messer hervor, zeigte es dem Pater und fragte ihn, ob er dieses kenne – es war das Messer, mit dem der Pater einstens in der Galgenbichl-Kapelle bei Innsbruck, jenem unschuldig zum Tode Verurteilten, die Fesseln zerschnitten hatte.

Der Wirt war jener. Er hatte sich durch Fleiß und Redlichkeit zu großem Wohlstande emporgearbeitet. *(Tiroler Sagen, in: Der Sammler, 1911, 12. Heft, S. 269)*

173 DER NAMENLOSE GEFALLENE AUF DEM TUMMELPLATZ

Im Herbst, besonders am Nachmittag des „Seelen-Sonntags", wallfahren die Innsbrucker in langen Zügen zum Tummelplatz hinaus, um unserer toten Landesverteidiger zu gedenken. Mehrere Tausend ruhen dort als Blutzeugen der tirolischen Treue zu Gott, Kaiser und Vaterland in den vielen harten Kämpfen der Kriegsjahre 1796 bis 1809. Das Grab eines unbekannten Soldaten, der im Ambraser Schlosse [damals Kriegerspital] seinen Wunden erlegen war, wurde im vorigen Jahrhundert gleich einer Gnadenstätte verehrt, denn manches Mal sah man ein Lichtlein über dem Kriegergrabe. *(Hochenegg 1935, S. 29)*

Der Tummelplatz oberhalb von Schloss Ambras

Der Friedhof am Tummelplatz ist seit Ende des 19. Jahrhunderts „Ehrenfriedhof von Tirol" und wurde später zum Naturschutzgebiet erklärt. Um 1810 soll ein tauber Oberländer hier geheilt worden sein, und von da an kamen täglich Leute, um für ihre Anliegen zu beten. Doch es entstand auch das Gerücht einer ruchlosen Tat: Ein kranker österreichischer Soldat soll hier ermordet und beraubt worden sein. An seinem Holzkreuz wurde von Unbekannten eine Tafel angebracht mit einem Vers, der wie folgt beginnt: „Hier ruhen bei 8000 Mann in dieser kühlen Erden ..."
Historisch belegt dürften auf dem Tummelplatz maximal 1000 Tote bestattet sein.

*

Hinter den in der Sage beschriebenen Lichtlein werden auch „arme Seelen" vermutet, die noch eine Zeit lang auf Gottes Erde bleiben müssen, da sie es verabsäumt haben, fromme Gelübde zu erfüllen oder gute Werke zu vollbringen. Am liebsten halten sie sich daher an geweihten Orten auf, wo sie als Lichtlein umherirren. Physikalisch gesehen können diese Erscheinungen als atmosphärische Entladungen (Elmsfeuer) betrachtet werden.

*

Auf dem Tummelplatz [Turnierplatz] sollen gar 8000 in den Jahren 1797 bis 1805 gefallene Krieger schlummern. *(Achleitner, Abl 1895, S. 95)*

174 VERSCHIEBUNG DES KIRCHWEIHFESTES

Früher habe man erzählt, dass das Kirchweihfest in Arzl ursprünglich um Galli [16. Oktober] gefeiert worden sei. Weil aber der große Dorfbrand von 1756 um eben jene Zeit [13. Oktober] ausgebrochen sei, habe man das Fest damals auf den Sonntag nach Martini [11. November] verschoben und seither an diesem Termin festgehalten. *(Slamik, mündlich, bei Feil 2003)*

Die Verschiebung des Kirchweihfestes hat nichts mit dem genannten Dorfbrand zu tun, sondern wurde bei der Kirchweihe 1480 festgelegt.

175 MARIA UNTER DEN VIER SÄULEN

So heißt das Muttergottesbild, welches auf dem Hochaltare der Pfarrkirche zu Wilten verehrt wird. Den Ursprung desselben rückt die fromme Sage bis in die Zeiten des römischen Kaisers Mark Aurel hinauf. Damals hatte die sogenannte donnernde Legion [Legio X fulminatrix] in Wilten ihr Standquartier. Als sie ums Jahr 137 nach Christi Geburt weiterzog, vergruben die christlichen Soldaten besagtes Bild in der Au bei Wilten unter vier Bäumen. Später wurde es von einem frommen Bauer, namens Lorenz, wieder gefunden und alsbald hoch verehrt. *(Zingerle 1891, Nr. 902, S. 522)*

> Die Legio fulminatrix, Donnerlegion, war im Quadenkrieg im Jahr 174 in Kappadokien (Türkei) der Anlass zu einer christlichen Sage um die Errettung Marc Aurels.

176 DIE SIECHENMUTTER ZU ST. NIKOLAUS

In das Sondersiechenhaus am Blumenhügel, nahe dem Inn, kamen solcherart Kranke, die von der unheilbaren Krankheit aus dem Morgenland angesteckt waren. Durch die Kreuzzüge wurde dieser böse Aussatz weit verbreitet. Für die Kranken gab es keine Hoffnung auf Heilung, und niemand wollte sich selber in Gefahr bringen und mit den „Sondersiechen" die Pestluft teilen. Einzig Margaretha, das fromme Bürgersmädchen, opferte sich einer Mutter gleich für die Pflege auf und viele konnten dank der „Siechenmutter" gesund werden. Als sie hochbetagt starb, wurde sie in der hölzernen Kapelle des Sondersiechenhauses aufgebahrt, die Gläubigen banden ihr Rosen ins Haar, legten Bilder bei ihr nieder und hielten lange bei ihr Totenwache. Die Gesichtszüge Margarethens wurden milder und milder. Auf ihren Wunsch hin wurde sie inmitten der Gräber der niedrigsten Kranken beigesetzt.

> Pestkranke und Patienten mit anderen schweren Ansteckungskrankheiten wurden in „Spitälern" oder „Siechenhäusern" außerhalb der Stadtmauern untergebracht, um die Ansteckungsgefahr zu verringern. Meist waren es kirchliche Orden, die sich der Kranken annahmen; in der Regel aber waren sie sich selbst überlassen. Nur wenige fanden sich, die sich den bereits Verlorenen widmeten.

Viele Jahrhunderte später, von Margarethe berichtete nur mehr die Sage, fand man beim Bau der steinernen Pfarrkirche von St. Nikolaus ihren frischen Leichnam mit blühenden Rosen im Haar. Sogleich strömten die Leute herbei und erkannten, dass es sich nur um eine Heilige handeln

> **— 22 —**
>
> Manch' Jahrhundert zog vorüber
> Mit der Menschen Haß und Lieben,
> Von der frommen Margaretha,
> War die Sage nur geblieben.
> Eine Kirche ward gestiftet,
> Statt dem Kirchlein arm von Holze,
> Daß Sankt Nikolaus zu ehren,
> Auf sie steig' mit heil'gem Stolze.

Faksimile des Gedichtes der Siechenmutter aus dem Jahre 1855

könne. Für die Siechenmutter wurde eine eigene Nische gebaut, und viele Gebete wurden und werden durch ihre Fürsprache erhört. *(Nach Alpenburg 1855, S. 19)*

177 MARIA IM HÖTTINGER BILDE, DER STUDENTEN ZUFLUCHT

Ein jüngerer Bruder des Hausbesitzers [Rudolf Peirer, im Kirchgassl zu Hötting] hieß Franz und war Student und ein inniger Verehrer Mariens. Im Beisein desselben sowie in Gegenwart zweier Freunde, des Johann Kisinger und Paul Reiter, fiel nun das Bild auf eine unerklärliche Weise von seinem Platze herab. Da sich dies öfter wiederholte und trotz genauern Achtgebens sich keine natürliche Ursache dieses Ereignisses finden ließ, vertraten die frommen Zuseher die Meinung, die Muttergottes wolle dadurch andeuten, dass sie sich für dieses Bild einen anderen Platz auserwählt habe. Der fromme Student Franz Peirer brachte nun, es war im Jahre 1675, mit seinen Gefährten das Bild herauf auf dies stille Ruheplätzchen im Höttinger Berge und befestigte es in einem roten offenen Kästchen an einem hohen Lärchbaume, gleich an der Ecke

Deckenfresko der Kapelle Höttinger Bild mit Rokokostuck aus dem späten 18. Jahrhundert

an der gegenwärtigen Kapelle, errichtete am Fuße desselben eine Kniebank und stattete nachher seine andächtigen Besuche ab – und nicht umsonst: Denn von der Zeit an, als er seine Verehrung der göttlichen Mutter in ihrem frommen Bilde verdoppelt, hatte er auch auffallend größere Fortschritte im Studium gemacht, sodass seine Lehrer und Mitschüler darüber erstaunten. So wurde dieses Bild immer mehr bekannt, und es zogen viele andächtige Verehrer, besonders aus Studentenkreisen, zu demselben hinauf, sodass es den auszeichnenden Beinamen erhielt: „Maria im Höttinger Bilde, der Studenten Zuflucht." *(Festkomitee 1884, S. 6, gekürzt)*

*

Nach anderer Überlieferung wurde von dem jungen Studenten an dem Platze der heutigen Kapelle ein Mutter-Gottes-Bild gefunden und mit großer Andacht verehrt. *(Hochenegg 1935, S. 19)*

178 DAS HEILIGE WASSER

Zwei Hirtenknaben weideten am nördlichen Abhange des Patscherkofels ihre Kühe [man zählte 1606 nach Christus]; da gingen ihnen sechs Stück verloren, und sie konnten dieselben ungeachtet allen Suchens nicht mehr finden. Die bekümmerten Knaben beteten in solcher Not aus tiefstem Herzensgrunde zur Himmelskönigin Maria, und diese erschien ihnen in einem überirdischen Lichtglanze und zeigte mit ihrer Rechten auf einen hohen Gebirgspunkt, wo die vermissten Kühe weideten und vom Abendsonnenscheine hell beleuchtet zu sehen waren. Die begnadigten Hirten wussten nicht, wie ihnen geschah; sie fielen auf ihre Knie nieder und dankten. Als sie sich aber von ihrem Staunen erholt hatten, war die himmlische Erscheinung verschwunden. Beide versicherten, deutlich die Worte vernommen zu haben: „Hier bauet mir zu Ehren eine Kapelle!" Und sie fanden an dieser geheiligten Gebirgsstelle eine ungewöhnlich frische Quelle, die früher nicht da war.

Sie kehrten sodann mit ihren Kühen in die Heimat zurück, machten aber von allem, was sie gesehen und gehört, durch viele Jahre nichts kundbar. Indessen verfügte sich doch der eine von ihnen, der die gehabte Erscheinung im Igelser Walde nie vergessen konnte, öfter an jene Stätte und nahm einmal auch das fünfjährige Knäblein seines Nachbars, welches von Geburt stumm war, mit sich. Nun erfolgte an dem Gnadenorte ein neues Wunder: Das Knäblein konnte reden, als hätte ihm die Sprache nie gefehlt. Solches ereignete sich im Jahre 1651. Jetzt verkündete er das Geschehene und auch die frühere Erscheinung. Er fand Glauben, und noch in demselben Jahre entstand durch Beiträge frommer Gemeindsleute und durch Opfer von Auswärtigen bei dem heiligen Wasser eine Kapelle und eine Wallfahrt. *(Zingerle 1891, Nr. 257, S. 157)*

Darstellung der Auffindungslegende von „Heilig Wasser" an einer Hausfassade nahe der Sillschlucht

MODERNE SAGEN

Die Sagenbildung ist nicht abgeschlossen, es tauchen ständig neue Sagenvarianten in der Erzählkultur auf. Im Folgenden werden nur die Sagen dokumentiert, die stadtbezogen in Innsbruck erzählt werden.

179 DER SCHUH MIT DEM KNOCHEN IM BUNKER

Als wir Kinder waren, da haben wir oft im sogenannten „Bunker" in der Reithmannstraße gespielt. Der Bunker verzweigte sich südwestlich vom Reithmanngymnasium, wo heute ein Wohnhaus steht. Der Bunker war ein in den Boden gebautes System aus Räumen, die von Betonwänden umgeben waren. Darüber wucherten Sträucher, Wiese, Hollerbäume, sodass man die ganze Stätte als braches Feld hätte anschauen können.

Wir Kinder aber haben die Löcher, die Einstiege in den Bunker, gefunden. Drin war es stockdunkel oder zumindest halbschattig. Wir hatten entsetzliche Angst davor, nie mehr wieder die Sonne über der Reichenau zu erblicken. Im Bunker nämlich, da wohnten böse Leute: „Rattler", wie wir sie nannten. Aber es waren keine gewöhnlichen Rattler, nicht so harmlos wie die „Steiner" oder die „Bockeler". Hier wohnten die Schlimmsten von allen; niemand hatte sie je gesehen, und dennoch ging die Sage um von ihnen, sie hießen „Retschatschegga", und als Zeichen ihrer Grausamkeit soll es im Bunker einen Raum gegeben haben, in dem man einen Schuh sehen konnte, aus dem ein Knochen ragte. Bestimmt die Reste eines ihrer Opfer.

In den frühen 80er-Jahren wurde der Bunker dann beseitigt, sehr zum Leidwesen von uns Kindern. Es war trotz aller Furcht vor dem wüsten Ort ein herrlicher Spielplatz. *(E-Mail-Zusendung Kurt Arbeiter 2002)*

180 IN DER EUROPABRÜCKE EINGEMAUERT

Beim Bau der Europabrücke mussten die vier Stützen in einem Durchgang in Beton gegossen werden. Es wird erzählt, dass ein Bauarbeiter [Variante: mehrere Bauarbeiter und Baumaschinen] in die Gussmasse gestürzt sei. Man konnte den Arbeitsvorgang nicht unterbrechen, der Arbeiter verlor sein Leben und seine Leiche befindet sich bis heute in den Stützpfeilern dieser prominenten Brücke. *(Mündliche Mitteilung)*

> Anfang der 1960er-Jahre errichtet, war die Europabrücke bei Innsbruck (zwischen Patsch und Schönberg) bis zum Jahr 2004 die höchste Brücke Europas. Der Bau der Brücke forderte einige Opfer, die eine angemessene Bestattung und eine Gedenktafel bei der Europakapelle erhielten.

181 DIE SPUKENDE NONNE AUF DEM SOWI-AREAL

1996 wurde die Fennerkaserne abgerissen und an ihrer Stelle der neue Komplex der Sozial- und Wirtschaftswissenschaftlichen Fakultät gebaut. Schon im ersten Sommer löste sich aus unerklärlichen Gründen eine große Deckenplatte und krachte zu Boden. Der Fehler wurde der mangelnden Technik angelastet. Doch die Vorgänge häuften sich, und im Sommer 2002 titelte ein Artikel der Tiroler Tageszeitung bereits wieder: „Es spukt auf der SOWI – Unerklärliche Vorgänge an der Sozial- und Wirtschaftswissenschaftlichen Fakultät". Auch wenn bald technische Erklärungen für diese Vorgänge nachfolgten, so ist es doch spannend, die Berichterstattung in den weiteren Zusammenhang der Jahrhunderte davor zu stellen. *(E-Mail-Zusendung; siehe auch „Spukende Nonnen" S. 118)*

182 SPUK IN DER HOFBURG

In der Innsbrucker Hofburg geistert es in der Nacht. Deutlich konnte der Wachdienst über dem nördlichen Turm-, Rondellzimmer des Ausstellungsraumes im 2. Stock, Schritte hören. Wie konnte das sein? Die Räumlichkeiten sind doch unbewohnt? Manchmal werden die geisterhaften Schritte sogar von dem Museumspersonal beim abendlichen Schließen des Museums gehört. *(Mündliche Mitteilung)*

Haupthof der Innsbrucker Hofburg, des größten historischen Gebäudes der Stadt. Das heutige Aussehen geht auf die Umbauten des 18. Jahrhunderts durch Kaiserin Maria Theresia zurück.

183 DAS SPUK-HAUS IM SAGGEN

In der Claudiastraße 13 befand sich ein „unheimliches Schloss, in dem es spukte". In den 50er-Jahren wurden dort psychologische Experimente durchgeführt. Wer sich freiwillig meldete, bekam eine „Kastenbrille", mit der man die Welt spiegelverkehrt oder auf den Kopf gestellt sah. Die Innsbrucker wurden damals aufgefordert, auf diese Passanten mit den Spezialbrillen Rücksicht zu nehmen. *(Tiroler Tageszeitung, 28. Oktober 2004)*

Eingangsdetail der Spukvilla im Saggen mit gehörntem Maskeron

184 SPUK IN ARZL

In den Neubauten des Helfentalweges in Arzl soll es angeblich spuken. Vor einigen Jahren stand dort noch eine Pestkapelle, die jedoch um einige Meter versetzt wurde, um den Grund als Baugrund zu verwenden. *(Nach www.arzl-innsbruck.at)*

185 DIE BERGISELSCHANZE

Die Sprungschanze auf dem Bergisel sorgt regelmäßig für Varianten der lokalen Erzählkultur.

Immer wieder wird jedoch erzählt, jemand sei nächtlicherweise auf dem extrem steilen Sprunghang Ski gefahren. Besonders in der Nacht vor dem jährlichen Bergisel-Springen sei die „Piste besonders gut präpariert".

Es wird auch von einer japanischen Reisegruppe erzählt, die zum Rodeln von der Schanze eingeladen worden sei und mit dem dortigen Sportwart heftig in Streit geriet, weil dieser sie davon abgehalten habe.

Auch alle möglichen Gegenstände seien schon über die Schanze gekommen. Eine Autofirma soll die Schanze für Crashtests und Werbefilme gemietet haben. *(Mündliche Mitteilung)*

186 OLYMPIASIEG IM STIEGENHAUS

Anlässlich Franz Klammers Husarenritt 1976 vom Patscherkofel wetten zwei Freunde, Sepp und Kurt, Bekannte meiner Bekannten Beate P., aus dem Innsbrucker Stadtteil Pradl, Eichhof, dass der Sepp sich nicht traut, im Stiegenhaus des 5-stöckigen Gebäudes mit Alpinskiern abzufahren: Wetteinsatz eine Kiste Bier.

Sepp, nicht fad und etwas alkoholisiert, stürzt sich aber hinunter. Start 5. Stock, perfekt, Kurven etwas wackelig, 4. Stock, 3. Stock, 2. Stock, 1. Stock – es passiert. Der geneigte Leser erwartet einen Sturz; nein, Sepp „packt" die 85-jährige Witwe Olga P. und führt sie nieder. Diese ist nur etwas benommen, und Sepp bringt sie in die Wohnung, dann alkoholisiert er sich weiter.

Zwei Tage später regt sich bei Sepp das schlechte Gewissen, und er kauft Blumen für Frau Olga, um sich zu entschuldigen. Bei ihrer Wohnung angekommen, meldet sich niemand – die Dame ist nicht zu Hause. Am nächsten Tag dasselbe. Sepp beschließt daher, sich nach Olga P. zu erkundigen, und verfügt sich auf die Ambulanz der Uniklinik Innsbruck. Ja, Olga P. sei bekannt und am Tag zuvor frühmorgens mit gebrochenem Knöchel erschienen und behandelt worden; allerdings sei auch zutage gekommen, dass sie nicht mehr richtig ticke: Sie sei gerade zum Einkaufen losgegangen, als sie im Hausgang von einem Skifahrer niedergeführt worden wäre, und dabei habe sie sich verletzt.

Der sich informierende Sepp solle sich aber keine Sorge machen, Frau Olga sei in besten Händen – im Psychiatrischen Krankenhaus Hall.

Dort nun versucht Sepp sein Glück, und schließlich gelingt es ihm auch, Olga P. wieder freizubekommen. Der neu angeschaffte Blumenstrauß soll recht groß gewesen sein!

Mit den Worten des allseits beliebten und begabten A. Assinger: „Glück gehabt". *(E-Mail-Zusendung)*

187 VERHÄNGNISVOLLER SKIUNFALL

Eine junge Frau war am Patscherkofel Ski fahren. Während der Abfahrt verspürte sie ein menschliches Bedürfnis. Sie blieb stehen und begab sich an den Rand der Piste ins Gebüsch.

Mit angeschnallten Skiern, den Overall bis unter das Gesäß heruntergelassen, wollte sie ihre Notdurft verrichten. Doch da das Gelände ziemlich steil war, verlor sie ihren Halt und rodelte mit blankem Hinterteil zurück zur Piste und ein schönes Stück talwärts.

Die Bergrettung hatte sie dann in die Klinik transportiert. In der Unfallambulanz traf sie eine Bekannte, die sich beim Skifahren den Knöchel verstaucht hatte und auch in Behandlung war. Auf die Frage, wie das passiert sei, erzählte die Bekannte, dass sie am Patscherkofel Ski fahren war, als plötzlich vor ihr eine Frau mit nacktem Hinterteil sitzend in die Piste fuhr und ihr den Weg abschnitt. Das habe sie so verwirrt, dass sie zu Sturz kam und sich dabei den Knöchel verstauchte. *(E-Mail-Zusendung)*

188 DER PARAGLEITER

Die Geschichte des unglücklichen Paragleiters wird in Innsbruck in verschiedensten Varianten erzählt.

Dieser sei bei strahlendem Wetter von der Nordkette gestartet und wurde durch den plötzlich aufkommenden Föhnsturm an jeglicher Landung gehindert, bis er nach einer gewissen Zeit völlig erschöpft im Karwendelgebirge gefunden wurde. *(Mündliche Mitteilung)*

*

In der mir zu Ohren gekommenen Version war es ein Segelflieger, der durch den Aufwind eines Gewitters in extreme Höhen gezogen wurde. Das Segelflugzeug kam dann irgendwo in Afrika herunter, wo die dortigen Einheimischen das Wrack mit der völlig gefrorenen Leiche fanden. *(E-Mail-Zusendung)*

189 DER INNSBRUCKER VULKAN

Der Patscherkofel ist ein erloschener Vulkan, man erkennt dies an der untrüglichen Form seiner gewölbten Kuppe. Manchmal ist die schneebedeckte Kuppe auch rot gefärbt, bei starken Minustemperaturen raucht es aus dem Gipfel und man hat Bimsstein an seinem Gipfel gefunden. *(Mündliche Erzählung)*

GLOSSAR

Abkürzungen:
bzw. beziehungsweise
Jh. Jahrhundert
lat. lateinisch
österr. österreichisch
ugs. umgangssprachlich

abgeprügelt – verprügelt
Abtritt – Ort zur Verrichtung der Notdurft
Achselkopf – Teil der Nordkette (1560 m)
Alber – variierende Sagengestalt, hier: Feuer speiender Flugdrache, Gestalt des Teufels
Allermannsharnischwurzel – Allium victorialis. Die Zwiebel des Sieglauchs war im Mittelalter als Amulett für Kriegsleute im hohen Ansehen, weil sie von Fasern kettenhemdartig umstrickt ist.
Almnutzen – bekommt der Bauer je nach Menge und Qualität der Milch seiner Kühe nach dem Almabtrieb, meist in Naturalien, ausbezahlt
Alp – Dämon
am Tode liegen – im Sterben liegen
anblasen – anfauchen, dabei wird oft Böses übertragen
angrunen – anknurren, anschnauzen
annoch – ugs. immer noch
auf die Stör gehen – Wanderhandwerker, die von Hof zu Hof ziehen, während der Werkzeit bei den Bauern leben und gegen ein geringes Entgelt arbeiten
aufbringen – in Umlauf bringen
aufgerieben – Fachausdruck; hier vernichten
aufklauben – aufheben
aufmachen – hier: aufspielen, musizieren
Ausgestochenes – hochwertige Arbeit
ausgreinen – schimpfen
aussegnen (Aussegnung) – 40 Tage nach der Geburt wird die Wöchnerin vor ihrem ersten Kirchenbesuch unter Gebeten in die christliche Gemeinschaft wieder eingeführt

Banner – hier: eine Person, die sich auf das Geisterbeschwören versteht
Bannwald – Schutzwald
Barett – längliche Kopfbedeckung der Renaissance, aus Italien stammend
Basilisk – Sagengestalt, die aus dem Ei eines Hahnes schlüpft und mittels seiner Augenkraft versteinert oder tötet
Bastl – ugs. Abkürzung von Sebastian
Baumpech – ugs. für Baumharz
Baumwollämpchen – Alte Öl-, Petroleumlampe mit einem Baumwollstreifen als Docht
benedizieren – segnen
Bergfried – Hauptturm einer mittelalterlichen Burg
Berggötzen – nicht christlicher Berggott
Bescheid trinken – das freundliche Nötigen zum Trinken
Betläuten – Gebetläuten
Blaubart – französische Märchengestalt
Blos'l – ugs. für Angst oder Glück
Bluet – alte Schreibweise für Blut
Brosamen – Brotkrumen
Bsetz – ugs. für Besitz
Büchsenmacher – stellt Schusswaffen her
buckelkraxen tragen – ugs. für huckepack, jemanden am Rücken tragen
Bühel – ugs. für Hügel
Burgpfaff – ugs. für Burgpfarrer
Butterkugel – die Butter aus dem Butterfass wurde ausgedrückt und zu einer Kugel geformt
Dampfnudeln – Hefegebäck
Daumen – altes Längenmaß, entspricht der Länge des ersten Daumengliedes
deuchte ihnen gar sehr lange – kam ihnen sehr lange vor
Dirn – ugs. für Mädchen, Magd
Dirndl – ugs. für Mädchen, Freundin
Drahler, Drahl – Drehung, Verdrehung
Druckerl – kleiner Druck
Drud – hier: Trud
durchmachen – abhauen, weglaufen
Eierspeise – Rührei, Spiegelei
eingefatschtes Kind – Säugling, in Stoffstreifen eingewickelt

eingesackt – ugs. für eingesteckt
Einödhof – außerhalb der dörflichen Siedlungen gelegener Bauernhof
elbische Wesen – Elfenwesen
Elle – altes Längenmaß, Abstand zwischen Elle und Mittelfingerspitze
ergehen, sich – spazierengehen
Fangg – Sagengestalt, Wilde Frau
Fastenküchl – ausgebackene Mehlspeise der Fastenzeit, ohne Füllung
Feldweibel – unterster Dienstgrad der höheren Unteroffiziere, ähnlich Feldwebel
fertig werden – ugs. für zu Ende gehen
Firn – Firnschnee
Firtig – Vortuch bzw. Schürze
Fleischhackerhund – Kettenhund
Föhn – Südwind in den Alpen
Freisasse – Besitzer eines freien Gutes ohne Lehens- oder Abgabepflicht
fuchset – ugs. für rothaarig
fürbaß – hier: künftig, weiterhin
Fürtuch – siehe Firtig
Füße kriegen – ugs. für wegrennen
g'frört – ugs. für durch Zauber unbeweglich
Ga'wind – ugs. für nächtlichen Herbstwind, Wilde Jagd
gar werden – ugs. für zu Ende gehen
Gauch – ursprünglich eine Bezeichnung für verliebte Männer, Liebesnarren sozusagen, später dann eine andere Bezeichnung für Narr
Gaudium – Spaß
Gejaid – siehe Wilde Jagd
Gertraudibüchlein – Gertrudenbüchlein, fand im 17. und 18. Jh. weite Verbreitung als Andachtsbuch, hier: Zauberbuch zum Schatzheben
Geviert – Viereck, genauer: Quadrat
gewahren – wahrnehmen, bemerken
gigas asinus – riesiger Esel
Glungezer – Gipfel der Tuxer Alpen, südöstlich von Innsbruck
Gnadenpfennig – Münzen oder Medaillen mit dem Bildnis des Spenders
Gottesacker – Friedhof
gram sein – eingeschnappt sein
Gschmachl – ugs. für Geschmack, Geruch, Duft
Gsottruhe – Truhe im Stall, worin das Futter mit Wasser eingeweicht wird
Gspachtl – Gspachtl ist eine Büchse oder Schachtel, in der die Jäger und Hirten ihre Butter zum Essen aufbewahren

G'süf – ugs. für Getränk
guet – alte Schreibweise für gut
Gufl – buckelige Anhöhe
Haarwizl – ugs. für ausgekämmte, zusammengerollte Haare
Habergeiß – Sagengestalt, dämonischer Totenvogel, der Kinder und Wanderer erschreckt
Hadern – ugs. für Tuchfetzen, Wischlappen, Lumpen
Hafen aus Glockenspeise – Gefäß aus einer Metallmischung zum Glockenguss
Hasel – ugs. für Haselnussbaum, Haselstaude
Haselblätter – Blätter des Haselnussstrauches
Haselwurm – Drachenwurm
Häuserin – Haushälterin des Pfarrers
Haymo, Haimon, Heime – Riese der Gründungssage vom Kloster Wilten, verkörpert die rätoromanische Urbevölkerung, kämpft ritterlich mit dem Schwert
Hechenberg – Berg der Martinswand in Zirl
Heusdirecklern – ugs. für Grashüpfer
Hexensabbat – Treffen der Hexen, um eine satanische Messe zu halten
hin sein – ugs. für tot sein
hineingeschloffen – ugs. für hineingeschlüpft
Hoamgart – gemütliches, nachbarliches Treffen, um ein paar Worte auszutauschen
Hofmark – Recht der Grundherrschaft mit niederer Gerichtsbarkeit
Hohe Warte – Gipfel der Nordkette
Hollerbaum – Holunderbaum, Flieder- oder Elderbusch (lat. Sambucus)
Holzflößer – Berufsstand, der die im Wasser schwimmenden Baumstämme aus den Tälern befördert
Hosenheber – Hosenträger
Hütt, Hitt – berühmte Innsbrucker Sagengestalt
in effigie – im oder als Bildnis; in Vertretung von
in lichter Glorie – in hellem Schein
Irrlicht – nächtliches Licht oder Flamme, die nicht natürlich zu erklären ist
Joppe – ugs. für Jacke
Junker – Zugehbursch eines Ritters, der sich bei ihm in Ausbildung befindet
kalte Pein – wer seine Seele gegen Wohlstand dem Teufel verkauft, muss nach seinem Tod entsetzlich frieren

Kaser – Bezeichnung für Almhütte sowie Raum zur Käseherstellung
Kasermanndl – Sagengestalt eines sündigen, verstorbenen Senners
Kathreinl – Bauernfeiertag am 25. November, der heiligen Katharina von Alexandrien
Kellerrang – Sagengestalt, Wichtl
Kiechelspitz – Küchengerät
Kindermuhme – ältere Frau zum Beaufsichtigen der Kinder, eher mütterliche Funktion mit Familienanschluss
Kirchfahrt – Wallfahrt, auch feierlicher Einzug der zur Pfarre gehörenden Ortschaften
Klafter – altes Längenmaß, Spannweite der seitlich ausgestreckten Arme, 1 Klafter = 1,896484 m, aber auch Raummaß für Holz
Klitscheisen – Glitscheisen, Hilfsmittel, die beim Berggehen über dem Schuhwerk getragen wurden
kloaverruckt – ugs. für total verrückt
Knappe – Bergarbeiter zum Abbau von Erzen und Edelsteinen
Köhlerkittel – Arbeitskleidung des Köhlers, der aus Holz Holzkohle herstellt
Kohlstatt – Dreiheiligen, Stadtteil in Innsbruck
Kotzn – ugs. für grobe Decke, Sitzunterlage
Krametsvögel – ugs. für Wacholderdrossel (Turdus pilaris)
Kranawittvögel – ugs. für Wacholderdrossel (Turdus pilaris)
Kreuzer – Münze mit aufgeprägtem Kreuz, bis Ende des 19. Jh. Zahlungsmittel
Küchlspieß – Küchengerät
Kuhpech – scherzhaft für Milch
Kuhplapper – Löwenzahn (Taraxacum officinale)
Lacke – ugs. für Pfütze
Läuterung – Befreiung von Schwächen, Fehlern
Leichenweiber – auch Klagweiber, bezahlte trauernde Frauen
Leistschneider – hier: meist fahrender Operateur des Leistenbruchs
liacht und rot – hell und rot
Lindwurm – von Lint = althochdeutsch für Schlange, drachenartige Sagengestalt, mit meist kleinen Flügeln
Linnen – Leinen
Loden – typischer warmer Wollstoff (gewebt und gewalkt) im Alpenraum
Lohe – Flamme
Lotter – Bettler, auch fremder Mann
Mahd – Schnitt von Gras oder Getreide / Wiesenplatz für Graswuchs, der gemäht wird
Makkaroni – röhrenförmige Nudelsorte
Mandl – kleiner Mann, Männchen
Manndl – kleiner Mann, Männchen
Mariae Geburt – katholischer Festtag am 8. September, Geburt Mariens
Mark – Grenzbezeichnung, Währung
Martinsabend – Vorabend zum Tag des heiligen Martin, also der Abend des 10. Novembers
Matzlar – durch Gebrauch entstandene muldenartige Vertiefungen
Maulschellen – ugs. für Ohrfeige
Maultasche – hier Ohrfeige
meeralt – uralt
Meerminne – Seejungfrau, Nixe
melchen – melken
Melcher – Melker
Metzgerhund – Fleischerhund, Kettenhund
Milchmelter – Milchkübel
Moschgerar – in der Zeit der traditionellen Fasnacht mit einer Maske verkleidete Person
Much – ugs. Abkürzung von Michael
Murbl – Sagengestalt, Lindwurm
Mure – Gerölllawine
nach drei Monden – nach drei Monaten
nachantern – ugs. für nachreden
Nachen – ugs. für Nacken
Nahnl – ugs. Koseform für Großmutter
niederführen – ugs. überfahren
Nigromant – Schwarzkünstler
Notpfennig – Notgroschen
Nudeln – hier Krapfen, Mehlspeis
nui – ugs. für neu
oaletschen – verächtlich abwertend für armselig
Obstanger – Wiese mit Obstbäumen
oz'magg'n – ugs. für verprügeln, hier: umbringen
packen – ugs. hier: treffen
Palmholz, geweihtes – Zweige, die man zum Palmsonntag erhält, auch Ölzweige
Patscherkofel – Hausberg von Innsbruck
Pech – ugs. für Baumharz
Pechmandl – Sagengestalt, Sandmann
Pehamer-Äpfelbaum – alte Apfelsorte „Behamer"

Pers – Pers, Persch: bedrucktes Sommerkopftuch, klein gesprenkeltes Muster auf dunklem Grund, Stoff, der auch für Kattunkleider verwendet wurde

Pfannenknecht – hölzerner Gebrauchsgegenstand, auf den die heiße Pfanne gestellt wird

Philipp Jakobi – Festtag der genannten Patrone, 1. Mai

plessiert – durch Stöße mit blauen Flecken versehen

Poppen, den – ugs. für die Puppe

Posten (sechs) – Poststationen im Abstand von 15 km

pro primo, secundo, tertio – zum Ersten, Zweiten, Dritten

Putz – Sagengestalt auf Almhütten

Quatemberzeiten – vierteljährliche Fastenzeit, auch Fronfasten genannt, im Volksglauben ist diese Zeit mit magischer Kraft belegt

Querfinger – altes Längenmaß

Radstube – Graben zum Abfluss des Wassers eines Mühlrades

ragg'ln – raggeln, ugs. für Mist wegführen, Abfall entsorgen

Rahmmus – alte, bäuerliche Milchspeise im Alpenraum

Rain – Ackergrenze

Rattler, Steiner, Bockeler – hier: Bezeichnung für soziale Randgruppen in einer Kindersprache

Rauchfang – österr. für Schornstein, sonst trichterförmige Haube über dem Herd oder Feuer

Rearer – Jammerer

rearn – weinen

Rechbrett – Totenbahre

Rechen – Harke

Recke – Krieger, Ritter

Renner geben – stoßen

Retschatschegga – hier: Bezeichnung für eine kriminelle soziale Randgruppe in einer Kindersprache

Ritschen – kleine Wasserrinnen der mittelalterlichen Stadt

Robler – früher Robbler, Sportler einer Variante des Ringens, Raufheld

Röbel – Holzstock

römische Mansion – römische Siedlung

Rosseier – ugs. für Pferdemist

Rossgaggele – ugs. für Pferdemist

Runsa – Sagengestalt, hier: Hexengestalt, auch böse geisternde Sennin

Runse – Wassergraben, Bachbett

Sackl – ugs. kleiner Sack

Salbeln und Pflanzeln – ugs. für Heilen, Behandeln mittels Salben und anderen Medikamenten aus Pflanzen

Salige – Sagengestalt der Waldmenschen, sehr schöne, große Frau mit langen blonden Haaren, die den guten Menschen bei der Arbeit hilft

Sandler – ugs. für Obdachloser

Satan, Teufel – Fürst der Unterwelt, Personifikation des Bösen; im Volksglauben kann er Tier- oder Menschengestalt annehmen

Schaffl – Schaffel, Wanne, hölzernes Gefäß

Schatzhüter – Sagengestalt, die zur Buße einen Schatz bewachen muss, bis zur Hebung desselben

schlagerdenmüde – ugs. für „hundemüde" sein

Schlüsseldreher – mittels dieses Geräts kann eine Tür gewaltlos geöffnet werden

Schneller – lauter Knall

Schrattl, Schratt – Sagengestalt, unsichtbarer, kleiner Dämon, der das Vieh heimsucht und elendiglich „drückt"

Schroffen – raue Felsen

Schuh – Maßangabe

schwertgewaltig – erfahren im Gebrauch mit dem Schwert

Sechter – hier: Holzkübel für Milch oder Viehtrank, mit ausgeschnittenem Griffloch in einer verlängerten Daube
Seelenlicht – Grablicht
Seraph – Seraphin, Engelsgestalt
Siebenmonatsfrucht – Siebenmonatskind, so wie Sonntagskinder sind diese besonders begünstigt
sintemal – nachdem
Skapulier – von manchen Mönchsorden getragener Überwurf; Zeichen der Marienverehrung und im Volksglauben mit magischen Kräften belegt
Solstein – Berg der Nordkette in Innsbruck
Spetzger – ugs. Spezereihändler, Apotheker
Steckenpferd – Kinderspielzeug
Stössel – hier ugs. für gerundetes Objekt, um ein Anstoßen zu verhindern
Ströb – Waldstreu; trockene Blätter als Streu für das Stallvieh
Taler – gesetzliches Zahlungsmittel in Österreich bis zum 31. Oktober 1858
Tatzlwurm – echsenartige Sagengestalt der Alpen, mit Stummelfüßen und Stummelflügeln
Taxn – ugs. für Nadelholzzweige
Tenne – Platz des Korndreschens
Thürse, Thyrsus, Tirsus – germanischer urzeitlicher Riese, hier: Gegenspieler des Haymo, bäuerlich dargestellt
Thyrsusblut – auch Dirstenöl genannt, Steinöl (Ichthyol)
Tobel – stark eingetiefter Verlauf eines Gebirgsbaches oder auch schluchtartiger Einschnitt in einem Steilhang
Totenrearer – ugs. für Totenbeweiner
Trud – weiblicher, nächtlicher Druckgeist
Trud, Drud – Sagengestalt, nächtlicher Druckgeist
Trudenfuß – Pentagramm, Pentakel, fünfzackiger Stern zur Abwehr der Trud
tschekat – ugs. für scheckig
Türkengrieß – Maisgrieß
Tuifl – ugs. für Teufel
Tummelplatz – Friedhof der Gefallenen oberhalb von Schloss Ambras
umgehen – ugs. für geisten
unaufgesegnete Wöchnerin – Mutter, die nach der Geburt eines Kindes vom Pfarrer noch nicht gesegnet wurde
Vermeinung – Beschuldigung, Anklage

Völl – ugs. für Felle: Fallriegel, mittels einer Schnur konnte die hölzerne oder eiserne Felle gehoben oder gesenkt werden
Voreltern – Großeltern; Ahnen
Vortuch – siehe Firtig
Votivtafel – eine Tafel, die aus einem Anlass versprochen wurde
Waffenglast – Waffenglanz, hier: glänzende Waffen
Waller – hier: Wallfahrer
walsch, wälsch – italienisch, romanisch
Wasen – längliche Erd-, Rasenscholle
Wegnarrn – ugs. für Molch
Weichseln – Sauerkirschen
Welschland – ugs. für Italien
Werkschuh – altes Längenmaß, vor allem im Bauwesen
Widum – Pfarrhaus
Wildauer Felder – Wiltener Felder
Wilde Frau – Sagengestalt, riesenhafte Waldfrau, häufig gefährlich, mit Moos und Fellen bekleidet
Wilde Jagd – Sagengruppe von einem jagenden Totenheer in der Nacht
Wilde Leute – Sagengestalten, hier: riesenhafte Urbevölkerung, im Wald oder auf den Bergen lebend, können gut und/oder böse sein, mit Moos und Fellen bekleidet
Wilder Mann – Sagengestalt, riesenhafter Waldmensch, häufig gefährlich, mit Moos und Fellen bekleidet
Wildgefahr – siehe Wilde Jagd
Wildschütz – Wilderer
Worglar – fliegende Sagengestalt, drachenähnlich
Zehnt – Abgabe an den Klerus in Naturalien, der zehnte Teil
Zehrung – Verpflegung, Proviant
Zinkblende und Bleiglanz – Sphalerit und Galenit sind Mineralien, kommen oft zusammen vor
Zirm – ugs. für Zirbe, hochalpiner Nadelbaum
z'krotzfecht'n kemmen – ugs. für handgreiflich werden, raufen
Zoll – frühere Abgabe für Weg- und Platznutzung
Zuig – ugs. für Zeug
Zwazler – ugs. für zappelige Bewegung

SAGEN
NACH STADTTEILEN GEORDNET

Allgemein:
Der Alber
„'s Schrattl"
Das Pechmandl
Wie Doktor Theophrast kurierte
Doktor Theophrasts Tod
Hexengeschichten
Die ersten Kupfermünzen
Scheibenschützen- und Scheibenschlager-Stücklein
Seltsame Anmeldung
Der furchtsame Geist
Todesgespenst
Die Pestsäule von Leithen
Spinnen, Fliegen und Heuschrecken
Maximilian in der Martinswand
Der Unholdshof
Baulegenden aus Innsbruck
Das Frauenkloster in Altenstadt
In der Europabrücke eingemauert

Amras
Der goldene Küch'lspieß
Das Gertraudibüchlein
Der Ritter und die Edelfrau auf Schloss Ambras
Der Amraser Mesner
Der Mühlengeist zu Amras
Die Innsbrucker Trudensterne
Die Totenglocke zu Amras
Herzog Heinrich von Bayern
Der Tod der Philippine Welser
Weitere Sagen um Philippine Welser
Erzherzog Ferdinand und der Schmied
Der Narrenstreit zu Ambras
Unterirdischer Gang nach Schloss Ambras
Die Ambraser Sammlung
Das Gnadenbild in Amras
Der namenlose Gefallene auf dem Tummelplatz
Tote wollen ihr Recht

Arzl
Der Mühlauer Tatzlwurm
Murbl
Der Hexenmeister in Arzl
Eine Sage vom Wilden Mann
Die „Wilde" als Magd

Der Teufel stiftete Ehefrieden
Der Schimmel in Arzl
Eine Schlacht gegen Sachsen?
Ein verschollenes Votivbild und seine Legende
Lettenmandl und Lettenweibele
Verschiebung des Kirchweihfestes
Spuk in Arzl

Hötting
Frau Hütt
Frau Hitt
„Frau-Hitten-Bett"
Das Höttinger Alm-Manndl
Die Almabfahrt der Kasermanndln
Der hölzerne Almputz
Der Almputz und die Kinder
Doktor Paracelsus und der Teufel
Die Affen
Die „g'frörten" Jäger
Die Höttinger Hexen
Die Hexen zu Hötting
Die Buttererhof-Hexe
Die Hexe verhindert das Fensterln
Die Hexen in der Höttinger Gasse
Die Hexen auf der Höttinger Alm
Die Höttinger Hexe in Katzengestalt
Hexentänze
Der Melker und die Höttinger Hexengesellschaft
Der Hexenspielmann
Hexenmusik in der Ried
Hexentanz am Achselkopf
Die Runsa
Der Achselkopf auf goldenem Fuße
Die Silbertäufer
Der Achselkopf bei Innsbruck
Das verfluchte Goldbergwerk beim Höttinger Bild
Von den Bergknappen und der Höttinger Nudel
Der Schatzhüter im Schluttertal
Das Männlein am Rauschbrunnen
Die glücklichen Mädchen
Der Schatz am Höttinger Berg
Der Ritter auf Schneeburg
Das Schloss auf dem Höttinger Hügel
Das goldene Reh

Der Rieder Hund
Der Tod und die Todin
Von der Höttinger Pest
Steinewerfer am Pestfried
Die Höttinger Nudel
Maria im Höttingerbilde, der Studenten Zuflucht

Höttinger Au – Kranebitten
Der Wiesenputz
Wilde Leute
Der verschwundene Soldat
Klaubauf Kurbur
Von der „Hundskirche" und den Geistern der Kranebitter Klamm
Gebannte Geister in der Kranebitter Klamm
Die Spinne im Otternloch
Die Hundskapelle

Hötting-West, Allerheiligen
Die Galgenbichl-Sage bei Innsbruck
Der Paragleiter

Hungerburg, Hoch-Innsbruck
Eine Besessene kann sich verwandeln
Wie die Hungerburg zu ihrem Namen kam

Igls
Die Saligen auf dem Pfiens
Die Igler Teufelsmasken
Das Bergwerk bei Hohenburg
Das Fräulein auf der Hochburg
Das heilige Wasser
Der Innsbrucker Vulkan
Verhängnisvoller Skiunfall am Patscherkofel

Innenstadt – Altstadt
Der Hochgeneuner besiegt einen Riesen
Christli Kuhhaut in Innsbruck
Der starke Traubenwirt
Der Waldmensch oder Umesberger Riese
Die Wilde Fahrt
Doktor Seraphikus
Faust in Innsbruck
Der Schleifsteindieb
Bauern in der Hölle
Das Gespenst in der Altstadt
Der Geist im Stadtturm
Spukende Nonnen
Erzherzog Sigmund der Münzreiche
Erzherzog Maximilian der Deutschmeister
Andreas Hofer in Innsbruck
Haspinger in der Hofkirche zu Innsbruck
Meister Wilhelm

Die „Schwarzen Mander"
Der alte Sakristan
Vom Kenotaph in der Hofkirche
König Rudolf in der Hofkirche
Das Goldene Dachl
Sankt Jakob in der Au
Der Asamsturz
Die spukende Nonne auf dem SOWI-Areal
Spuk in der Hofburg

Maria Hilf – St. Nikolaus
Kellerrang und Solakraunzl
Schatz zu Büchsenhausen
Die Schlange
Weiherburg
Der Schatz im Weiherburgteich
Die Kirschkerne
Biener
Der Geist des Gerichteten
Das Bienerweibele
Der Langenmantel
Der Langenmantel kommt!
Der Friedhof zu Allerseelen
Der Totenrearer
Die Auffindung des Maximilian-Bades
Notausgänge der Weiherburg
Vom Innsbrucker Bier
Die Siechenmutter zu St. Nikolaus

Mühlau
Der Schlüsseldreher und das Kasermanndl
Die zwei Wildschützen
Die Mühlauer Schweinsbrücke
Roblerkünste
Ein Mühlauer Wirt als Feierabendschänder
Der geistende Hund
Hans Weiß, der Schmied des Kaisers Max

Pradl
Das Pradler Mandl
Die Leiche
Das alte Mesnerhaus in Pradl
Der Rosssprung
Olympiasieg im Stiegenhaus

Reichenau
Der Schuh mit dem Knochen im Bunker

Saggen
Das Spukhaus im Saggen

Sieglanger, Mentelberg
Der „Worglar"

Vill
Der Viller Drachen
D's Wildgefahr
Das Summergfrier
Von Schlangen
Die Viller Moosfack

Wilten
Wie der Riese Haymo den Drachen tötete
Wie Haymo den Riesen Thyrsus erschlug
Wie Haymo das Kloster Wilten gründete
Der Silldrache
Der Kampf der Waldmenschen

Hahnenkikerle
Der Teufel in Wilten
Der Teufel als Tanzpartner
Der Vater kam besessen heim
Der Musikant
Der Hexenkreis
Spuk im Adambräu
Klopfgeist
Geisterstimmen
Von der „Roten Marter"
Heilsames Öl
Maria unter den vier Säulen
Die Bergiselschanze

KURZBIOGRAFIEN
WICHTIGER ERZÄHLFORSCHER

Ignaz Vinzenz Zingerle
Geboren am 6. Juni 1825 in Meran, gestorben am 17. September 1892 in Innsbruck. Studium in Trient, Innsbruck und Brixen. 1848 Gymnasiallehrer in Innsbruck, 1859 Professor für Germanistik an der Innsbrucker Universität und Begründer dieser neuen Wissenschaft in Tirol. Bedeutendster Sagen- und Märchensammler in Tirol, betrieb systematische Sammlung.

Johann Nepomuk Mahl-Schedl, Ritter von Alpenburg
Geboren am 27. Oktober 1806 in Grünburg, Oberösterreich, gestorben am 1. April 1873 in Innsbruck. Studium der Naturwissenschaften. Schlossherr auf Büchsenhausen, errichtete dort die erste Schwimm- und Badeanstalt Tirols und gründete 1856 den ersten Arbeiter-Unterstützungsverein. 1865 Auswanderung mit Bürgern aus Sankt Nikolaus nach Südamerika, wo sie sich in Pozuzo (Peru) niederließen. Kurz vor seinem Tod Rückkehr nach Innsbruck.

Johann Adolf Heyl
Geboren am 11. Februar 1849 in Brixen, gestorben am 13. Mai 1927 in Innsbruck. Studium der Geschichte und Germanistik an der Universität Innsbruck, Mittelschullehrer für Deutsch in Feldkirch, Mährisch Trübau, Bozen und Innsbruck.

Adolf Ferdinand Dörler
Geboren am 30. Mai 1873 in Zell am Ziller, gestorben am 20. Dezember 1902 in Saaz, Tschechien. Gymnasiallehrer für Naturgeschichte, Veröffentlichungen volkskundlicher Arbeiten in Zeitungen und Zeitschriften sowie Reiseführer und Sagensammlung.

Ludwig von Hörmann
Geboren am 12. Oktober 1837 in Feldkirch, gestorben am 14. Februar 1924 in Innsbruck. Studium der klassischen Philologie an der Universität Innsbruck, ab 1877 an der Universitätsbibliothek, von 1882 bis 1902 Direktor der Universitätsbibliothek. Bedeutender Tiroler Volkskundler.

Hans Hochenegg
Geboren am 30. Mai 1894 in Czernowitz, Ukraine, gestorben am 21. März 1993 in Hall in Tirol. Studium der Geschichte und Kunstgeschichte in Innsbruck, Bibliothekar an der Innsbrucker Universitätsbibliothek. Bedeutende kunsthistorische Werke und volkskundliche Studien.

LITERATUR

Achleitner, Abl 1895
Arthur Achleitner, Emil Abl, Tirol und Vorarlberg, Leipzig: Payne, 1895.

Alpenburg 1855
Johann Nepomuk von Alpenburg, Märzenveilchen, Innsbruck 1855.

Alpenburg 1857
Mythen und Sagen Tirols, gesammelt und herausgegeben von Johann Nepomuk Ritter von Alpenburg, Zürich 1857.

Alpenburg 1861
Deutsche Alpensagen. Gesammelt und herausgegeben von Johann Nepomuk Ritter von Alpenburg, Wien 1861.

Alpenburg 1877
Ritter von Alpenburg, In der Franziskanerkirche, in: Tirol. Natur, Geschichte, Sage im Spiegel deutscher Dichtung, Hrsg. I. V. Zingerle, Innsbruck 1877.

Angermayer o. J.
Alfred Angermayer, Unverfälschte Deutsche Worte, Wien, Heft 9, Zeitungsausschnitt, Ferdinandeum, o. J.

Baader 1851
Volkssagen aus dem Lande Baden und den angrenzenden Gegenden, Karlsruhe 1851.

Bachmann 1966
H. Bachmann, Probleme zur älteren Geschichte des Dorfes Rum, in: F. Huter (Hrsg.), Festgabe für Hans Kramer, Tiroler Heimat 29/30, 1965/66.

Barta/Kohlegger/Stadlmayer 1993
Heinz Barta, Karl Kohlegger, Viktoria Stadlmayer (Hrsg.), Franz Gschnitzer Lesebuch, Wien 1993.

D. 1930
D., „Notausgänge der Weiherburg", in: Tiroler Heimatblätter, 8. Jg., Heft 2, Innsbruck 1930.

D. G. 1931
D. G., „Die Sage von der Leithner Pestsäule", Tiroler Heimatblätter, 9. Jg., S. 77, Innsbruck 1931.

Delacher/Grassmayr 1997
Hermann Delacher, Maria Grassmayr, Unsere Stadt. 12 unbekannte Wege durch Innsbruck, Wien 1997, S. 15, gekürzt.

Delago 1932
Maria Delago, Erinnerungszeichen aus vergangener Zeit, Der Rosssprung, Tiroler Heimatblätter, 10. Jg., Heft 5/6, 1932, S. 178.

Del-Pero 1906
B. Del-Pero, Hans Weiß, der Schmied des Kaisers Max, in: Österreichische Alpenpost, Illustrierte Zeitung der Ostalpen, 8. Jg., Nr. 13, S. 293, Innsbruck 1906.

Der Sammler
Der Sammler, Organ für tirolische Heimatkunde und Heimatschutz, Meran, 5. Jg., 1911.

Dörler 1895
Adolf Ferdinand Dörler, Sagen aus Innsbruck's Umgebung, mit besonderer Berücksichtigung des Zillertales, Innsbruck 1895.

Dörler 1895 I. N.
Adolf Ferdinand Dörler, Hexensagen aus dem Innthale, in: Innsbrucker Nachrichten, 1895, Nr. 223, S. 5.

Dörler 1896
Adolf Ferdinand Dörler, „Pest-Sagen aus dem Innthale", in: Innsbrucker Nachrichten, Nr. 46, 25. Februar 1896.

Dörler 1897
Adolf Ferdinand Dörler, Waldfanggen und Elben in Tirol, Zeitschrift für österreichische Volkskunde 3, 1897, S. 289 f.

Dörler 1898
Adolf Ferdinand Dörler, Schätze und Schatzhüter in Tirol, Zeitschrift für österreichische Volkskunde 4, 1898, S. 225 f.

Dörler 1899
Adolf Ferdinand Dörler, Tiroler Teufelsglaube, Zeitschrift für Volkskunde 9, 1899, S. 365.

Ebert 1852
K. E. Ebert, Frau Hitt, in: Tirol. Natur, Geschichte und Sage im Spiegel deutscher Dichtung, Hrsg. Ignaz V. Zingerle, Innsbruck 1852, S. 135.

Eppacher 1953
Wilhelm Eppacher, Das städtische Landgut Reichenau in Geschichte und Sage, in: „Land Tirol", Innsbruck 1953.

Feil 2003
Dietrich Feil, www.arzl-innsbruck.at

Festkomitee 1884
Kurze Beschreibung des Gnadenortes genannt Höttingerbild oder des Studenten Zuflucht in der Pfarre Hötting, Festkomitee zur 100-jährigen Übertragungs-Feier des Gnadenbildes, 1884.

Feuerstein 1935
Ida Feuerstein, „Ein merkwürdiges Erlebnis im Innsbrucker Stadtturm", in: Tiroler Heimatblätter, 13. Jg., Heft 1, 1935, S. 47.

Finsterwalder 1972
Karl Finsterwalder, Die Sage von der Frau Hitt und der Name Hötting, in: Festschrift für Karl Schadelbauer zur Vollendung des 70. Lebensjahres, Innsbruck 1972, S. 71.

Fritschen 1713
Thomas Fritschen, Maximilian Missions Reise nach Italien, S. 163, Auszug in: Tiroler Heimatblätter, Heft 7/8, 1937, S. 215.

G. L. 1858
G. L., Sagen aus dem Unterlande, in: Tirolische Monatsblätter, Innsbruck 1858.

Gamper 1924
Hans Gamper, Wilten in der Sage, in: Wilten – Nordtirols älteste Kulturstätte, Hans Bator (Hrsg.), Bd. I, 1924, S. 49.

Greußing 1893
Paul Greußing, Der Waldmensch, in: Zeitschrift des Vereins für Volkskunde 3, 1893, S. 175.

Greußing 1905
Paul Greußing, Das Mittelgebirge der nördlichen Kalkalpenkette Innsbrucks und Maria-Brunn vormals „Hungerburg", Innsbruck 1905.

Grimm 1816/18
Jakob Grimm, Wilhelm Grimm (Hrsg.), Deutsche Sagen, Berlin 1816/18.

Grissemann 1931
Hans Grissemann, Aus alter Zeit. Ein Innsbrucker Heimatbuch, Innsbruck 1931, S. 8.

Haile 1963
H. G. Haile (Hrsg.), Faustbuch in der Wolfenbüttler Handschrift, Berlin 1963.

Hammerle 1857
Alois J. Hammerle (Hrsg.), Echo von den Alpen. Zeitschrift für Literatur, Kunst, Wissenschaft, Handel und Gewerbe, Innsbruck 1857, Nr. 33, S. 127.

Hensler 1936
Anna Hensler, in: Rund um Vorarlberger Gotteshäuser, Heimatbilder aus Geschichte, Legende, Kunst und Brauchtum, Andres Ulmer (Hrsg.), Bregenz 1936.

Heyl 1897
Volkssagen, Bräuche und Meinungen aus Tirol, gesammelt und herausgegeben von Johann Adolf Heyl, Brixen 1897.

Hirn 1889
Joseph Hirn, Welser Sagen, Ein Beitrag zur Geschichte der Sagenbildung, Innsbruck 1889.

Hochenegg 1924
Hans Hochenegg, Auf den Amraser Feldern, in: Tiroler Heimatbücher, Band 1, Innsbruck 1924, S. 56.

Hochenegg 1935
Hans Hochenegg, Die Kirchen Tirols. Die Gotteshäuser Nord- und Osttirols in Wort und Bild, Innsbruck 1935.

Hochenegg 1949
Hans Hochenegg, Volkskundliche Hinweise auf Kirchen Nord- und Osttirols, in: Tiroler Heimatblätter, Innsbruck 1949, Heft 7/8, S. 132.

Hochenegg 1950
Hans Hochenegg, Volkskundliche Hinweise auf Kirchen Nord- und Osttirols, in: Tiroler Heimatblätter, 25. Jg., Heft 3/4, 1950.

Hohenhorst 1934
Hugo Hohenhorst, in: Innsbrucker Nachrichten, 6. Oktober 1934, Nr. 230, S. 7.

Holzmann 1959
Hermann Holzmann, Ynnsprugg – Ich muess Dich lassen, Das Grabmal des Kaisers, Innsbruck 1959.

Hörmann 1877
Ludwig von Hörmann, Herman von Schmid, Ludwig Steub, Karl von Seyffertitz, Ignaz Zingerle, Wanderungen durch Tirol und Vorarlberg, Stuttgart 1877.

Hörtnagel 1932
Hans Hörtnagel, Innsprugg. Bürger. Bauten. Brauchtum. Gesammelte heimatkundliche Schilderungen. Innsbruck 1932.

Karner 1924
Karl Karner, St. Nikolaus – Innsbruck, Die Koatlack'n, Innsbruck 1924.

Klaar 1939
Karl Klaar, Alt-Innsbruck und seine Umgebung, Innsbruck 1939.

Kompatscher 1995
Gottfried Kompatscher, Volk und Herrscher in der historischen Sage, Zur Mythisierung Friedrichs IV. von Österreich vom 15. Jahrhundert bis zur Gegenwart, Frankfurt am Main 1995.

Kostenzer
Otto Kostenzer, Türschenblut und Ichthyol, in: Merian, 11-XXVII, S. 84.

Krezdorn 1969
Siegfried Krezdorn, Kaiser Maximilian in der Martinswand, in: Tiroler Heimatblätter, 44. Jg., Heft 4–6, 1969, S. 43.

Lebenwald 1693
Adam von Lebenwald, Damographia oder Gemsen-Beschreibung. – Salzburg o. J. ca. 1694.

Merst, Pfaundler, Röggel 1825
Zeitschrift für Tirol und Vorarlberg, Beiträge zur Geschichte, Statistik, Naturkunde und Kunst von Tirol und Vorarlberg, 1. Band, Merst, Leopold Pfaundler, Josef Röggel (Hrsg.), Innsbruck 1825, S. 212.

Metzler 1930
Josef M. Metzler, Eine Innsbrucker Legende, in: Innsbrucker Nachrichten, Samstag, den 7. Juni 1930, 77. Jg., Nr. 130, S. 17 (Unterhaltungs-Beilage).

Meyer 1905
Martinus Meyer, Sagenkränzlein aus Tirol, Innsbruck 1905, S. 310.

Moritz 1948
Ingenuin Moritz, Beiträge zur Geschichte der Gemeinde Hötting, Dissertation Innsbruck 1948.

Neugebauer 1934
Hugo Neugebauer, Kleine Beiträge zur Tiroler Heimatkunde, in: Tiroler Heimatblätter, Jg. 1934, Heft 9, S. 349.

Panzer 1956
Friedrich Panzer, Bayerische Sagen und Bräuche, Hrsg. Will-Erich Peuckert, Göttingen 1956, Teil II, Nr. 109, S. 77.

Petzoldt 1992
Leander Petzoldt (Hrsg.), Sagen aus Tirol, München 1992, Nr. 133, S. 140.

Pichler 1852
Adolf Pichler, in: Tirol. Natur, Geschichte und Sage im Spiegel deutscher Dichtung, Hrsg. Ignaz V. Zingerle, Innsbruck 1852, S. 106.

Pöll 1926
Josef Pöll, in: Tiroler Heimatblätter, Heft 3, 1926, S. 76 f.

Pöll 1940
Josef Pöll, Stimmen der Heimat, herausgeben Innsbruck 1940.

Rehsener 1900
Rehsener, Kleine Mitteilungen, in: Zeitschrift für Volkskunde 10, 1900, S. 48.

Renk 1905
Anton Renk, Alt-Innsbruck, Innsbruck 1905.

Schadelbauer 1925
Karl Schadelbauer, Der Tod des Wiltauer Riesen, in: Tiroler Heimatblätter, Heft 4/5, Innsbruck 1925, S. 13.

Schadelbauer 1956
Hrsg. Karl Schadelbauer, Ein Mühlauer Wirt als Feiertagsschänder, in: Innsbrucker Geschichtsblätter, Nr. 11, 2. Folge, Innsbruck 1956.

Schermer 1985
Hans Schermer, Reith bei Seefeld, Innsbruck 1985.

Schönherr 1902
David von Schönherr, Gesammelte Schriften, Hrsg. Michael Mayr, Innsbruck 1902, S. 702.

Schuler 1929
Heinrich Schuler, Das Summergfrier, in: Tiroler Heimatblätter, 1929, 7. Jg., 3. Heft, S. 94 f.

Schwarz 1858
Anton Schwarz, in: Tiroler Monatsblätter, Innsbruck 1858.

Sinwel 1935
Rudolf Sinwel, „Hungerburg", in: Tiroler Heimatblätter, 13. Jg., Innsbruck 1935.

Slamik
Luise Slamik (2. 3. 2003) auf www.arzl-innsbruck.at

Staffler 1847
Johann Jakob Staffler, Das deutsche Tirol und Vorarlberg topographisch, mit geschichtlichen Bemerkungen, Bd. I, Innsbruck 1847.

Strele 1938
Georg Strele, Von alten Gewerben und Handwerken in Tirol, in: Tiroler Heimatblätter, 16. Jg., Innsbruck 1938, S. 318.

Tiroler Monatsblätter, Hrsg. Ritter von Alpenburg, Innsbruck 1858.

Trisanna 1935
Hans von der Trisanna, Pseud. für Hans Zangerle, „Wert der Volksüberlieferungen", in: Tiroler Heimatblätter, 13. Jg., Innsbruck 1935.

Vintler 1870
Hans von Vintler, Der Narrenstreit zu Ambras, in: Herbstblumen, Innsbruck 1870, S. 152.

Vogl 1852
Johann Nepomuk Vogl, Schloss Ambras, in: Tirol. Natur, Geschichte und Sage im Spiegel deutscher Dichtung, Hrsg. Ignaz V. Zingerle, Innsbruck 1852, S. 115.

Waldfreund 1858
J. E. Waldfreund, Auf der Eisenbahn von Innsbruck nach Rosenheim, in: Tiroler Monatsblätter, Innsbruck 1858.

Weinhold 1891
Weinhold, Kleine Mitteilungen, in: Zeitschrift für Volkskunde 1, 1891, S. 217.

Zimmermann 2002
Ingelies Zimmermann, G'schichten aus dem alten Innsbruck, Schwaz 2002.

Zingerle 1850
Sagen aus Tirol, Gesammelt und herausgegeben von Ignaz V. Zingerle, Innsbruck 1850.

Zingerle 1864
Ignaz Zingerle, Tirol als Schauplatz der deutschen Heldensage, in: Österreichische Wochenschrift für Wissenschaft, Kunst und öffentliches Leben, Wien 1864, S. 1025.

Zingerle 1891
Sagen aus Tirol, Gesammelt und herausgegeben von Ignaz V. Zingerle, Innsbruck 1891.

Verlag und Autoren danken allen Kollegen und Institutionen,
die zum Entstehen dieses Buches beigetragen haben.

Gedruckt mit freundlicher Unterstützung
der Tiroler Landesregierung und der Stadt Innsbruck

Kultur   STADT INNSBRUCK

Bibliografische Information Der Deutschen Bibliothek
Die Deutsche Bibliothek verzeichnet diese Publikation in der Deutschen Nationalbibliografie; detaillierte bibliografische Daten sind im Internet unter http://dnb.ddb.de abrufbar.

© 2007
Verlagsanstalt Tyrolia, Innsbruck
Umschlaggestaltung: Stadthaus 38, Innsbruck
Titelbilder: Luftbild der Innsbrucker Altstadt © Alpine Luftbild, Innsbruck
Panorama von Innsbruck gegen Norden, Postkarte privat
Umschlagrückseite: Fassadenmalerei in der Frau-Hitt-Straße
Vorsatzkarten: Abdruck mit freundlicher Genehmigung des © Stadtmagistrats Innsbruck
Bildnachweis: Alle Abbildungen von den Autoren. Vervielfältigung der Abbildungen von
S. 55, 141, 154, 155 mit Genehmigung des Volkskunstmuseums Innsbruck, von S. 133 mit
Genehmigung des Kunsthistorischen Museums Wien, S. 141, 144 mit Genehmigung des
Kunsthistorischen Museums, Sammlungen Schloss Ambras
Typografie und Satz: Studio HM, Hall in Tirol
Druck und Bindung: Legoprint, Lavis (I)
ISBN 978-3-7022-2882-8
E-Mail: buchverlag@tyrolia.at
Internet: www.tyrolia.at

© Stadtmagistrat Innsbruck